K컬처를 만든
K콘텐츠의 힘

콘텐츠산업 입문서

조해진 지음

국학자료원

책을 펴내며

이제까지 한류는 단순히 하나의 현상을 넘어, 세계 문화의 흐름을 새롭게 정의하는 아이콘으로 자리 잡았다. 처음엔 TV 드라마와 K팝으로 시작된 한국 문화의 바람은 이제 영화, 드라마, 웹툰, 애니메이션, 캐릭터, 그리고 게임과 같은 K-콘텐츠는 물론이고 한국의 음식문화, 생활 문화까지 폭넓게 세계로 퍼져나가며 'K-컬처'라는 이름으로 새로운 시대를 열고 있다. 이 책은 이러한 K-컬처의 발전 과정과 현재의 모습을 조명하며, 앞으로의 가능성을 탐구하기 위해 쓰였다.

Chapter 1에서 우리는 한류에서 K-컬처로의 전환을 살펴보며, 문화 콘텐츠가 현대 산업에서 가지는 가치를 분석하고 이를 통해 한국 콘텐츠 산업의 성장 배경과 글로벌화의 동력을 이해하는 것을 목적으로 구성하였다.

Chapter 2는 K-콘텐츠의 성공 사례를 중심으로 한류가 다양한 분야에서 어떻게 강력한 영향력을 발휘하고 있는지 탐구한다. K팝에서 시작된 음악의 힘, 영화와 드라마의 스토리텔링, 웹툰과 애니메이션의 창의성, 그리고 디지털게임과 캐릭터 산업의 기술적 발전까지, 각 콘텐츠 분야의 사례를 통해 한국 콘텐츠가 세계에서 사랑받는 이유를 발견할 수 있을 것이다.

Chapter 3은 기술의 발전과 함께 변화하는 콘텐츠 산업의 미래를 예측한다. 유튜브와 MCN(Multi-Channel Network)이 가져온 미디어 환경의 변화, 인공지능이 주도하는 콘텐츠 제작의 혁신, 그리고 새로운 패러다임 속에서 콘텐츠 산업이 나아갈 방향에 대해 다룬다.

　이 책은 부제에서처럼 한국의 문화콘텐츠에 대한 입문용으로 쓰였기 때문에 콘텐츠분야를 공부하는 학생들은 물론 일반인들도 알기 쉽게 하는 데 목적을 두었음을 밝힌다. 그리고 이 책은 단순히 K-컬처의 현재를 기록하는 데 그치지 않고, 이를 통해 앞으로의 문화적 가능성과 콘텐츠 산업의 미래를 함께 고민하고자 하는 목적도 있다. 부디 독자들께서는 이 책을 통해 K-컬처의 힘과 가치를 깊이 이해하고, 새로운 통찰에 작은 도움이나마 되길 기대한다.

차례

책을 펴내며 2

Chapter 1 K-컬처와 문화콘텐츠

1장_ 한류에서 K-컬처로 9
   1. 한류의 탄생과 발전 11
   2. K-컬처로의 도약 19

2장_ 문화콘텐츠와 콘텐츠산업 25
   1. 문화콘텐츠의 탄생 27
   2. 콘텐츠산업의 특징 34
   3. 데이터로 본 콘텐츠산업 현황 39

Chapter 2 K 콘텐츠 힘

3장_ 오빤 강남스타일, 이젠 아파트 스타일 ... 43
   1. 강남스타일과 아파트 45
   2. K-POP의 세계화 50

4장_ 기생충과 범죄도시 사이_ 영화 55
   1. 기생충과 범죄도시 57
   2. 문화로서의 영화예술 62
   3. 산업으로서의 영화 67

5장_ 게임 아닌 오징어 게임_ 방송콘텐츠   73
    1. 오징어 게임   75
    2. 방송 포맷   79
    3. 포맷 구분   84
    4. OTT의 등장   92

6장_ 신화를 써 가는 나 혼자만 레벨업_ 웹툰   95
    1. 나 혼자만 레벨업   97
    2. 만화와 웹툰   101
    3. IP로서 만화의 가치   109
    4. 한국 만화산업의 비전과 미래전략   114

7장_ 신비한 신비아파트_ 애니메이션   117
    1. 신비아파트   119
    2. 애니메이션의 정체   123
    3. 한국 애니메이션의 발전 과정   127
    4. 한국 애니메이션의 발전 전략   132

8장_ 춘식이를 아세요?_ 캐릭터 산업   135
    1. 카카오프렌즈   137
    2. 캐릭터 산업의 이해   140
    3. 국내 캐릭터 산업 현황   147

9장_ 리니지 혹은 배틀그라운드_ 디지털 게임　　　　　　157
   1. 리니지　　　　　　159
   2. 배틀그라운드　　　　　　163
   3. 미국과 일본을 통해 본 디지털 게임의 역사　　　　　　167
   4. 한국의 게임산업　　　　　　172

10장_ 축제는 콘텐츠다　　　　　　177
   1. 지역축제와 콘텐츠　　　　　　179
   2. 공연　　　　　　186
   3. 캐릭터　　　　　　191
   4. 게임　　　　　　193

Chapter 3 콘텐츠 산업과 미래사회

11장_ 스토리텔링과 이야기 산업　　　　　　205
   1. 스토리텔링과 스토리공학의 등장　　　　　　207
   2. 이야기 IP와 이야기 산업　　　　　　213

12장_ 유튜브와 MCN 산업　　　　　　223
   1. 유튜브의 탄생　　　　　　225
   2. 한국의 유튜브 발달사　　　　　　231
   3. MCN 산업　　　　　　237

13장_ 인공지능과 콘텐츠 제작   243
  1. 콘텐츠 제작과 관련한 주요 인공지능(AI) 프로그램   245
  2. 인공지능을 활용한 콘텐츠 제작   258
  3. 콘텐츠 제작과 인공지능 활용   261

14장_ 콘텐츠 뉴 패러다임   267
  1. 데이터로 살펴 본 K-컬처   269
  2. 콘텐츠와 미래기술   275

참고문헌   289

Chapter 1
K-컬처와 문화콘텐츠

1장_ 한류에서 K-컬처로

1. 한류의 탄생과 발전

한류는 1997년 중국 CCTV에서 한국 TV 드라마 〈사랑이 뭐길래〉가 방송된 이후 큰 인기를 얻으면서 중국의 대표 일간지 〈북경청년보〉가 처음으로 한국 대중문화의 열풍에 대해 '한류'라는 용어를 사용하였다. 이후, 〈별은 내 가슴에〉, 〈목욕탕집 남자들〉, 〈인어 아가씨〉, 〈대장금〉 등 한국 드라마의 인기가 지속적으로 확대되면서 중국 대중들은 한국의 대중문화에 큰 관심을 보이게 되었다.

2003년에 제작되어 방송된 드라마 〈대장금〉은 외교관이 100년 동안 하기 힘든 일을 했다고 한다. 〈대장금〉이 가져온 한국의 브랜드 가치 상승을 우회적으로 표현한 말이다. 〈대장금〉은 2005년에 중국을 비롯한 동아시아 국가들에서 선풍적인 인기를 얻어 오히려 반한류를 일으키는 계기가 되기도 하였다.

2009년 집계에 따르면 〈대장금〉은 65개국 이상 수출되어 1,200만 달러 이상을 벌어들였다. 당시 〈대장금〉으로 인한 직접 수익은 464억 원에 달하였고, 생산 유발 효과는 1,119억 원으로 추정되었다.[1] 이런 결과들로 인해 〈대장금〉을 한류 문화의 시작으로 보는 견해도 있다.

한국 드라마의 유행을 계기로, 중국에서는 한국의 대중문화 열풍을 지칭하는 용어로 '한류'를 빈번하게 인용하였는데, 2002년 한일 월드컵을

〈그림 1〉 드라마 〈대장금〉 DVD 표지

계기로 한국에 관한 관심이 급증하면서 중국의 〈신화 신조어 사전〉에 공식적으로 '한류'라는 단어가 수록되었다. 사전에 수록된 한류에 대한 사전적 정의에 따르면 '한국 문화의 조류'라는 뜻과 더불어 '한국의 경제·문화 등이 주변국과 지역, 특히 중국에 광범위하게 미친 영향'이라 명시되어 있다.

'한류'라는 용어를 널리 사용하게 된 시점은 국가별로 조금씩 다르다. 한국의 언론 기사들을 자세히 조사해 본 결과, 한국에서 '한류'라는 표현을 적극적으로 사용하며 한류에 관한 기사가 쓰이기 시작한 것은 2000년 이후부터이며, 2001년 중반부터는 본격적으로 사용되었음을 여러 자료를 통해 확인할 수 있다.

중국 언론에서 2000년에 접어들며 본격 사용되기 시작하는 것과 비슷하게 일본도 2003년 〈겨울연가〉가 큰 반향을 일으키며 널리 사용되기 시작하였다. 일본의 경우 2003년 배용준, 최지우 주연의 〈겨울연가〉가 엄청나게 히트하면서 TV 드라마의 본격 수출이 시작되어 한국 TV 드라마의 킬러 콘텐츠로 자리 잡았으며 〈겨울연가〉 촬영지였던 남이섬에 이른바 '욘사마', '지우히메'를 외치는 팬들이 지금까지도 찾아오고 있다.

위의 모든 사실을 바탕으로 한류를 정리하면, '한류'란 중국을 중심으로 동아시아권에서 대한민국의 대중가요, 영화, 드라마 등이 유행하면서 생겨난 한국 대중문화의 바람을 의미한다. 이는 '한국 문화에 대한 열풍', '대한민국 대중문화의 바람', '대한민국 대중문화의 붐'과 같이 한국 대중문화에 대한 긍정적 분위기를 의미한다.

이렇게 형성된 한류는 최근 K-컬처로 발전하게 되는데 이러한 현상을 시대별로 정리하면 아래 〈표 1〉과 같다.

〈표 1〉 한류의 발전 단계

	한류 1.0	한류 2.0	한류 3.0	K-컬처
시기	1997년~ 2000년대 중반	2000년대 중반~ 2010년대 초반	2010년대 초반~ 2019년	2020년~
특징	한류의 태동 영상콘텐츠 중심	한류의 확산 아이돌 스타 중심	한류의 세계화 세계적 스타 상품 등장	한류의 다양화 + 세계화 (온라인소통)
핵심 분야	드라마	대중음악	대중문화	한국 문화 + 연관산업
대상 국가	아시아	아시아, 중남미, 중동,구미주 일부 등	전 세계	전 세계
소비자	소수 마니아	10~20대	세계 시민	세계 시민

출처: 한류파급효과연구, 한국국제문화교류진흥원, 2021

한류의 발전은 비단 문화의 영역에서만 성과를 거두지는 않았다. 한국 문화의 확산은 문화를 넘어 일반 소비재의 수출까지 견인하게 되는데 한국수출입은행의 연구 결과에 따르면 한류 관련 상품의 수출이 늘 때 핸드폰, 자동차, 화장품 등 일반 소비재의 수출도 함께 증가했다. 이런 결과에 힘입어 한국콘텐츠진흥원은 'K-콘텐츠 한류 효과, 이종 산업으로의 동반 확대'라는 슬로건으로 세계 한인 무역협회와 함께 수출증진을 위한 업무협약을 맺기에 이르렀다.[2] 한류의 브랜드화 과정을 간단히 도식화하면 아래 그림과 같다.

한류 확산의 4단계

1. 대중문화 → 2. 파생상품 → 3. 한국상품 → 4. 한국브랜드 구축

〈그림 2〉 한류의 브랜드화 과정

세계사에서 한 나라의 문화가 세계적 유행을 이끈 적은 한류가 처음이 아니었다. 홍콩 영화로 대표되는 항류(港流), 만화와 애니메이션으로 대표되는 일본의 일류(日流)는 한류 이전에 아시아의 문화를 세계적으로 알린 계기가 되었다.

항류(港流)

1990년대는 홍콩 영화와 문화가 전 세계적으로 큰 주목을 받은 시기로, '항류(港流)'라는 용어로 대표된다. 이는 홍콩의 독특한 문화적 정체성과 글로벌 대중문화 시장의 결합을 상징한다. 당시 홍콩은 영화, 음악, 패션, 예술 등 다양한 분야에서 아시아와 서구권 대중들에게 큰 영향을 끼쳤다.

먼저 가장 영향력이 높았던 홍콩 영화에 대해 살펴보면 1990년대는 홍콩 영화의 전성기로, 성룡(成龍), 주윤발(周潤發), 이연걸(李連杰)과 같은 배우들이 출연한 액션 및 무협 영화가 전 세계적으로 사랑받았다. 대표작으로는 오우삼(吳宇森)의 〈영웅본색〉 시리즈(1986), 〈첩혈쌍웅〉(1989) 등이 있다. 이러한 영화들은 스타일리시한 연출과 동양적 정서를 결합하며 할리우드 영화에 지대한 영향을 미쳤다.

이와 함께 왕가위(王家衛)는 〈중경삼림〉(1994), 〈타락천사〉(1995) 등을 통해 홍콩 영화의 예술적 가능성을 전 세계에 알렸다. 그의 독특한 서사와 감각적 연출은 국제 영화제에서 찬사를 받으며, 홍콩 영화의 예술적 위상을 끌어올렸다.

영화 외에 음악과 패션에서도 홍콩은 두각을 나타냈는데 장국영(張國榮), 매염방(梅艷芳)과 같은 스타들은 홍콩 팝 음악의 황금기를 이끌며 아시아 전역에서 팬덤을 형성했다. 특히 홍콩 영화의 OST는 영화와 음악을 결합하여 시너지 효과를 창출했다. 홍콩의 도시적이고 세련된 패션 스타일 역시 당시 유행을 선도했다. 영화 속 배우들의 의상과 헤어스타일은 아시아 전역의 트렌드를 형성하며, 도시 문화의 상징으로 자리 잡았다.

항류의 특징으로는 할리우드와 교류가 시작되었다는 점과 아시아 문화가 본격적으로 서구에 수용되는 계기를 마련했다는 점이다. 홍콩 감독과 배우들은 할리우드로 진출하며 글로벌 대중문화의 중심에 서게 되었고, 오우삼과 성룡은 홍콩 영화의 액션 문법을 할리우드 영화에 도입하며, 전 세계적인 영향력을 발휘했다. 그리고 홍콩은 중국 전통문화, 도시화한 정체성과 서양식 연출을 융합하여 독창적인 문화적 아이덴티티를 구축했고, 이는 서구 시장에서도 큰 호응을 얻으며, 단순한 지역 문화가 아닌 글로벌 문화로 자리 잡게 되었다.

결론적으로 1990년대 홍콩의 '항류'는 문화적 창의성과 상업적 성공의 결합으로 전 세계 대중문화를 새롭게 정의한 시기였다. 홍콩영화와 음악은 단순히 오락을 넘어, 글로벌 문화교류와 영향력의 상징으로 자리 잡았으며, 오늘날에도 여전히 큰 영향을 미치고 있다.

일류(日流)

1990년대는 '항류'와 더불어 '일류(日流)'도 유행했다. 일류는 일본의 음악, 영화, 애니메이션, 패션 등 다양한 문화 요소가 전 세계적으로 유행하는 현상을 설명하는 개념이다. 일본 대중문화는 1990년대에 이르러 전성기를 맞이하며, 아시아뿐만 아니라 북미, 유럽 등지에서도 큰 인기를 얻었다. 이 시기의 일본 대중문화는 일본의 독특한 문화적 특성을 바탕으로 하여, 특유의 미학과 감성을 전 세계에 널리 퍼뜨렸다.

오늘날까지도 그 위상을 세계적으로 확인하고 있는 일본 애니메이션은 이 시기 글로벌화되었다. 〈슬램덩크〉(1993), 〈드래곤볼 Z〉(1989-1996), 〈세일러문〉(1992-1997), 〈포켓몬〉(1997) 등의 애니메이션은 전 세계적으로 큰 인기를 끌며 일본 애니메이션의 황금기를 이끌었다. 특히 〈포켓몬〉 시리즈는 미국을 비롯한 서구 시장에서 상업적 성공을 거두며, 일본 애니메이션의 글로벌 시장 진출을 본격적으로 촉진했다.

이후 미야자키 하야오 감독의 〈이웃집 토토로〉(1988), 〈센과 치히로의 행방불명〉(2001) 등이 1990년대 후반부터 전 세계적으로 큰 인기를 끌었으며, 이는 일본 애니메이션 영화가 국제적인 상업적 성공을 거두는 계기가 되었다. 미야자키 감독은 일본 영화의 새로운 지평을 열며, 일본 애니메이션을 세계적인 장르로 성장시켰다.

일본의 만화 또한 1990년대 중반에 이르러 북미와 유럽에서 대중적으로 인식되기 시작했다. 〈원피스〉(1997), 〈나루토〉(1999) 등의 만화는 일본 내에서뿐만 아니라 전 세계적으로 거대한 팬층을 형성하며, 일본 만화의 글로벌 문화 아이콘으로 자리매김했다. 이 만화들은 일본 대중문화의 전파와 함께 일본적인 감성, 문화를 세계에 전달하는 역할도 했다.

일본의 대중음악 역시 이 시기에 세계적인 주목을 받았는데 J-POP은 일본 특유의 감성을 담아내며 일본 내에서뿐만 아니라 아시아와 북미 시장에서 큰 인기를 끌었다. 스피츠, GLAY, X JAPAN과 같은 밴드들이 해외로 활동 영역을 넓히면서 일본 음악은 글로벌 음악 시장에서 중요한 위치를 차지하게 되었다.

밴드와 더불어 아이돌 문화 역시 두드러졌는데 모닝구무스메, AKB48 등의 그룹들은 팬들과의 밀접한 관계를 중시하며, 일본의 팬 문화와 함께 성장했다. 이들은 일본 내외에서 대규모 콘서트, 팬 미팅 등을 통해 많은 팬덤을 형성하고, 일본 대중문화의 중요한 요소로 자리 잡았다.

버블 경제 붕괴(1991년) 이후 한동안 경제 침체가 이어졌지만, 일본 대중문화는 그 와중에도 국제적 영향력을 확장했다. 일본의 경제적 어려움 속에서도 문화산업은 중요한 성장 동력이 되었고, 이를 통해 일본은 세계 경제와 문화의 중심으로 자리 잡았다.

결론적으로 '일류'는 일본 특유의 감성과 창의성, 그리고 서구 문화를 적극적으로 수용한 결과로, 전 세계적으로 큰 영향력을 발휘했다. 애니메이션, 만화, J-POP, 패션 등 다양한 분야에서 일본은 세계적인 대중문화의 중심으로 자리 잡았다. 이는 지금까지도 전 세계에서 많은 사람들에게 영향을 미치고 있으며, 1990년대 일본 대중문화의 흐름인 '일류'는 일본이 글로벌 문화 시장에서 중요한 위치를 차지하게 된 전환점을 상징한다.

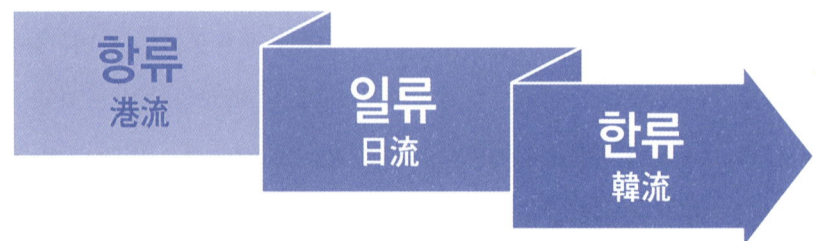

〈그림 3〉 세계적으로 확산한 아시아문화의 흐름

2. K-컬처로의 도약

K-컬처(K-Culture)는 한국의 대중문화가 전 세계로 확산하면서 형성된 새로운 문화적 현상이며, K-POP, K-드라마, K-영화와 같은 문화콘텐츠에서부터 K-뷰티, K-푸드 등 한국의 문화에 이르기까지 다양한 분야를 포함한다. 현재 K 컬처는 한국의 전통과 현대가 조화를 이루며, 독창적인 콘텐츠 생산과 글로벌 소통을 통해 더 성장하고 있다.

K-컬처의 주요 특징은 한국 문화콘텐츠의 글로벌화, 다양성을 통한 융합 그리고 특별한 팬 문화를 들 수 있다. 먼저 글로벌화의 경우 한국의 대중문화는 SNS와 디지털 플랫폼의 발달로 세계 각국의 팬들과 직접 소통할 기회를 가질 수 있었다는 점과 유튜브, 인스타그램, 틱톡 등의 플랫폼을 통해 K 콘텐츠의 전파와 소비를 촉진하고 있다는 점을 들 수 있다.

다양성을 통한 융합은 다양한 장르와 형식을 수용하며, 서로 다른 문화적 요소를 융합하는 것을 의미하는데 K-POP은 힙합, EDM, 록 등 다양한 장르를 혼합하여 새로운 음악적 색깔을 창출하고, K 드라마는 서양의 스릴러, 로맨스, 판타지 요소를 접목하여 독창적인 스토리를 만들어 낸다는 점에서 그러하다.

또한, 팬덤문화는 K-컬처의 주요 특징 중 하나이다. 팬들은 아티스트와 소통을 통해 커뮤니티를 이루고, 자발적으로 콘텐츠를 소비하고 확산시키는 역할을 한다. 아티스트들 역시 팬들과 매우 밀접한 유대관계를 형성하는 데 노력하며, 이러한 팬덤은 K-컬처의 성장을 이끄는 매우 중요한 요소라고 할 수 있다. K-컬처를 분야별로 간략히 살펴보면 아래와 같다.

K-POP

K-POP은 K-컬처의 대표적인 예로, 'BTS', 'BLACKPINK' 등 세계적인 아티스트들이 활동하고 있다. 'BTS'는 미국 빌보드 차트에서 여러 차례 1위를 기록하며, K-POP의 글로벌 인지도를 높였고, 'BLACKPINK'는 Coachella와 같은 대형 페스티벌에 출연하며 전 세계적으로 광범위한 팬층을 형성하고 있다. 그 외에도 스트레이키즈, 뉴진스, 세븐틴, 에스파 등이 K-POP의 세계화를 이끌고 있다.

K-영상(드라마와 영화)

K-드라마와 K-영화 역시 글로벌 시장에서 큰 인기를 얻고 있다. 넷플릭스와 같은 스트리밍 플랫폼을 통해 K-드라마가 전 세계적으로 방영되며, 〈오징어 게임〉과 같은 작품은 글로벌 히트를 기록했다. 그 외에도 〈킹덤〉, 〈지옥〉, 〈지금 우리 학교는〉, 〈더 글로리〉 등의 작품들이 유명하다. 영화의 경우는 세계적으로 작품성과 대중성을 인정받은 〈기생충〉을 비롯해서 〈미나리〉, 〈헤어질 결심〉, 〈승리호〉 등이 국내외를 막론하고 사랑을 받았다. 이러한 영상콘텐츠는 한국 문화에 관한 관심을 높이고, 한국어 학습을 촉진하는 등 긍정적인 영향을 미치고 있다.

K-뷰티

K-뷰티는 한국의 화장품과 뷰티 트렌드가 세계적으로 인기를 끌고 있는 것을 의미한다. 그 이면에는 K-POP과 K-드라마의 유행이 있다. K-POP과 K-드라마의 인기로 인해 K-뷰티는 자연스럽게 글로벌 마케팅 도구로 자리 잡았다. 유명 아이돌이 사용한 제품이 큰 인기를 끌고, 드라마 속 주인공들의 피부 관리 비법이 관심을 받는 등 미디어의 영향력이 크게 작용했다. 이후 유튜브를 중심으로 지속적인 영향력을 확대하고 있다.

K-푸드

김치, 비빔밥, 떡볶이 등 한국 음식은 다양한 국가에서 인기를 얻고 있으며, 한국 요리의 세계화를 이끌고 있다. 이 역시 K-뷰티처럼 K-POP과 K-드라마의 글로벌 성공이 K-푸드의 확산에 중요한 역할을 했다. 드라마나 예능에서 등장하는 한국 음식을 보고 관심을 가지게 된 해외 팬들이 많아졌다는 것이다.

K-컬처는 앞으로도 지속적인 성장이 예상된다. 먼저 K-컬처는 다양한 국가와의 협업을 통해 새로운 콘텐츠를 창출할 것이다. 이는 K-POP 아티스트와 해외 아티스트의 콜라보레이션, K-드라마의 국제 공동 제작 등을 포함한다. 이러한 협업은 K-컬처의 글로벌 확산을 더 가속할 것이다. 그리고 K-컬처는 메타버스와 같은 새로운 디지털 플랫폼을 통해 팬들과의 소통을 강화할 것이다. 가상 콘서트, VR 콘텐츠 등 새로운 형식의 경험을 제공함으로써 팬층을 확대하고, 글로벌 시장에서의 경쟁력을 유지할 수 있을 것으로 예상된다.

나아가 K-컬처는 환경과 사회적 책임을 고려한 지속 가능한 발전을 추구하게 될 것이다. 친환경 제품과 콘텐츠 생산, 사회적 메시지를 담은 작품들이 더 주목받을 것이며, 이를 통해 긍정적인 영향을 사회적으로 미칠 수 있다.

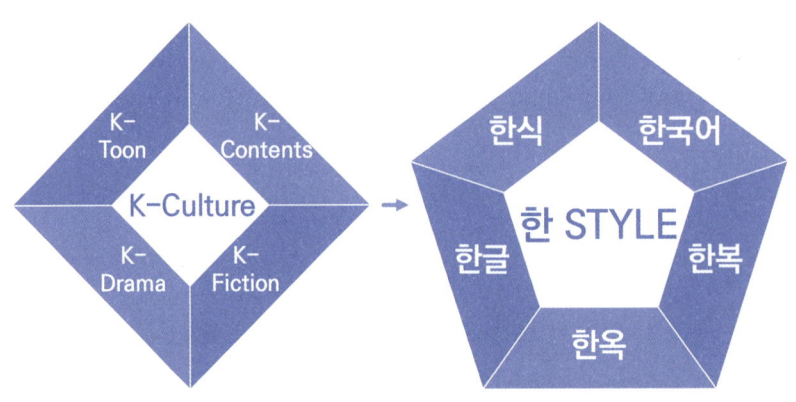

〈그림 4〉 K 콘텐츠에서 한국 문화로의 확산 모형

K-컬처는 한국의 대중문화가 전 세계적으로 인정받는 과정에서 형성된 독창적인 문화 현상으로 볼 수 있다. 글로벌화, 다양성, 팬덤 문화 등의 특징을 바탕으로 K-컬처는 현재 강력한 위상을 갖추고 있으며, 팬들의 인기를 바탕으로 정부 및 기업의 강력한 진흥과 지원 아래 미래에도 지속적인 성장이 예상된다. K-컬처의 발전은 한국 문화의 세계적 확산을 이끌고 있으며, 앞으로도 다양한 분야에서 새로운 가능성을 열어갈 것으로 기대한다.

END NOTE

1 드라마 〈대장금〉은 2022년에 디즈니플러스에서 방송된 〈진수기〉라는 중국드라마가 드라마 대장금을 표절했다는 의혹을 가져오기도 했고, 2024년에는 '의녀 대장금'이라는 제목으로 새롭게 리메이크된다는 기사가 발표되기도 하는 등 지금도 여전히 관심의 대상이 되고 있다.
2 「K-콘텐츠 한류효과, 이종산업으로 동반 확대」, 『한국콘텐츠진흥원』, https://www.kocca.kr/kocca/koccanews/reportview.do?menuNo=204767&nttNo=717 (검색일 2024년 12월 5일)

Chapter 1
K-컬처와 문화콘텐츠

2장_ 문화콘텐츠와 콘텐츠산업

1. 문화콘텐츠의 탄생

1997년, 할리우드 영화 한 편이 엄청난 환호를 받으며 전 세계에 사랑을 받았다. 바로 스티븐 스필버그 감독의 〈쥬라기공원〉이다. 엄청난 시각효과로 무장한 이 영화는 문화적 충격뿐만 아니라 경제적으로도 많은 성과를 낳았다. 특히 '현대자동차 150만 대를 판매한 효과'라는 이른바 '쥬라기 담론'을 형성하면서 한 편의 영화가 이룩한 경제적 성과에 대해 논의를 불러 모았다. 이런 탐색이 시작되기 전까지 영화는 한 편의 즐거운 대중예술이었고 작품이었다. 하지만 〈쥬라기공원〉이 거둬들인 이익에 주목하면서 더 이상 영화를 미학적 대상으로만 보기엔 그것이 가진 경제적 잠재력은 무시할 수 없는 수준이었다.

이때부터 국내에선 문화를 본격적인 산업의 영역으로 파악하고 정책적, 학문적, 산업적 연구가 시작되었다. 이렇게 해서 탄생한 개념이 문화콘텐츠다. 그리고 이를 뒷받침하기 위해 탄생한 기관이 2001년에 설립된 한국문화콘텐츠진흥원이다. 한국문화콘텐츠진흥원은 2009년에 이르러 한국콘텐츠진흥원으로 확대 개편해서 지금에 이르고 있다.

우리나라는 1994년 김영삼 정부 시기에 문화체육부 내에 문화산업국을 설치하면서 국가 차원에서 문화에 대한 산업적 접근을 시도하였으며, 1999년 김대중 정부는 문화콘텐츠산업을 새로운 성장 동력으로 인식하고 문화산업 진흥의 법 제도적 기반을 마련하기 위해 「문화산업진흥 기본법」을 제정하였다. 「문화산업진흥 기본법」 제정 이후 지난 수십 년간 우리나라 문화콘텐츠산업은 비약적으로 성장하였고, 디지털 기술의 발전으로 문화콘텐츠의 생산·유통·소비 등 문화산업의 구조에도 상당한 변화가 있었다.[1]

먼저 문화콘텐츠의 법률적 의미를 살펴보면 문화산업진흥법 제4조에 '문화콘텐츠란 문화적 요소를 내재한 콘텐츠를 말한다.'라고 정의하고 있다. 그리고 2조에선 문화적 요소를 예술성, 창의성, 오락성, 여가성, 대중성이라고 규정하고 있고 3조에서는 콘텐츠를 '부호·문자·도형·색채·음성·음향·이미지와 영상 등(이들의 복합체를 포함한다.)의 자료 또는 정보를 말한다.'라고 기술하고 있다.

문화콘텐츠는 여러 법률에서도 확인할 수 있는데 그 내용을 정리해 보면 아래 〈표 1〉과 같다.

〈표 1〉 문화산업관련 법률 현황

법률명	적용 영역	소관부서
문화산업진흥기본법	문화산업 전반	문화산업정책과
콘텐츠산업진흥법	콘텐츠 전반	문화산업정책과
영상진흥기본법	영상	영상콘텐츠산업과
영화 및 비디오의 진흥에 관한 법률	영상	영상콘텐츠산업과
애니메이션산업 진흥에 관한 법률	영상	영상콘텐츠산업과
게임산업진흥에 관한 법률	게임	게임콘텐츠산업과
이스포츠(전자스포츠) 진흥에 관한 법률	게임	게임콘텐츠산업과
만화진흥에 관한 법률	만화	대중문화산업과

음악산업진흥에 관한 법률	음악	대중문화산업과
대중문화산업진흥에 관한 법률	대중문화	대중문화산업과
공예문화산업진흥법	공예	시각예술디자인과
출판문화산업진흥법	출판	출판인쇄독서진흥과
인쇄문화산업진흥법	인쇄	출판인쇄독서진흥과

위 표에서 보면 콘텐츠산업과 가장 밀접한 법은 문화산업진흥 기본법과 콘텐츠산업진흥법이 가장 대표적이다. 콘텐츠산업진흥법은 2002.1.14. 제정된 온라인 디지털콘텐츠산업 발전법에서 시작한다. 당시 정부는 국내 디지털콘텐츠 산업 육성을 목적으로, 디지털화 과정에서의 보호 가치에 착안하여 디지털콘텐츠의 무단 복제 등 행위를 부정경쟁행위로 규정함과 아울러 온라인디지털콘텐츠제작에 따르는 투자와 노력을 법적으로 보호함으로써 디지털콘텐츠 산업에 대한 투자를 활성화하고자 이 법을 제정하였다. 이명박 정부는 출범과 함께 IT 기반 기술개발과 인력양성을 주관하던 정보통신부를 해체하였고, 기존의 정보통신부 업무는 다른 부처로 분산되면서 콘텐츠 관련 업무가 문화부로 이관되었으며, 이에 따라 온라인 디지털콘텐츠산업 발전법도 문화부 소관으로 변경되었다. 2010년에는 이 법을 전문 개정하면서 콘텐츠산업진흥법이라는 새로운 명칭으로 변경하였다.

또한 콘텐츠산업진흥법은 "콘텐츠산업의 진흥에 필요한 사항을 정함으로써 콘텐츠산업의 기반을 조성하고 그 경쟁력을 강화하여 국민 생활의 향상과 국민경제의 건전한 발전에 이바지함"을 입법 목적으로 하고 있는데, 이 부분은 문화산업진흥 기본법의 입법 목적과 매우 유사하다. 이 법은 모두 9개의 장과 54개의 조로 구성되어 있는데, 콘텐츠 제작의 활성화, 콘텐츠산업의 기반 조성에 관한 내용은 폭넓은 범위를 다루고 있으면서도 실체적인 내용이 구체화하고 있지 않은 것이 특징이다.

그리고 제3장의 2항에서 콘텐츠공제조합에 관한 내용이 2012년 2월 17자로 개정으로 신설되어 구체적인 내용을 다루고 있다. 여기에는 콘텐츠의 유통 합리화, 이용자의 권익 보호에 관한 내용을 포함하고 있고, 제6장에서 콘텐츠분쟁조정위원회 설치 근거를 두고 분쟁조정에 관한 사항도 규정하고 있다.[2]

법적인 근거와 별개로 문화콘텐츠의 개념을 보다 쉽게 설명하자면 이 용어는 문화와 콘텐츠의 복합어인데 '문화적 성격을 지닌 내용물'쯤으로 해석할 수 있다. 하지만, 이 또한 문화의 범위가 굉장히 넓으므로 보다 구체적으로 말하자면 문화콘텐츠란 '미디어에 담긴 내용물' 정도로 이해할 만하다. 이런 근본적인 성격으로 인해 '미디어 콘텐츠'라는 말도 현재까지 자주 혼용되어 쓰이고 있다. 이렇게 시작한 문화콘텐츠의 개념은 현재는 미디어를 넘어 지식정보, 콘텐츠솔루션의 영역까지 포함하면서 콘텐츠라는 용어로 정착되고 있다.

한국콘텐츠진흥원에 의하면 현재 콘텐츠 분야는 아래의 그림과 같이 총 11개로 구성되어 있다.

〈그림 1〉 콘텐츠의 11개 분야

　산업으로서의 문화에 대한 긍정적인 시각은 비단 대한민국만 가지고 있는 것은 아니다. 문화산업이 핵심 고부가가치 산업으로 인식되기 시작하면서 세계 각국은 저마다의 경쟁력 있는 장점을 무기로 세계시장을 선점하기 위해 각축을 벌이고 있다. 할리우드로 대변되는 미국의 문화산업은 새삼 재론할 여지 없이 전 세계적으로 막강한 힘을 발휘하며 현재 전 세계 문화산업시장의 절반 이상의 점유율을 차지하고 있다.

　미국의 경제를 견인하는 산업은 세 가지 산업이라고 한다. 월스트리트 산업(금융자본 산업), 실리콘밸리 산업(첨단 IT), 그리고 할리우드 산업(대중문화, 엔터테인먼트산업)이 그것들이다. 할리우드 산업으로 대변되는 미국의 엔터테인먼트 산업은 영화뿐만 아니라 음반, 뮤지컬, TV 드라마 등 다양한 문화콘텐츠 장르 모두 전 세계 시장을 장악하고 있는 게 현실이다. 총 5,000억 달러 이상의 수익이 걸려 있는 엔터테인먼트 마케팅 산업 종사자는 과거에 범했던 실수와 미래에 맞게 될 기회에 대해 숙지하고 있으며, 경쟁력 있는 문화상품을 전 세계에 내놓을 수 있도록 문화와 산업을 잘 융합하는 지혜를 갖추고 있다. 문화상품에 대한 이러한 산업적 시각과 태도로 인해 할리우드 영화는 차츰 그 규모와 영역을 넓혀나가면서 전 세계에서 압도적 우위를 점하고 있다.

  전통적으로 문화의 뿌리가 깊은 영국의 경우 '문화산업'을 제2 산업혁명의 원동력으로 판단하고 '창조산업부(Department of Creative industry)'를 중심으로 관련 산업을 진흥하는 데 힘쓰고 있다. 이에 부응하며 문학과 연극의 저변을 바탕으로 판타지 소설, 뮤지컬 등의 분야에서 전 세계적인 영향력을 나타내고 있다. 특히 〈해리포터〉, 〈반지의 제왕〉과 같은 판타지 소설들은 영화와 더불어 게임, 테마파크로 확장되면서 엄청난 경제적 수익을 거두어들였다.

  가까운 일본의 경우 패전의 아픔을 극복하고 긍정적인 미래상을 제시하기 위해 제작된 SF만화가 밑바탕이 된 애니메이션 장르에서 '재패니메이션(Japanimation)'이라는 신조어를 만들어내면서 일본만의 특징적인 그림체와 서사 전개로 전 세계적으로 두터운 팬(Fan)층을 확보하고 있다. 초기 SF물이 대부분이었던 '재패니메이션'은 이후에 '미야자키 하야오'라는 걸출한 애니메이션 감독에 의해 판타지 장르로 그 영역을 확장하게 된다. 이를 바탕으로 일본은 전 세계 문화산업 시장에서 미국 다음으로 높은 점유율을 보인다. 또한, 중국은 자국의 긴 역사적 전통을 영화의 소재로 차용하면서 '무협 액션활극'이라는 독특한 장르를 탄생시켰고 동양 문화에 낯선 서양인들에게 이질적인 문화적 호기심과 더불어 판타지와 서스펜스를 제공하면서 지금까지도 전 세계적으로 사랑을 받고 있다. 특히 게임 분야에선 미국과 선두 경쟁을 할 정도로 매우 빠른 발전 모습을 보인다.

  한류 현상이 글로벌 문화로 인식되면서도 한류 콘텐츠가 일부 문화산업에 편중되어 있고 상업주의에 대한 경계나 일부 지역에서 나타나는 반한 정서 등은 한류의 지속적인 확산을 저해한다는 문제로 거론되었다. 이러한 제약점을 극복하고 한류의 긍정적인 파급효과를 증진하고자 2020년 7월 정부는 '신한류'를 명명하며 정부 지원 종합계획을 발표했다. '신(新)한류(K-Culture)'는 기존 한류와 달리 한국 문화 전반에서 한류 콘텐츠를 발굴하고 연관산업과의 연계를 강화하며 상호 문화교류를 지향함으로써 지속성과 파급효과가 높은 한류를 의미한다. 또한, 한류의 긍정적 파급효과를 높이고자 13개 부처와 12개 공공기관이 참여하는 한류지원협력위원회를 출범시켰고 문체부 산하에도 한류지원협력과를 신설하는 총괄 기구도 구축했다.[3]

2. 콘텐츠산업의 특징

콘텐츠산업은 크게 3가지 특징으로 설명할 수 있다. 하나의 콘텐츠가 무한히 확장할 수 있다는 개념인 OSMU(One Source Multi Use), 산업의 경제적 특징을 보여주는 3H(High Risk, High Return, High Cost), 그리고 미래산업과 연결되는 CT(Culture Technology)가 그것들이다. 이를 요약하면 아래 그림과 같다.

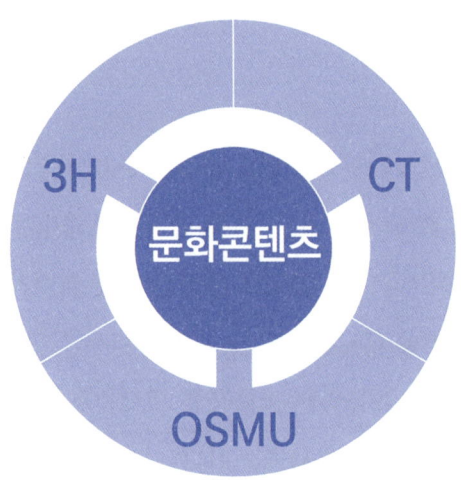

〈그림 2〉 문화콘텐츠의 특징

OSMU(One Source Multi Use)

　OSMU는 창구효과(Window effect)와 장르전환(Adaptation), 상품화, 브랜드화로 구분할 수 있다. 창구효과는 원작품의 순환적 상영을 의미하는데 일단 제작된 작품은 다른 가공의 과정을 거치지 않고, 창구를 바꿔가면서 수익을 창출한다. 그 과정에서 또다시 투입되는 제작비인 이른바 한계비용이 거의 발생하지 않는 특징이 있다. 영화로 예를 들면 일단 영화관에서 상영된 영화는 일정 기간의 유예과정을 거쳐 DVD⇒다운로드⇒IP TV⇒케이블 TV⇒공중파 TV⇒기타 부가 판권시장으로 판매가 확장되는데 이런 과정을 창구효과라고 부른다.

　장르전환은 하나의 원작이 다른 문화콘텐츠 장르로 확산하면서 재가공, 재창조되는 것을 의미한다. 장르전환은 창구효과에서보다 훨씬 더 높은 수익을 창출할 수 있다는 점에서 문화콘텐츠산업의 가장 큰 장점이자 주목할 만한 특징이다. 상품화는 주로 캐릭터를 통한 머천다이징(상품화, merchandising)으로 이루어지는데 이 분야를 캐릭터 산업으로 특화해 얘기하기도 한다. 국내 캐릭터 산업은 애니메이션산업과 연관되어 성장하고 있는데 대표적인 캐릭터로는 〈짜장소녀 뿌까〉, 〈뽀롱뽀롱 뽀로로〉 등이 있다. 브랜드화의 경우 성공한 문화콘텐츠가 그 자체로 브랜드 성을 가지는 것을 의미한다. 나아가 현재 브랜드화는 K-컬처로 불리는 '한스타일(韓Style: 한식, 한복, 한옥 등)'로까지 확장되어 활용되기도 한다.

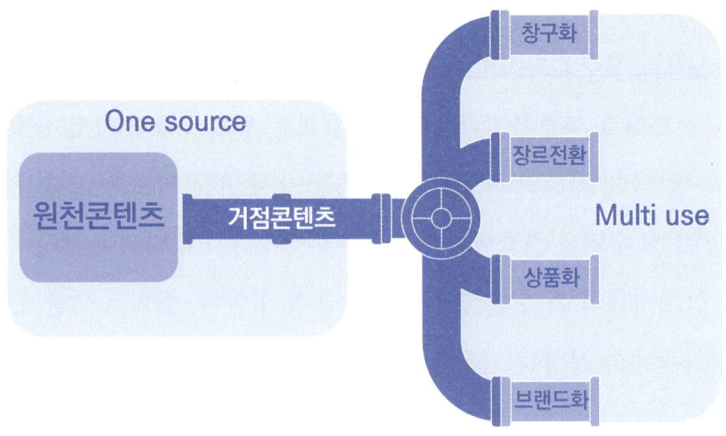

〈그림 3〉 문화콘텐츠의 확산 모형

눈송이 효과와 3H(High Risk, High Return, High Cost)

문화콘텐츠산업의 또 하나의 특징인 '눈송이 효과'는 OSMU의 성공으로 인해 발생하는 수익이 타 산업에 비해 매우 크다는 것이다. 이는 문화콘텐츠 상품이 재생산에 필요한 비용 즉 한계비용(marginal cost)이 0(zero)에 가까우므로 생산량이 늘어날수록 이익 곡선이 직선적으로 증가하는 것을 의미한다.

한계비용은 재화나 서비스를 한 단위 더 생산하는데 들어가는 추가 비용을 말하는데 총비용 증가분을 생산량 증가분으로 나눈 것으로, 생산량 한 단위를 증가시킬 때 총비용이 얼마나 변화하는지를 나타낸다(한계비용=총비용의 변화량/산출량의 변화량).

예를 들어 스쿠터 네 대를 생산하는 데 들어가는 비용이 1,000만 원이라고 가정할 때 스쿠터 한 대의 생산비용은 (1,000만 원÷네 대)=250만 원이다. 만약 추가로 스쿠터를 한 대를 더 생산하여 총 다섯 대를 생산한다고 할 때 생산비용이 1,200만 원이라면, 다섯 대의 한계비용은 (1,200

만 원 - 1,000만 원)/1=200만 원이 된다.

한계비용 함수는 일반적으로 U자 모양을 나타내는데, 이는 한계비용이 생산량 증가에 따라 점차 감소하다가 어느 생산량을 지나면 다시 증가하기 시작한다는 것을 의미한다. 하지만 영화와 TV 드라마, 애니메이션, 만화와 같은 문화콘텐츠 상품의 경우 창구효과를 위해 재판매를 할 때 재생산을 위한 비용은 거의 들지 않는다. 즉 한 편 만들어진 영화(concents)는 추가로 투입되는 비용이 거의 없이 생산이 무한히 이루어질 수 있기 때문에 수익은 그 자체로, 수익으로 연결된다. 이를 눈송이 효과라 말하는데 처음엔 주먹만큼 작은 눈덩이지만 굴리면 굴릴수록 엄청나게 커지는 눈덩이와 같다는 의미로 만들어진 말이다. 여기서 나온 말이 3H다. 3H는 고비용(High cost)이 투입되어 고위험(High risk)군이지만 성공하게 되면 고수익(High return)을 기대할 수 있는 특징이 있다는 것이다.

문화기술(Culture Technology)

문화기술(Culture Technology), 즉 CT는 IT(Information, 정보통신), BT(Bio, 생명), NT(Nano, 나노), ET(Environment, 환경), ST(Space, 우주항공)산업과 함께 6T 산업으로 불린다. 이는 성장률이 높고 시장확장이 기대되는 미래형 기술 산업을 지칭하는데 그중에서도 CT는 그 규모와 범위가 가장 넓은 분야다.

이전에는 CG(Computer Graphics)와 CGI(Computer Generated Image), 모션캡처(Motion capture)와 이모션캡처(Emotion capture) 같은 이미지 저장 기술, 그리고 실시간 합성 기술인 매직스테이션 기술 등 촬영과 상영 전반에 걸친 영상 관련 기술력을 가리키는 데 주로 사용됐지만 현재는 AR, VR, MR 등 실감형 영상기술은 물론이고 인공지능(Artificial Intelligence) 프로그램까지 영역을 넓히고 있다.

한국 문화콘텐츠진흥원이 한국콘텐츠진흥원으로 확장 개편되는데 이 CT가 매우 결정적 역할을 했다고 해도 과언이 아니다. 2008년 8월 문화부는 콘텐츠 진흥 체계 일원화와 융합 시대에 부응하는 새로운 CT R&D 정책 방향 정립을 위해 각계 전문가들로 구성된 CT R&D 기획단을 발족·운영하였으며, 2008년 11월에는 기획단에서 수립된 CT R&D 기본계획을 통하여 공청회를 실시하였고, 12월에는 국가과학기술위원회에 보고·발표함으로써 향후 CT R&D 발전의 기반을 마련하였다. 그 결과로 '한국콘텐츠진흥원'이 공식 출범하였다. 국내 콘텐츠 진흥기관으로서 기존의 '한국 문화콘텐츠진흥원', '한국방송영상산업진흥원', '한국게임산업개발원', '문화콘텐츠센터', '한국소프트웨어진흥원의 디지털콘텐츠사업단' 등이 통합된 것이다. 이로써 게임, 방송 등 현재의 주력 콘텐츠산업은 물론 새로운 시장 창출이 기대되는 융합형 콘텐츠까지 포괄하는 콘텐츠 전 분야에 대한 산업육성 기능을 종합적으로 수행하는 기반이 마련되었다.

4차 산업혁명의 핵심 분야라 할 수 있는 인공지능 분야는 현재 가장 뜨거운 CT 분야인데 대형언어모델인 챗GPT는 물론이고 미드저니, 달-E, 소라 등 이미지와 영상 분야의 인공지능은 콘텐츠산업의 생태계마저 바꾸고 있다. 따라서 콘텐츠산업의 특징인 CT는 앞으로도 계속 변화와 발전을 거듭할 것으로 보인다.

3. 데이터로 본 콘텐츠산업 현황

콘텐츠산업 역시 2019년에 시작된 코로나19의 여파를 피해 갈 수 없었다. 이에 따라 산업의 발전기조와 흐름을 살펴보는 데 한계가 있다. 그 점을 고려하면서 최근 문화체육관광부의 조사에 의한 콘텐츠산업의 현황을 종사자, 수출액, 수입액을 살펴보면 아래 표들과 같다.

〈표2〉 콘텐츠산업 종사자 현황

구분	2017년	2018년	2019년	2020년	2021년	비중(%)	전년대비 증감률(%)	연평균 증감률(%)
출판	184,794	184,554	185,270	185,444	175,898	28.6	△5.1	△1.2
만화	10,397	10,761	11,079	11,230	10,825	1.8	△3.6	1.0
음악	77,005	76,954	77,149	65,464	59,583	9.7	△9.0	△6.2
영화	29,546	30,878	32,566	10,497	13,240	2.2	26.1	△18.2
게임	81,932	85,492	89,157	83,303	81,856	13.3	△1.7	△0.0
애니메이션	5,161	5,380	5,436	5,472	6,131	1.0	12.0	4.4
방송	45,337	50,286	51,006	50,239	50,160	8.2	△0.2	2.6
광고	65,159	70,827	73,520	68,888	74,485	12.1	8.1	3.4
캐릭터	34,778	36,306	37,521	36,505	16,597	2.7	△54.5	△16.9
지식정보	82,470	86,490	89,286	93,182	87,704	14.3	△5.9	1.6
콘텐츠 솔루션	28,268	29,509	30,655	31,863	38,256	6.2	20.1	7.9
합계	644,847	667,437	682,644	642,086	614,734	100.0	△4.3	△1.2

〈표 3〉 콘텐츠산업 수출액 현황

구분	2017년	2018년	2019년	2020년	2021년	비중(%)	전년대비 증감률(%)	연평균 증감률(%)
출판	220,951	248,991	214,732	345,960	428,379	3.4	23.8	18.0
만화	35,262	40,501	46,010	62,715	81,980	0.7	30.7	23.5
음악	512,580	564,236	756,198	679,633	775,274	6.2	14.1	10.9
영화	40,726	41,607	37,877	54,157	43,033	0.3	△20.5	1.4
게임	5,922,998	6,411,491	6,657,777	8,193,562	8,672,865	69.6	5.8	10.0
애니메이션	144,870	174,517	194,148	134,532	156,835	1.3	16.6	2.0
방송	362,403	478,447	539,214	692,790	717,997	5.8	3.6	18.6
광고	93,230	61,293	139,083	119,935	258,167	2.1	115.3	29.0
캐릭터	663,853	745,142	791,338	715,816	412,990	3.3	△42.3	△11.2
지식정보	616,061	633,878	649,623	691,987	660,850	5.3	△4.5	1.8
콘텐츠솔루션	201,508	214,933	227,881	233,196	244,527	2.0	4.9	5.0
합계	8,814,442	9,615,036	10,253,881	11,924,284	12,452,897	100.0	4.4	9.0

〈표 4〉 콘텐츠산업 수입액 현황

구분	2017년	2018년	2019년	2020년	2021년	비중(%)	전년대비 증감률(%)	연평균 증감률(%)
출판	264,110	268,114	275,426	254,371	317,939	26.4	25.0	4.7
만화	6,570	6,588	6,578	6,493	7,584	0.6	16.8	3.7
음악	13,831	13,878	13,766	12,146	14,031	1.2	15.5	0.4
영화	43,162	36,274	38,432	28,330	37,897	3.1	33.8	△3.2
게임	262,911	305,781	298,129	270,794	312,331	25.9	15.3	4.4
애니메이션	7,604	7,878	8,778	7,791	8,524	0.7	9.4	2.9
방송	110,196	106,004	97,366	60,969	60,761	5.0	△0.3	△13.8
광고	322,178	285,229	276,034	98,672	341,654	28.4	246.3	1.5
캐릭터	172,489	167,631	166,945	158,420	81,226	6.7	△48.7	△17.2
지식정보	736	8,852	8,909	9,467	9,314	0.8	△1.6	88.6
콘텐츠솔루션	569	13,540	13,414	13,369	13,443	1.1	0.6	120.5
합계	1,204,356	1,219,769	1,203,777	920,822	1,204,704	100.0	30.8	0.0

한류 문화콘텐츠 수출 실적이 있는 127개국을 대상으로 2000년부터 2022년까지 한국의 음악, 영상, 출판을 대상으로 연구 조사한 결과에 따르면 한류 문화콘텐츠 수출이 소비재 수출에 미치는 영향이 매우 유의미한 것으로 나타났다. 그리고 한류 문화콘텐츠의 수출 효과가 가장 높은 품목은 핸드폰, 가전제품, 노트북과 같은 전자제품인 것으로 드러났다.[4]

END NOTE

1 김지민, 「문화산업진흥 기본법의 문제점과 입법적 개선방안」, 『입법학연구』, 20(1), 2023, 36쪽.
2 위의 글, 46쪽.
3 김새미, 「유럽에서 신한류(New Korean Wave) 확장성 연구」, 『한독사회과학논총』, 33(1), 2023, 228쪽.
4 김도현, 「한류가 각 산업별 수출에 미치는 영향에 관한 연구」, 『무역통상학회지』, 23(5), 2023, 300쪽.

Chapter 2
K 콘텐츠 힘

3장_ 오빤 강남스타일, 이젠 아파트 스타일

1. 강남스타일과 아파트

강남스타일

〈그림 1〉 싸이 에펠탑 플래시몹, 2만여 명 관객과 함께

싸이의 〈강남스타일〉은 2012년 7월 15일 발매와 동시에 전 세계적인 주목을 받으며 K-POP의 대중화를 이끌었다. 싸이 특유의 유쾌한 에너지와 유머, 그리고 중독성 있는 리듬으로 유튜브를 포함한 다양한 온라인 플랫폼에서 큰 인기를 끌었고, 그해 여름 전 세계적인 화제를 모으기 시작했다. 이 곡은 미국의 빌보드 핫 100 차트에서 2위까지 오르며 한국 가수로서 최초로 빌보드 차트 상위권에 이름을 올렸다.

〈강남스타일〉은 발매된 지 불과 몇 개월 만인 2012년 12월에 유튜브에서 조회 수 10억 회를 돌파하는 대기록을 세웠다. 이는 유튜브 역사상 최초의 10억 뷰 돌파 동영상으로, 당시의 유튜브 기록을 새롭게 경신한 사건이었다. 싸이는 이에 따라 글로벌 슈퍼스타 반열에 올랐으며, K-POP이 세계 무대에서 주류로 인정받는 계기를 마련했다. 10억 조회 수를 기념하는 특별한 애니메이션이 유튜브에 추가되며 그 위상을 더욱 확고히 했다.

싸이의 〈강남스타일〉은 2014년에 다시 한번 기록을 세웠다. 유튜브 조회 수 20억 회를 돌파하며 기네스 기록을 경신하였고, 유튜브 조회 수 카운터 시스템을 개선해야 할 정도로 큰 영향을 미쳤다. 싸이는 유튜브 본사로부터 감사패를 받기도 했으며, 〈강남스타일〉은 K-POP 역사상 가장 상징적인 영상으로 자리매김하게 되었다.

〈강남스타일〉은 발매 이후 다수의 음악 시상식에서 수상하며 큰 영예를 안았다. 2012년 MTV 유럽 뮤직 어워드(EMA)에서 최우수 비디오 상을 받은 것을 시작으로, 2013년 빌보드 뮤직 어워드에서는 탑 스트리밍 곡 비디오 부문에서 수상하는 등 다양한 수상 기록을 세웠다. 이후 싸이는 K-POP 가수로서 전례 없는 글로벌 인지도를 얻게 되었고, 이후에도 세계 각국에서 다양한 활동을 이어갔다.

〈강남스타일〉은 음악적 성공을 넘어서 전 세계 대중문화에 큰 영향을 미쳤다. 패러디 영상과 다양한 버전의 리믹스가 각국에서 생성되었으며, 유명 정치인과 할리우드 스타들이 일명 '말춤'을 따라 추면서 세계적 유행을 선도했다. 더 나아가 〈강남스타일〉은 소셜 미디어와 디지털 문화가 음악 산업에 미치는 영향을 극적으로 보여주는 사례로 평가받았다.

싸이는 〈강남스타일〉 성공 이후에도 계속해서 〈젠틀맨〉과 같은 후속

곡을 발표하며 다양한 활동을 이어가고 있으며 여러 차례 월드 투어를 통해 팬들과 만남을 지속하고 있다. 비록 〈강남스타일〉만큼의 글로벌 히트곡이 나오지는 않았지만, 〈강남스타일〉은 단순한 노래를 넘어 K-POP이 전 세계적으로 사랑받는 계기를 마련한 상징적인 곡이 되었다. 싸이의 재치 있는 음악성과 독특한 퍼포먼스가 결합한 이 곡은 여전히 많은 사람들에게 기억되고 있으며, K-POP의 성공 사례로 오랫동안 언급될 것이다. 지금의 싸이는 꾸준한 활동을 통해 음악가로서의 입지를 다져나가고 있다.

아파트

〈그림 2〉 로제와 브루노 마스의 〈아파트〉 뮤직비디오 이미지

K팝 간판 걸그룹 '블랙핑크' 멤버 겸 솔로 가수 로제의 〈아파트〉 뮤직비디오가 공개 5일 만에 유튜브 조회 수 1억 뷰를 넘겼다. 로제·마스가 함께 출연한 〈아파트〉 뮤직비디오는 공개된 지 5일 만에 1억 뷰, 11일 만에 2억 뷰, 22일 6시간 만에 유튜브 조회 수 3억 뷰를 돌파했다.

〈아파트〉는 감성적인 연애 이야기를 다루고 있으며, 곡의 가사에서는 두 사람이 한 공간에서 나누는 사랑과 갈등을 그린 내용을 중심으로 이야기가 전개된다. 브루노 마스의 노련한 소울과 로제의 고유 감성은 이 곡을 통해 그 어느 때보다 더 입체적이고 감동적으로 표현되었다. 로제는 기존의 음악 스타일에서 한발 더 나아가 고급스러우면서도 몽환적인 분위기를 더하며, 브루노 마스는 고유의 감미롭고 깊이 있는 목소리로 곡을 한층 돋보이게 했다.

최근 K-POP의 글로벌 확장과 더불어, 음악의 장르적 혼합과 아티스트 간의 협업이 새로운 트렌드로 자리 잡고 있다. 그중에서도 로제(Rosé, 블랙핑크)와 브루노 마스(Bruno Mars)의 음악적 만남과 관련된 최근 작품들은 그 자체로 큰 화제를 모은 바 있다. 두 아티스트는 각자의 개성과 스타일로 전 세계적인 인기를 끌고 있으며, 그들의 협업은 많은 팬들에게 큰 기대를 안겨주었다. 로제와 브루노 마스의 협업은 K-POP의 글로벌 확장과 장르의 융합을 대표하는 좋은 예시다. K-POP이 원래는 한국 내에서 시작되었지만, 이제는 전 세계적으로 큰 인기를 끌며 국경을 넘은 음악적 소통을 가능하게 하고 있다. 두 아티스트의 협업은 K-POP이 전통적인 장르의 경계를 허물고, 다양한 글로벌 아티스트와 함께 음악을 창조하는 과정을 보여주었다. 특히, 브루노 마스처럼 세계적인 팝 스타와 협업은 K-POP이 더 이상 한정된 시장에서만 활동하는 장르가 아님을 입증하고 있다.

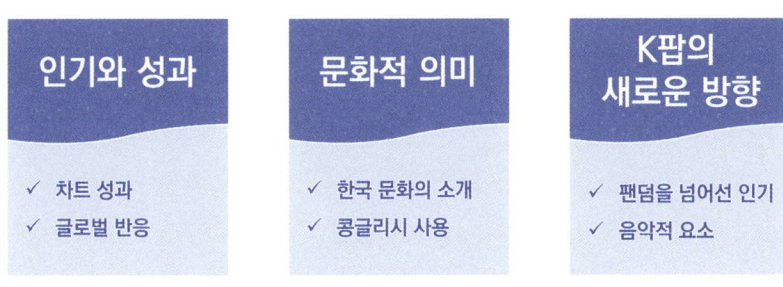

〈그림 3〉 K-POP 〈아파트〉의 주요성과

　로제와 브루노 마스의 협업은 음악 산업에서 장르를 초월한 협업의 중요성을 강조하며, K-POP이 글로벌 음악 장면에서 차지하는 위치를 한층 더 공고히 했다. 〈아파트〉와 같은 트랙들은 이제 K-POP을 단순한 지역적 현상이 아니라, 전 세계가 공유하는 문화 현상으로 자리매김할 수 있는 발판이 되었다. 두 아티스트의 만남은 음악의 힘이 국경을 넘어설 수 있다는 것을 보여주며, 앞으로도 더 많은 협업과 혁신적인 작업이 전 세계 팬들에게 큰 영향을 미칠 것임을 예고하고 있다.

2. K-POP의 세계화

〈그림 4〉 SM타운 파리공연 포스터

　2011년 6월, 프랑스 파리 르 제니트 공연장에서 대한민국 대중문화의 저력을 확인할 수 있는 공연이 열렸다. 바로 'SM타운 라이브-파리' 공연이 열려 프랑스인들은 물론이고 인근 유럽 국가들의 젊은이들까지 한데 모으는 놀랄만한 상황이 벌어졌다. 당시 50-180유로에 달하는 비교적 높은 금액이었음에도 공연 티켓은 불과 5분 만에 매진사태를 가져왔다. 이에 고무된 주최 측은 애초 1회로 예정했던 공연을 1회 더 늘렸음에도 티켓은 매진이었고 공연은 성황리에 끝났다. 한류의 저력을 생생하게 확인시켜 준 사례였다.
　이 공연이 주는 의미는 비단 티켓 매진에만 있는 것은 아니다. 공연이 열렸던 곳은 유럽 문화의 심장이며, 나아가 세계 문화의 중심지라 할 수 있는 프랑스 파리에서 열렸다는 것과 그곳에서 엄청난 성공을 보여주었다는 점이 큰 의미가 있다. 잘 알려진 것처럼 프랑스 파리는 자국 문화는 물론이고 세계 문화의 중심지 역할을 자부해 왔다. 늘어가는 미국 문화의 영향력에서 프랑스는 자국의 문화를 지키고 발전시키기 위해 큰 노력을 기울였고 음악, 미술과 같은 전통적인 예술의 영역뿐만 아니라 영화, 만화, 대중가요(샹송) 등 대중예술 분야도 세계적 흐름을 선도하기 위해 노력하는 국가이다.

이 공연이 있기 전까지 한류는 동남아시아를 중심으로 스쳐 가듯 일어난 한때의 붐 정도로 여겨지고 있었다. 하지만 문화와 예술의 세계 중심 도시라 알려진 프랑스 파리에서 한국 가수들의 공연이 어마어마한 관심과 환호를 불러온 사실은 명실상부 한류가 동남아시아라는 특정 국가에 머무르는 유행이 아니라 전 세계에 불어오는 태풍으로 자리매김하기에 충분한 역사적 사건이었다.

K-POP의 본격적인 출발은 1992년 '서태지와 아이들'로 시작되었다. 이 그룹은 한국 대중음악에 새로운 바람을 일으켰으며, 다양한 음악 장르를 혼합하여 대중에게 큰 인기를 끌었다. '서태지와 아이들'은 랩, 록, 발라드 등 다양한 스타일을 도입하고, 음악적 실험을 통해 젊은 세대의 문화 아이콘으로 자리 잡았다.

이 시기에 방송사와 기획사가 본격적으로 아이돌 그룹을 양성하기 시작했다. H.O.T., 젝스키스, S.E.S 등 그룹은 1세대 아이돌로 자리 잡으며, K-POP의 기초를 다졌다. 이들은 청소년 문화와 팬덤 문화를 형성하는 데 중요한 역할을 하였다.

2000년대에 들어서면서 K-POP은 더 확장되었다. 이 시기 주목할 만한 사건은 가수 보아(BoA)의 일본 진출이다. 보아는 일본 시장에서 큰 성공을 거두며, 한국 가수의 해외 진출 가능성을 보여주었다. 특히, 그녀의 일본어 앨범은 높은 판매량을 기록하며 K-POP의 가능성을 입증했다. 이 시기 또한 2세대 아이돌 그룹인 TVXQ, Super Junior, Girl's Generation, Big Bang 등이 등장하며, K-POP의 스타일과 음악적 다양성이 더욱 풍부해졌다. 이들은 아시아 전역에서 인기를 끌며, K-POP의 글로벌화에 기여했다.

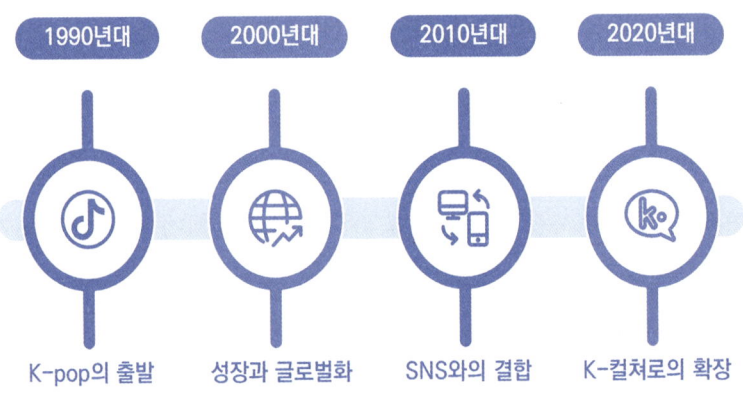

〈그림 5〉 K-POP의 발달 과정

K-POP의 세계화는 BTS(방탄소년단)에 이르러 최고조를 이루었다. BTS(방탄소년단)는 2013년 데뷔 이후 세계적인 인기를 끌며 K-POP을 대표하는 그룹으로 자리 잡았다. 그들의 음악과 메시지, 사회적 영향력은 국내외에서 큰 반향을 일으켰다. BTS가 이룬 주요성과는 다음과 같다.

우선 BTS는 여러 차트에서 역사적인 기록을 세웠다. 그들의 앨범은 빌보드 200 차트에서 한국인 최초로 1위를 차지했으며, 특히 〈Dynamite〉, 〈Butter〉, 〈Permission to Dance〉 등은 빌보드 핫 100에서도 1위를 기록했다. 이는 K-POP 아티스트로서 최초의 성과로, 한국 음악의 글로벌화를 이끌었다는 평가를 받았다.

BTS는 단순한 음악 그룹을 넘어 문화 외교의 임무를 수행하고 있다. 유엔 총회에서 연설하고, UNICEF와 협력하여 'LOVE MYSELF' 캠페인을 진행하는 등, 청소년과 사회적 이슈에 대한 메시지를 전달하기도 했다. 그들의 음악은 팬들에게 긍정적인 영향을 미치고 있으며, 정신 건강과 자기 수용 등의 주제를 다루고 있다.

BTS의 활동은 한국 경제에도 큰 기여를 하고 있는데 2021년 한국 문화관광연구원의 보고서에 따르면, BTS의 경제적 파급 효과는 연간 약 4조 원에 이르며, 이는 관광, 소비, 및 관련 산업에 긍정적인 영향을 미쳤다는 연구 결과도 있다. BTS의 팬들은 그들의 음악과 관련된 상품을 구매하며, 한국의 문화 콘텐츠에 관한 관심을 높이고 있다는 점 또한 주목할 만한 현상이다. 그리고 BTS는 '아미(ARMY)'라는 강력한 팬덤을 형성하며, 팬들과의 소통을 중시하는 문화를 만들어냈기도 했다. 소셜 미디어를 통해 팬들과 실시간으로 소통하고, 다양한 플랫폼에서 콘텐츠를 공유함으로써 글로벌 팬덤 문화를 선도하고 있는데 이러한 접근은 팬들에게 소속감을 느끼게 하고, BTS의 메시지를 효과적으로 전달하는 데 기여하고 있다는 평이다. 아래 표는 2024년에 글로벌 활약이 두드러진 아티스트들과 그들의 주요 성과를 보여주고 있다.

〈표 1〉 2024년 글로벌 활동한 K-POP 아티스트들의 주요성과

순위	아티스트	주요 성과
1	RM	두 번째 솔로 앨범 〈Right People, Wrong Place〉로 빌보드 선정 '2024년 최고의 K-팝 앨범' 1위 출처: nyculturebeat.com

2	로제	솔로곡 〈APT〉로 미국 빌보드 핫 100 차트 8위 진입 및 4주 연속 상위권 유지 출처: sports.hankooki.com
3	에스파	〈슈퍼노바〉로 멜론 주간 차트 15주 연속 1위 및 음악방송 12관왕 달성 출처: sports.hankooki.com
4	아이유	미니 앨범 〈The Winning〉 발매와 동시에 월드투어 성료, 글로벌 팬들의 주목 출처:sports.hankooki.com
5	스트레이키즈	앨범 〈ATE〉로 빌보드 200 차트 5위 기록 출처:nyculturebeat.com
6	트와이스	앨범 〈With YOU-th〉로 빌보드 200 차트 1위 달성 출처:nyculturebeat.com
7	데이식스	앨범 〈Fourever〉 발매 및 국내 밴드 최초 고척스카이돔 단독 콘서트 개최 출처: sports.hankooki.com
8	정국	〈Seven〉으로 MTV VMAs 2024 베스트 K-팝 부문 후보 선정 출처:people.com
9	리사	〈Rockstar〉로 MTV VMAs 2024 베스트 K-팝 부문 수상 출처:people.com

BTS를 비롯한 K-POP 아티스트들은 음악적 성과, 문화적 영향력, 경제적 기여 등 여러 면에서 큰 성과를 이루어내면서 K 콘텐츠와 K-컬처의 형성과 발전에 큰 기여를 해냈다. 그러나 향후 그들의 개인적 성장, 인기 유지, 사회적 책임, 글로벌 다양성 등은 앞으로 해결해야 할 과제라 보인다. 하지만 계속되고 있는 그들의 여정은 단순한 음악 활동을 넘어, 전 세계의 많은 이들에게 긍정적인 영향을 미치고 있고 앞으로도 한국의 콘텐츠산업과 한국 문화의 세계화에 큰 영향을 줄 것임은 틀림없는 사실이다. 그리고 〈표 1〉에서 알 수 있듯이 BTS의 뒤를 이어 블랙핑크, 스트레이키즈, 에스파, 뉴진스, 투모로우바이투게더 등의 아티스트들은 계속해서 K-POP의 붐을 이어 나갈 것으로 기대를 받고 있다.

Chapter 2
K 콘텐츠 힘

4장_ 기생충과 범죄도시 사이_ 영화

1. 기생충과 범죄도시

기생충

〈그림 1〉 영화 〈기생충〉 포스터

〈기생충〉(2019)은 봉준호 감독의 대표작으로, 단순한 흥행 영화 이상의 의미를 지닌 작품이다. 이 영화는 전 세계 영화계에서 큰 반향을 일으켰으며, 한국 영화의 위상을 높이고, 국제적으로도 큰 성과를 거둔 작품이다. 〈기생충〉은 2019년 '칸 영화제'에서 한국 영화 역사상 첫 번째로 황금종려상을 거머쥐었다. 또한, 그다음 해 아카데미 시상식에서 최우수 작품상, 감독상, 각본상, 국제영화상 등 4개 부문을 수상하며, 한국 영화뿐만 아니라 전 세계 영화 산업에 큰 영향을 미쳤다. 한마디로 말해서 예술적 성취와 산업적 성취를 동시에 달성한 것이다.

〈기생충〉은 단순한 흥미진진한 드라마가 아니라, 사회적 메시지를 강하게 전달하는 작품이다. 영화는 빈부격차와 사회적 계층의 문제를 정면으로 다루고 있다. 가난한 기택 가족과 부유한 박 사장 가족의 대비는 그 자체로 계급사회의 단면을 드러내며, 그 속에서 인간의 욕망, 자존심, 그리고 생존을 위한 싸움이 펼쳐진다.

영화는 특히 '기생충'이라는 제목을 통해, 사회적 상위 계층에 기생하는 계층을 은유적으로 표현하고 있다. 기택의 가족은 부유한 가정에 의존하면서 살아가지만, 그들 또한 자신의 생존을 위해 다른 사람을 이용하고, 결국 영화는 이를 폭로하며 상류 사회와 하류 사회의 격차를 신랄하게 비판한다. 기택의 가족이 박 사장 가족의 집에서 점차 자리를 차지하며 벌어지는 사건들은 부유한 계층의 무지와 가난한 계층의 절박함을 드러내고, 그 간극이 어떻게 사람들을 극단적인 선택으로 내몰게 되는지를 보여준다.

또한, 영화는 영화적 표현에서도 탁월한 창의성을 보여준다. 예를 들면 박 사장 가족의 집은 깔끔하고 넓은 공간으로, 그것은 상류 계층의 부를 상징하는 반면 기택의 가족은 반지하에 살고 있으며, 그 공간은 사회적 지위와 부의 불균형을 시각적으로도 표현한다. 특히 영화의 후반부에서 나타나는 지하공간은 가난한 사람들이 숨겨둔 또 다른 세계를 상징하며, 이 공간을 통해 영화는 사회적 불평등을 더 강조하고 있다.

특히 봉준호 감독은 〈기생충〉에서 그의 특유의 장르 혼합 기법을 잘 보여주고 있다. 이 영화는 블랙 코미디, 스릴러, 드라마, 사회적 비판 등의 장르가 혼합된 작품으로, 다양한 요소들이 자연스럽게 결합해 있다. 이처럼 여러 장르를 넘나드는 방식은 관객들에게 예상치 못한 감정적 반응을 끌어내며, 영화의 긴장감을 높이는 데 중요한 역할을 한다.

또한, 영화는 세밀한 미장센(화면구성)을 통해 영화의 메시지를 강화하는 것을 잘 보여주고 있는데 예를 들어, 기택의 가족이 박 사장 가족의 집에 처음 방문할 때, 높은 지대에서 낮은 지대로 내려가는 장면은 그들이 계급을 넘어서는 과정을 상징적으로 보여준다. 반면, 영화 후반부에서의 지하실 장면은 그들의 삶이 점점 더 극단적으로 변해가고 있음을 나타낸다.

〈기생충〉은 단순한 사회적 비판을 넘어서, 계급 간의 갈등을 심도 있게 탐구한 작품이다. 봉준호 감독은 영화의 마지막 반전에서 관객들에게 큰 충격을 주며, 사회적 불평등이 가져오는 비극적 결과를 명확하게 드러낸다. 이 영화는 단순히 한국 사회의 문제를 다룬 것이 아니라, 전 세계 어디에서나 공감할 수 있는 보편적인 문제와 문제의식을 제기함으로써 전 세계적으로 강력한 영향을 미칠 수 있었다. 결론적으로 〈기생충〉은 그 자체로 한국 영화의 문화적 자부심이자, 많은 관객에게 강한 의미와 재미를 선사한 세계 영화사에 큰 족적을 남긴 작품으로 기록될 것이다.

범죄도시 시리즈

〈범죄도시〉 시리즈는 마동석이 주연을 맡은 대한민국의 대표적인 액션 영화 시리즈로, 강력한 액션과 사회적 메시지를 결합한 작품으로 많은 사랑을 받고 있다. 첫 번째 영화인 〈범죄도시〉(2017)를 시작으로, 이후에 속편들이 계속 제작되어 공개되면서 지속적으로 큰 인기를 끌었다. 이 시리즈는 한국형 액션 영화의 새로운 패러다임을 제시하며 관객들의 관심을 집중시켰다. 마동석이 연기한 마석도 형사는 영화의 중심적인 캐릭터로, 그의 독특한 캐릭터와 강렬한 액션이 시리즈의 가장 큰 매력 요소로 자리 잡고 있다.

〈범죄도시〉 시리즈는 강력한 액션과 리얼한 범죄 묘사로 주목받았다. 영화는 과도한 컴퓨터 그래픽(CG)이나 화려한 특수효과보다는 현실적인 액션 장면에 집중하여 관객들에게 강한 인상을 남겼다. 마석도의 액션 장면은 육체적인 힘과 실제적인 싸움 기술을 바탕으로, 화면에서 실감 나는 긴장감을 자아낸다. 마동석은 실제로 체격이 크고 강력한 몸을 가진 배우로, 그의 자연스러운 액션은 영화의 주요 매력 요소 중 하나다. 특히 〈범죄도시〉에서만 보이는 마석도의 싸움 스타일은 거친 스트리트 파이트를 기반으로 하며, 그의 강력한 펀치와 체술을 중심으로 펼쳐진다. 이 영화는 현실적인 폭력을 묘사하는 데 주력하면서도, 과도한 폭력성 없이 정의감 있는 액션을 그려냄으로써 관객들이 영화를 보고 나서도 그 여운을 오래 간직할 수 있도록 해 준다.

무엇보다 범죄도시 시리즈가 주목할 만한 이유는 지금까지 공개된 4편 모두 엄청난 관객을 동원했다는 것이다. 아래 〈표 1〉은 범죄도시 시리즈의 관객 수를 보여주고 있다.

〈표 1〉 영화 〈범죄도시〉 시리즈와 관객수

	범죄도시 1	범죄도시2	범죄도시3	범죄도시4
포스터				
관객수	6,879,841	12,693,175	10,682,813	11,501,621

관객수 출처: 한국 영화 입장권 통합전산망

〈표 1〉에서 알 수 있듯이 1편을 제외한 3편이 모두 천만 관객을 동원했고 4편을 모두 합하면 누적관객수는 무려 41,757,450명에 이른다.

〈범죄도시〉 시리즈는 한국형 액션 영화의 진화를 보여주는 작품으로 관객들에게 사랑을 받았다. 마동석은 이 시리즈에서 강력한 액션 히어로의 이미지를 구축했으며, 그를 통해 한국 영화의 새로운 가능성을 제시하고 있다. 이제 이 시리즈 영화는 단순한 액션 영화로서의 매력을 넘어서, 사회적 메시지와 현실적 문제를 다루며, 관객들에게 많은 생각거리를 제공하기도 한다. 강력한 액션과 사회적 비판을 동시에 아우르는 〈범죄도시〉 시리즈는 앞으로도 한국 영화의 중요한 기둥으로 자리 잡을 가능성이 크다. 이런 점들과 고려하면서 이 영화의 압도적인 관객 동원 성공에 대한 분석은 앞으로도 계속 이어져야 하겠다.

2. 문화로서의 영화예술

〈그림 2〉〈기차의 도착〉   〈그림 3〉〈공장노동자의 퇴근〉

지금 우리가 알고 있는 영화는 공식적으로 1895년 프랑스의 발명가 형제인 루이 니콜라스 뤼미에르와 루이 장 뤼미에르가 제작한 〈기차의 도착〉과 〈공장노동자의 퇴근〉으로부터 시작되었다.

이 영화들은 뤼미에르 형제가 운영하는 한 카페에서 상영되었는데 이를 세계영화의 시작으로 보고 있다.

50여 초 짜리 짧은 흑백 무성영화인 이 영화는 처음엔 신기한 볼거리로 사람들에게 알려졌고, 스크린에서 투사되어 움직이는 실사 이미지를 본 많은 사람들은 새로운 기술에 신기해하며 환호를 보냈다. 이렇듯 영화는 처음에는 신기한 볼거리 그 이상도 그 이하도 아니었다.

영화의 예술성을 발견하고 영화도 예술 작품이 될 수 있다고 주장한 이는 아르놀트 하우저(Hauser Arnold)였다. 미술사학자로 알려진 그는 예술의 형식적인 면을 강조하면서 영화가 예술이 될 수 있는 이유로 영화 언어의 발견을 주장했는데 그에 의하면 영화는 '클로즈업'과 '편집'이라는 고유의 언어를 가지고 있다는 점에서 영화를 예술의 영역으로 인식해야 한다고 주장했다.

클로즈업 기법은 초기 영화 시대에 등장했다. 1900년대 초반, 영화는 대부분 와이드 샷(wide shot)이나 미디엄 샷(medium shot) 위주로 촬영되었다. 그러나 1910년대에 접어들면서, 영화감독들은 클로즈업(close-up)을 활용해 감정적인 표현을 더 강하게 전달하고자 했다.

D.W. 그리피스(D.W. Griffith)는 클로즈업을 효과적으로 사용한 감독 중 한 명으로, 1915년 작품인 〈국가의 탄생(The Birth of a Nation)〉에서 중요한 장면에 클로즈업 기법을 사용하여 인물의 감정을 강조했다. 클로즈업은 주로 감정의 강조, 상징성, 관객의 집중 유도, 효과적 장면 전환 등의 효과를 위해 사용된다.

영화의 편집은 무성영화 시기부터 시작되었다. 초기 영화들은 대부분 장면을 한 번에 연속적으로 촬영한 후, 그것을 그대로 상영하는 형태였기 때문에 편집이 거의 없었다. 하지만 1900년대 초반부터 영화 제작자들은 더 창의적이고 실험적인 방식으로 장면을 연결하기 시작했다.

영화의 편집이 처음 도입된 사례 중 하나는 에드윈 포터(Edwin Porter)의 1903년 작품 〈대도시의 도망자(The Great Train Robbery)〉이다. 이 영화에서 포터는 장면 전환과 시간의 흐름을 나타내기 위해 장면을 나누고 이를 연결하는 방식을 사용했다. 이 방식은 컷(cut)을 이용해 다른 장소나 시간으로 전환하는 방식이었다.

최초의 컷 편집 기법은 프랑스의 조르주 멜리에스(Georges Méliès)

인데 그는 〈달세계 여행(Le Voyage dans la Lune, 1902)〉에서 트릭 촬영과 컷 편집을 사용했다.[1]

그밖에 영화 편집을 예술의 경지로 끌어 올린 것은 러시아 몽타주 이론의 탄생으로 비롯됐다고 할 수 있다. 러시아 몽타주 이론은 1917년 러시아 혁명 이후, 사회주의 국가의 이념을 영화에 반영하려는 시도에서 출발했다. 혁명 이후 새로운 사회와 사상을 전파하는 데 영화가 중요한 역할을 하게 되었고, 이를 위한 영화 이론이 필요했다. 이 시기에 등장한 여러 영화 제작자는 편집을 통해 감정을 조작하고, 새로운 의미를 창출하는 방법에 집중하게 되었다.

몽타주 이론에서 중요한 핵심 개념은 편집을 통한 의미 생성이다. 이는 단순히 장면을 이어 붙이는 작업이 아니라, 장면 간의 조합을 통해 새로운 감정, 아이디어, 메시지를 창출한다는 것이다. 가장 중요한 점은 각각의 장면이 독립적인 의미가 있을 수 있지만, 편집을 통해 그 의미가 전혀 다른 방향으로 변할 수 있다는 의미이다. 이 이론의 대표적 감독으로는 세르게이 아이젠슈타인(Sergei Eisenstein), 레프 쿨레쇼프(Lev Kuleshov), 디미트리 베르토프(Dmitri Vertov)가 있는데 특히 세르게이 아이젠슈타인은 그의 작품인 〈전함 포템킨〉(1925)에 등장하는 '오데사 계단'의 시퀀스로 영화를 공부하는 사람들은 꼭 살펴봐야 할 장면이다.

영화 예술은 누벨 바그(Nouvelle Vague) 운동에 이르러 절정을 이룬다. 누벨 바그는 '새로운 물결(New Wave)'이란 뜻으로 1950년대 후반에 시작되어 1962년 절정에 이른 프랑스의 영화 운동이다. 주제와 기술상의 혁신을 추구했던 이 경향은 무너져가는 프랑스 영화 산업에 대한 반동으로 형성됐다. 이 운동의 원동력은 소그룹 영화 마니아들로부터 나

왔는데, 그들은 대부분 프랑스 영화 잡지 '카이에 뒤 시네마(Cahiers du Cinéma)'에 글을 기고하며 경력을 시작했으며, 특히 잡지 발행인이었던 비평가 앙드레 바쟁(André Bazin)의 영화 비평에서 많은 영향을 받았다는 공통점이 있다.

위의 내용을 정리하면 아래 그림과 같다.

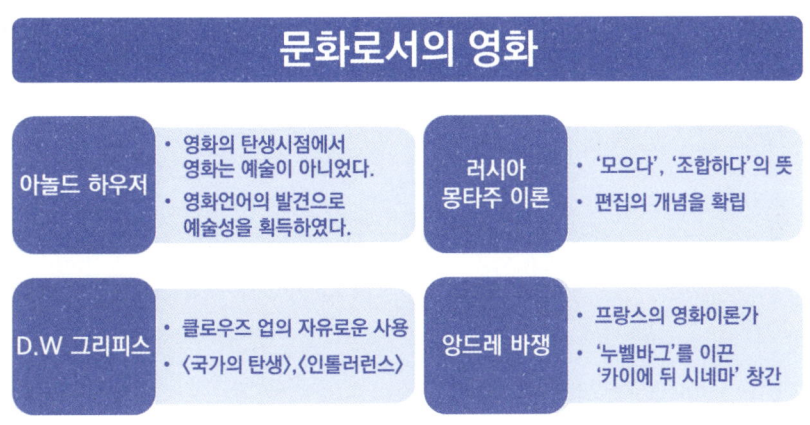

〈그림 4〉 문화로서 영화의 특징

문화로서의 영화는 영화제 수상으로 내용을 살펴볼 수 있는데 〈표 2〉는 지금까지 주요 해외 영화제에서 수상한 한국 영화의 목록이다.[2]

〈표 2〉 한국영화의 주요 국제영화제 수상 내열

연도	영화제	수상 부문	작품명	감독/배우
1961	베를린 국제영화제	특별 은곰상	마부	강대진 감독
1962	베를린 국제영화제	아동 특별연기상	이 생명 다하도록	전영선 배우
1987	베니스 국제영화제	여우주연상	씨받이	강수연 배우
2002	칸 영화제	감독상	취화선	임권택 감독

연도	영화제	수상부문	작품	수상자
2002	베니스 국제영화제	감독상, 신인배우상	오아시스	이창동 감독, 문소리 배우
2004	베를린 국제영화제	감독상	사마리아	김기덕 감독
2004	칸 영화제	심사위원대상	올드보이	박찬욱 감독
2004	베니스 국제영화제	감독상	빈집	김기덕 감독
2007	칸 영화제	여우주연상	밀양	전도연 배우
2008	베니스 국제영화제	예술공헌상	검은 땅의 소녀와	전수일 감독
2009	칸 영화제	심사위원상	박쥐	박찬욱 감독
2010	칸 영화제	각본상	시	이창동 감독
2010	칸 영화제	주목할 만한 시선상	하하하	홍상수 감독
2011	베니스 국제영화제	단편부문 금곰상	파란만장	박찬욱, 박찬경 감독
2011	칸 영화제	주목할 만한 시선상	아리랑	김기덕 감독
2012	베니스 국제영화제	황금사자상	피에타	김기덕 감독
2016	칸 영화제	벌칸상	아가씨	류성희 미술감독
2017	베니스 국제영화제	여우주연상	밤의 해변에서 혼자	김민희 배우
2019	칸 영화제	황금종려상	기생충	봉준호 감독
2020	베를린 국제영화제	감독상	도망친 여자	홍상수 감독
2021	베를린 국제영화제	각본상	인트로덕션	홍상수 감독
2022	베를린 국제영화제	심사위원대	소설가의 영화	홍상수 감독
2022	칸 영화제	감독상	헤어질 결심	박찬욱 감독
2022	칸 영화제	남우주연상	브로커	송강호 배우

3. 산업으로서의 영화

산업으로서의 영화는 흔히 상업영화라는 용어로 설명할 수 있는데 상업영화는 영화 산업에서 경제적 이익을 추구하며 대중을 대상으로 만들어지는 영화를 의미한다. 초기 영화부터 현재까지의 상업영화의 특징은 시대와 기술의 발전에 따라 변화해 왔다. 할리우드로 대변되는 이런 영화들에 대해 시대적으로 특징을 구분해서 살펴보면 다음과 같다.

1) 초기 영화 (1890~1920년대)

초기 상업영화는 영화의 탄생과 함께 토머스 에디슨과 조지 멜리에스 같은 인물들이 영화의 가능성을 탐구하며 영화의 상업적 가능성을 염두에 두고 기술적 혁신과 실험을 시작한 시기였다.

이 시기의 영화는 주로 짧은 길이의 무성 영화로, 극장이나 공공장소에서 상영되었고, 관객들에게 재미를 주면서 점차 대중적인 오락의 형태로 자리 잡기 시작했다. 실험적이고 혁신적인 기법을 사용한 영화는 대중적인 관심을 불러왔으며 영화의 주요 수익 모델인 영화 상영의 입장료가 점차 자리를 잡기 시작했다.

2) 할리우드의 전성기 (1930~1960년대)

이 시기에 영화는 명확한 장르로 구분되기 시작했다. 액션, 드라마, 코미디, 공포, 로맨스 등 장르가 대중에게 큰 인기를 끌었다. 할리우드 스튜디오는 각 장르의 공식화된 규칙을 만들어내어 예측할 수 있는 영화 소비 패턴을 만들었다.

이 시기부터 영화에 스타가 등장했다. 영화의 성공은 배우의 스타성에 큰 영향을 받았으며, 이는 "스타 시스템"을 통해 상업적인 성공을 거둘 수 있었다. 유명한 배우들은 영화의 홍보와 마케팅에서 아주 중요한 역할을 했고 그들의 중요성은 점차 높아갔다.

영화의 내용과 스토리 구조 측면에서 보면 이 시기 영화의 스토리 구조는 점차 "3막 구조"로 발전했다. 이것은 상업적인 성공을 위한 필수적인 요소로 자리 잡았으며, 대중이 쉽게 이해하고 몰입할 수 있도록 하였다는 점에서 그 의미가 깊다.

3) 현대 상업영화 (1970년대 이후)

1970년대 이후, 스타워즈와 같은 대형 영화가 등장하면서 '블록버스터 영화'라는 개념이 확립되었다. 블록버스터는 '한 블록을 날려 버릴 만한 어마어마한 폭탄'이라는 의미에서 시작된 용어인데 대형 예산의 영화, 스펙터클한 이미지를 제공하는 영화라는 의미로 사용되었다. 이러한 영화들은 전 세계적인 인기를 얻기 위해 고비용, 고수익 모델을 채택하며, 대규모 마케팅과 함께 개봉되기 시작했다.

현대 상업영화의 특징으로 특수효과를 들 수 있다. 특수효과는 기술의 발전을 말하는데 이는 컴퓨터 그래픽(CG)과 같은 첨단 기술을 통해 시각적 효과가 극대화된 것과 그것을 통해 특수효과가 발달하면서 영화 요소에 시청각적 경험이 강화된 것을 말한다. 대표적으로 〈타이타닉〉, 〈어벤져스〉와 같은 영화들이 기술 발전 특수효과를 중심으로 상업적 성공을 거두었다.

또한, 이와 유사한 프랜차이즈 영화, 시리즈 영화라는 개념도 확산했는데, 영화는 단순한 독립적인 작품이 아니라 속편이나 시리즈, 그리고 영화 관련 제품들로 확장되는 경향이 강해졌다. 이제 현대의 상업영화는 지속적인 수익 창출을 목표로 하며, 팬층을 형성하여 장기적인 상업적 성공을 도모하는 전략을 마련하게 된다.

2000년대 이후 디지털 시대에 이르러, 영화는 형식과 제작방식에 있어서 큰 변화를 겪게 된다. 먼저 디지털 기술의 발전과 인터넷의 확산으로, 영화의 제작 및 배급 방식이 변화하였다. 대부분의 영화가 기존의 필름 카메라가 아니라 디지털카메라로 촬영하게 되었고 모든 제작 과정이 디지털화되었다.

배급에서도 극장 상영 외에도 넷플릭스, 디즈니+, 아마존 프라임 등 스트리밍 서비스가 주요한 배급 채널로 자리 잡았으며, 이에 따라 영화 제작 및 유통의 방식도 변화하였고 영화 제작 방식도 글로벌화와 다국적화가 진행되었는데, 상업영화는 더 이상 특정 국가에 한정되지 않고, 글로벌 시장을 목표로 제작되고 있다. 영화는 이제 더 많은 국가와 지역에서 동시에 개봉할 수 있는 형태로 발전하면서, 영화 제작비와 수익 구조의 변화를 불러왔다.

산업으로서의 영화의 콘텐츠적 특징은 크게 '수요의 불확실성', '독점적 경쟁관계', '규모의 경제', '창구효과와 OSMU'로 말할 수 있다. '수요의 불확실성'은 영화의 대표적 특징으로 생필품이나 일반 소비재가 시장 규모와 소비규모를 일정 부분 예측할 수 있는 것과는 달리 수요예측이 매우 불확실하다는 점이다. 이는 '독점적 경쟁관계'라는 특징과도 맞물리는데 이는 영화가 다른 영화와의 경쟁관계가 성립한다기보다 스스로와의 경쟁을 벌인다는 의미이다.

즉, 본질적으로 타 영화의 흥행 여부와 상관없이 본 영화 그 자체적으로 재미와 관객 유인 요소가 있으면 상업적으로 성공하고 그렇지 않으면 실패한다는 말이다. '규모의 경제'는 일반적으로 인식되는 대량생산을 통한 예산 절감으로 저가 판매가 가능하다는 의미가 아니라 흔히 블록버스터로 대변되는 거대예산을 통한 스펙터클을 제공하는 영화들이 비교적 성공 확률이 높다는 의미다. 이와 더불어 대단위 광역 개봉 즉 와이드 릴리즈를 통한 전 세계 배급망을 활용할 수 있다는 의미도 포함한다. 따라서 영화는 거대예산을 통한 대규모 제작과 배급이 상업적 성공에 유리하다는 특징을 가진다고 할 수 있다. 마지막으로 '창구효과'와 OSMU는 2장에서 살펴본 바와 같이, 문화콘텐츠 산업의 대표적 특징인데 영화는 오롯이 이 특징을 잘 보여주고 있다고 하겠다. 아래 〈그림 5〉는 이런 영화의 산업적 특징을 잘 보여주고 있다.

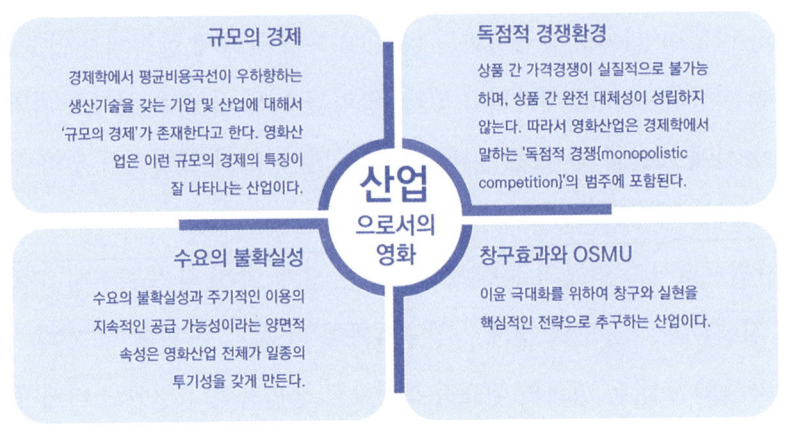

〈그림 5〉 산업으로서 영화의 특징

한국 영화 산업은 2000년 이후부터 본격적인 산업의 모습을 갖추게 된다. 투자, 제작, 상영, 소비에 이르는 영화 산업의 각 가치사슬이 저마다 체계적 시스템을 갖추게 되었고 타 산업과 비교해도 손색이 없을 만큼 탄탄한 구조적 토대를 마련하게 되었다. 이를 시기별로 구분하면 아래 〈그림 6〉과 같다.

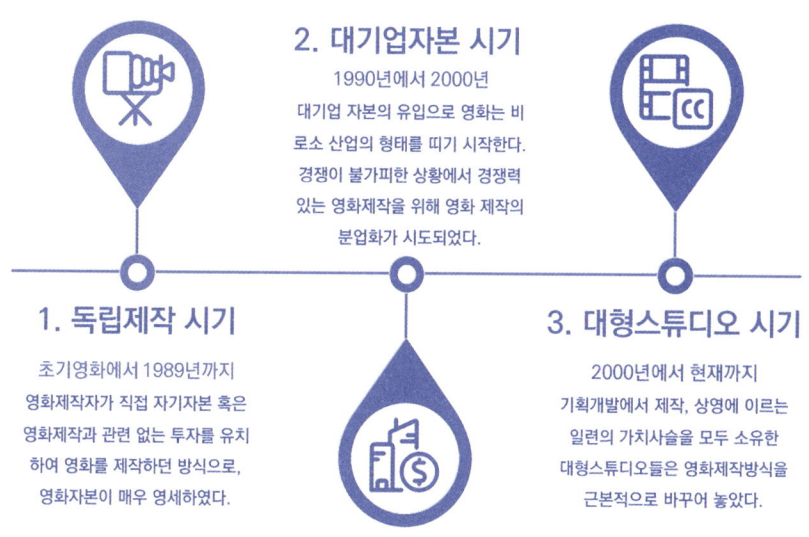

〈그림 6〉 한국 영화의 시대적 발전 모습

영화는 이제 더 이상 스크린에만 머무르지 않는다. 넷플릭스에서 제작하고 온라인을 통해 개봉했던 〈옥자〉를 시작으로, 이제 많은 영화가 스크린 개봉만을 고집하진 않는다. 그리고 세계의 각 유명 영화제도 이를 수용해서 영화의 범위를 TV 모니터와 핸드폰 화면으로까지 확장했다.

영화 개봉형식의 변화와 더불어 영화의 제작방식도 많이 바뀌고 있다. 제4차 산업혁명의 시기인 2020년대에 들어서 가장 특징적인 제작방식의 변화는 영화제작에 있어서 인공지능과의 결합이다.

〈표 3〉 첨단영화기술 육성지원 현황

구분	선정 규모	프로젝트명
첨단영상 가상영상체 특성화	4개사 4개 프로젝트	머신러닝을 이용한 〈FACEWARP〉 누크(NUKE) 플러그인 개발
		버추얼 스튜디오 및 CG 합성에 활용할 수 있는 표준화된 버추얼 스테이지 제작 기술 개발
		포토그래메트리 에셋 확보를 통한 언리얼 기반 가상화 촬영 세트 구축
		차세대 첨단 A.I 가상 인플루언서 개발
강소형 기술기업 프로젝트	8개사 7개 프로젝트	저 전력 고 효율성을 가진 1200w LED PAR 수중조명 개발
		국제 온라인 필름 마켓 플랫폼
		새로운 앵글 구현을 위한 애니메트로닉스 말과 차량 개발
		영화 현장 제작진행 협업 APP
		XR스테이지 드라이빙 합성용 소스 촬영 솔루션 개발
		버추얼 스튜디오의 180도 촬영용 리그를 위한 스테빌라이저(stabilizer) 업그레이드 및 모빌리티 모니터링 시스템과 자동차에 진동을 주기 위한 다용도 모션플랫폼의 개발
		배우-제작사 중개 플랫폼 〈파인드액터〉

출처: 2022년 한국콘텐츠산업백서, 한국콘텐츠진흥원, 2023년

위의 표와 같이 영화는 형식적인 면에서 큰 변화를 맞이하고 있다. 인공지능과 관련한 내용은 이 책의 11장에서 자세히 살펴보겠다.

END NOTE

1 Martin Sopocy, "French and British Influences in Porter's AMERICAN FIREMEN", Film History, 1987, 137p.
2 영화제에서 수상하지 못한 영화라고 해서 예술성이 없다고 볼 수는 없지만, 영화제 수상이 비교적 객관적인 지표로 작용할 수 있다는 점을 고려했다.

Chapter 2
K 콘텐츠 힘

5장_ 게임 아닌 오징어 게임_ 방송콘텐츠

1. 오징어 게임

〈그림 1〉〈오징어 게임〉 포스터

〈오징어 게임〉(Squid Game)은 2021년 9월 17일 넷플릭스에서 방영되며 전 세계적인 화제를 모은 한국 드라마다. 이 드라마는 한국 사회에서 발생하는 경제적 불평등과 인간의 생존 본능을 탐구하며, 극단적인 게임을 통해 사회적 계층을 비판하는 이야기로 구성된다.

황동혁 감독이 제작한 이 작품은 전 세계적으로 큰 인기를 끌었고, 여러 차례 기록을 경신하며 글로벌 콘텐츠 시장에서 한국 드라마의 위상을 높였다. 이 드라마가 한국의 주요 지상파에서 방영된 것이 아니라는 점에서 논의할 부분이 크다.

〈오징어 게임〉의 이야기는 극단적인 경제적 상황에 부닥친 456명의 참가자가 상금 456억 원을 차지하기 위해 어린이 게임에 참여하는 과정을 그리고 있다. 이들이 참여하는 게임은 단순히 재미있는 놀이처럼 보이지만, 게임에서 탈락하면 생명이 위태로운 상황에 놓이게 되며, 실제로 게임에서 탈락한 사람들은 모두 죽음을 맞이한다.

주요 인물은 이정재가 연기한 성기훈(일명 '456번'), 박해수가 연기한 조상우('218번'), 그리고 정호연이 연기한 홍남희('067번')다. 성기훈은 빚에 쪼들리며, 딸을 위한 돈을 벌기 위해 게임에 참여한 인물이다. 조상우는 경찰 출신으로 게임의 진상을 파헤치기 위해 잠입한 인물이며, 홍남희는 게임에 참여한 여성 참가자로, 매우 능숙한 생존 능력을 가진 캐릭터다.

게임은 여러 라운드로 진행되며, 라운드마다 어린이 게임을 변형한 형태로 진행된다. 예를 들어, '무궁화꽃이 피었습니다', '달고나 뽑기', '구슬 게임' 등 모두 한국에서 어린 시절에 많이 했던 게임들이지만, 이 드라마에서는 패배하면 죽음이라는 극단적인 결과가 따른다. 이 과정을 통해 각 참가자는 생존을 위한 싸움을 벌이며, 점차 인간성의 본질과 사회적 계층이 드러내는 상황에 직면하게 된다.

〈오징어 게임〉은 인간의 본능적 생존 욕구와 사회적 불평등을 깊이 있게 다루고 있는 드라마이다. 이 드라마는 참가자들이 서로를 죽이면서 자기 자신을 보호하려는 모습과 인간의 이기주의가 추악해지는 과정, 살아남기 위한 집단 내의 신뢰를 만들어가는 주제를 탐구한다. 참가자들은 자신만의 생존 방법을 찾아가며, 돈을 얻기 위한 냉혹한 경쟁이 극단적인 상황을 만들어낸다.

이 드라마는 경제적 불평등과 그로 인한 갈등을 강렬하게 비판한다.

주인공 성기훈(이정재)은 시작부터 빚과 문제를 안고 게임에 참여하는데, 그는 게임의 시작부터 끝까지 돈을 얻기 위해 싸운다. 성기훈의 모습은 한국 사회뿐만 아니라, 전 세계적으로 빈곤층과 상류층 사이의 경제적 격차가 개인들에게 얼마나 절박한 선택을 강요하는지 보여준다. 특히 〈오징어 게임〉은 경제적 어려움에 직면한 사람들이 극단적인 선택을 하게 되는 상황을 그리며, 이를 통해 불평등 사회에 대한 강한 메시지를 전달하고 있다.

〈오징어 게임〉은 단순히 한국 드라마에 국한되지 않고, 전 세계적 인기를 끌었다. 넷플릭스의 글로벌 플랫폼을 통해 190개국 이상에서 방영되었고, 그 결과 시청자 수와 흥행 성적은 그 어느 드라마보다 높았다. 드라마는 한국을 넘어 미국, 영국, 일본, 중국, 프랑스 등지에서 큰 반향을 일으켰으며, 심지어 문화적 아이콘으로 자리 잡았다.

드라마에서 등장한 〈오징어 게임〉 자체는 하나의 문화적 상징이 되었고, 특히 〈오징어 게임〉의 복고풍 유니폼이나 '무궁화꽃이 피었습니다'와 같은 장면들은 인터넷 밈(Internet meme)으로 확산했다. 또한, 경찰과 게임 관리자들의 의상, 경고문 등은 영화나 드라마 팬들 사이에서 독특한 패러디로 사용되었으며, 이 드라마는 전 세계적으로 한국 대중문화의 새로운 전환점을 대표하는 작품으로 평가받고 있다.

〈오징어 게임〉의 상징성과 주제 의식은 국제적인 대화의 주제로 떠올랐다. 사회적 불평등, 경제적 불황, 그리고 자본주의의 부정적인 면을 비판하는 메시지는 많은 사회학적, 정치적 논의를 끌어냈다. 〈오징어 게임〉은 단순히 시청각적인 오락을 넘어서, 사회적, 경제적 문제에 대한 심도 있는 논의와 성찰을 촉진하는 역할을 했다. 이런 이유로 아시아 최소의 에미상 감독상 수상, 골든글러스 및 SAG(Screen Actors Guild),

CCA(The Critics Choice Association)에서 수상하는 결과를 얻었다.

〈오징어 게임〉이 기록한 경제적 성과 또한 괄목할 만한데 이 시리즈는 넷플릭스에서 공개된 후 4주 만에 1억 1,100만 가구가 시청하면서, 넷플릭스 역사상 가장 큰 히트작으로 자리 잡았다. 특히, 넷플릭스의 구독자 수를 많이 증가시켰으며, 많은 국가에서 1위 또는 상위권에 랭크되는 성과를 달성했다. 언론 보도에 따르면 1편은 약 300억의 제작비를 들여 9억 달러(한화 약 1조 원)의 수익을 기록한 것으로 전해진다.(LA타임스, 한국경제 등)

〈오징어 게임〉은 단순한 오락적인 요소를 넘어, 글로벌한 인지도를 얻으며 문화적 현상이 되었고, 한국 드라마의 위상을 확립하는 데 큰 역할을 했을 뿐만 아니라 자본주의, 빈부격차, 인간성을 주제로 한 그 자체로 사회적 의문을 제기하며, 시청자들에게 강렬한 인상을 남겼다. 향후 시즌 2에 대한 기대감도 높아지면서, 〈오징어 게임〉은 전 세계적으로 큰 영향을 미친 작품으로 기억되고 있다.

2024년 12월에 공개된 〈오징어 게임 2〉 역시 시청자들의 기대에 호응하면서 많은 기록을 남겼다. 비영어권 TV 시리즈물로는 역대 최고의 주간 데뷔 기록을 세웠고 11일 만에 1억 2천6백만 뷰를 기록해서 시즌 1을 뛰어넘는 속도를 보여주었다. 하지만 시즌 1과는 달리 긍정적인 평가만 있지 않았고 부정적인 평가도 많이 나왔다. 그런데도 〈오징어 게임 3〉은 현재 2025년에 개봉 예정으로 알려져 있다.

2. 방송 포맷

　방송 프로그램에서의 '포맷(Format)'이란 일종의 요리법(Recipe)과 같은 것으로, 일련의 시리즈물 프로그램에서 변하지 않고 꾸준히 유지되는 요소들을 집합적으로 칭하는 용어다. 즉, 오리지널 프로그램의 아이디어가 해외 시장에 판매되어 적용할 수 있도록 하는 프로그램이다. 다른 나라로 수출되더라도 같은 내용과 품질의 콘텐츠가 제작될 수 있게 하는 프로그램 콘셉트의 집합이라고 할 수 있다.

　기존에, 포맷에 대해 언급한 내용들을 정리하면 아래 표와 같다.

〈표 1〉 방송 포맷에 대한 다양한 정의들

이름	년도	포맷 정의
Alber Moran	1998	일련의 시리즈물 프로그램에서 각각의 에피소드를 관통하여 시리즈물 내내 변하지 않고 꾸준히 유지되는 요소들의 집합체
Caruso & Arthur	1998	프로그램에 대한 약식 기획(Informal Plan)으로 프로그램의 시작부터 종료까지 출연자가 보고 지시할 내용을 이야기하듯 서술해 놓은 스토리 트리트먼트(Story Treatment)
정용준	2003	프로그램 체제나 구성 등을 포함하여 다른 프로그램과 구별할 수 있을 정도의 프로그램 계획
Moran & Malbon	2006	어떤 프로그램을 다른 장소와 시간에서 적용할 수 있도록 하는 정보와 노하우의 전체 패키지. 결과적으로 포맷 판매는 필요한 모든 재료(정보, 제작노하우, 아이디어, 시청자 타겟, 마케팅자료/조사 등)를 제공하고, 심지어 컨설팅(consulting), 플라잉피디(flying PD)를 포함하기도 함

Kelment	2007	프로그램에 대한 기본 콘셉트나 아이디어에서부터 제작과정 그리고 이후의 유통단계까지 포괄하는 개념
배진아	2008	제작자가 프로그램을 통해서 전달하고자 하는 내용을 구체적으로 표현하는 방식으로 매회를 관통하면서 일관되게 유지되는 요소들
정윤경, 전경란	2010	독창적인 프로그램을 만들 수 있는 일정한 틀이자 형식적 요소들의 조합
김문희	2016	프로그램을 구성하는 독특하고 고유한 제반 형식을 의미하는 것으로, 매회 다른 내용에도 불구하고 프로그램 에피소드의 기본 구조가 되고, 대중이 같은 프로그램임을 한 번에 인식할 수 있게 하는 것이 핵심적 특징의 총합
FRAPA (www.frapa.org)	2022	독창적인 아이디어를 구조화하여 다양한 나라와 플랫폼에 구현될 수 있도록 하는 노하우를 담은 문화상품이자 지적재산물

방송콘텐츠는 모두 저마다의 포맷으로 규정할 수 있는데 큰 범주로 봐서 대본이 있는 포맷과 대본이 없는 포맷으로 구분할 수 있다. 아래 그림은 포맷의 내용에 따른 방송콘텐츠 종류를 보여주고 있다.

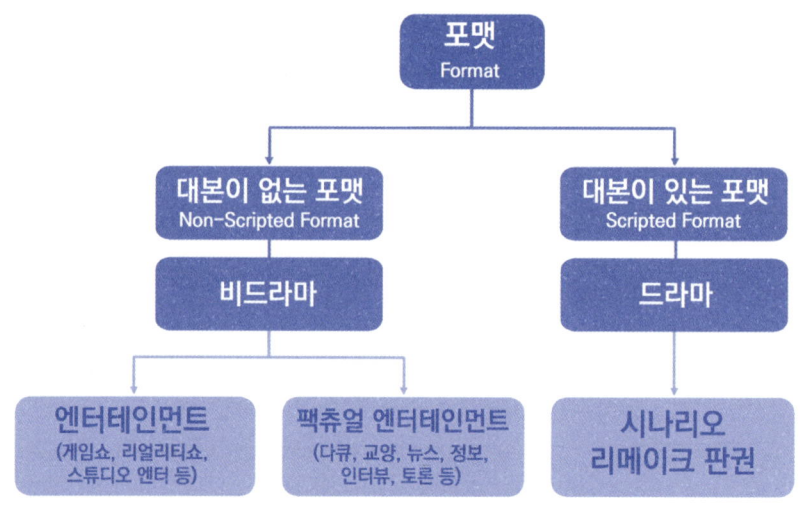

〈그림 2〉 포맷의 분류

국가 간의 방송 포맷 거래는 사실 라디오 방송에서 시작되었다. 최초의 미국 쇼 '모방'은 1920년대 후반 BBC 라디오에 등장하였으며 이후 몇몇 영연방 국가들 특히 캐나다와 호주의 상업 라디오 방송국에서 10여 년간 활성화되었다. 초창기 가장 인기 있었던 프로그램은 〈Major Bowes Amateur Hour〉였다고 한다. 이 프로그램은 뉴욕에서 1934년에 처음 방영되었으며 BBC에 의해 1936년에 각색되었고 4년 후에는 호주의 상업방송에서 방송되었다.

BBC는 또한 NBC의 스펠링 콘테스트 프로그램인 〈Spelling Bees〉를 1937년에 각색했다. 호주의 방송국들이 자신들이 각색하던 미국 드라마의 대본을 구매하는 것이 확립되었던 것에 반해, 가벼운 쇼 프로그램과 같은 장르들은 미국에서 빌려온 아이디어들을 사용할 때는 포맷 라이센스를 지급하지 않았다.

세계 최초로 텔레비전에 방송된 포맷은 1942년 6월 'WOR New York'에서 처음으로 방송되었는데 이 프로그램은 CBS 라디오 네트워크로 옮겨간 〈It Pays to Be Ignorant〉라는 코미디 패널 쇼이다. 이 쇼는 BBC 버라이어티 프로그램 담당이었던 Michael Standing의 이목을 끌게 되어 영국에서 방송권을 구매하기로 했다. BBC는 쇼의 제목을 〈Ignorance Is Bliss〉라고 새로 붙였으며 미국 대본을 각색하기 위해 Sid Colin에게 프로그램 맡겼다.[1]

한국의 포맷수출이 활발해짐에 따라 이에 대한 국제적인 시각도 점차 다양해지고 있다. 특히 한국의 콘텐츠산업 즉 K 콘텐츠산업이 놀라울 정도로 발달함에 따라 한국의 포맷은 점차 인기를 더 해가고 있고 이에 맞춰 글로벌 사업자들의 K 포맷에 관한 관심도 높아가고 있다. 이런 현실에서 K 포맷에 대해 다양한 시각이 늘어가고 있는데 이를 정리하면 아래 〈표 2〉와 같다.

〈표 2〉 K-포맷산업에 대한 글로벌 시각

구분	세부내용
글로벌 포맷 산업	·**글로벌 시장 트렌드**: 리스크가 적은 검증된 포맷의 재사용이 확장되는 경향, 스트리밍 플랫폼(OTT)의 영향력 ·**글로벌 사업자들의 방송포맷 개발방법**: 현지 채널에서의 성공과 방송사의 니즈 파악이 중요 ·**글로벌 포맷개발을 위한 가이드라인**: 공통가이드라인은 없으나, 포맷의 목적성이 명확해야함 ·**포맷산업의 장단점**: 대형 글로벌 포맷 기업 중심의 성장으로 편중이 심화 ·**유통채널 다변화와 포맷 산업의 변화**: 글로벌 스트리머의 포맷 IP장악 vs 더 많은 아이디어 판매 기회를 제공
K-포맷에 대한 인식	·글로벌 시장에서 K-포맷이 주목받게 된 시점:〈**복면가왕**〉 ·글로벌 시장에서 K-포맷의 장단점: 게임쇼/퀴즈쇼는 취약하나 핵심 아이디어의 독창성이 강하다는 평가
포맷 계약 방식과 지식재산권	·글로벌 포맷 거래에서 **가장 선호하는 계약 방식: 옵션계약** ·글로벌 시장에서 포맷 IP 보호를 위한 노력들 :**FRAPA를 통한 포맷 IP 보호 노력**
포맷 산업 발전방안	·새로운 아이디어와 **IP 개발 지원을 우선으로** ·글로벌 빅 플레이어 기업과 **공동개발 기회 확대 필요** ·**단기**: 엔터 외 장르까지 새로운 시각 확장하는 것이 필요 ·**장기**: 아주 화려하고 볼거리가 많은 쇼 vs 아주 소박하면서 기발한 쇼 개발 ·공개 피칭 포럼보다는 **폐쇄형 포럼과 쇼케이스 확장** ·**한국적 콘텐츠 스타일에 충실**하면서 다른 포맷과 차별성 명확화 필요

출처: 김 숙 외, 한국 방송포맷(K-포맷) 글로벌 경쟁력 강화를 위한 비즈니스전략방안 연구, 한국콘텐츠진흥원, 2022

포맷산업은 크게 봐서 IP 산업이라고도 할 수 있는데 이 분야의 발전을 위해선 제작 분야, 제도 분야, 글로벌 분야, 교육 분야로 나눠서 생각할 수 있는데 각 기본 개념을 말하자면 아래 그림과 같다.

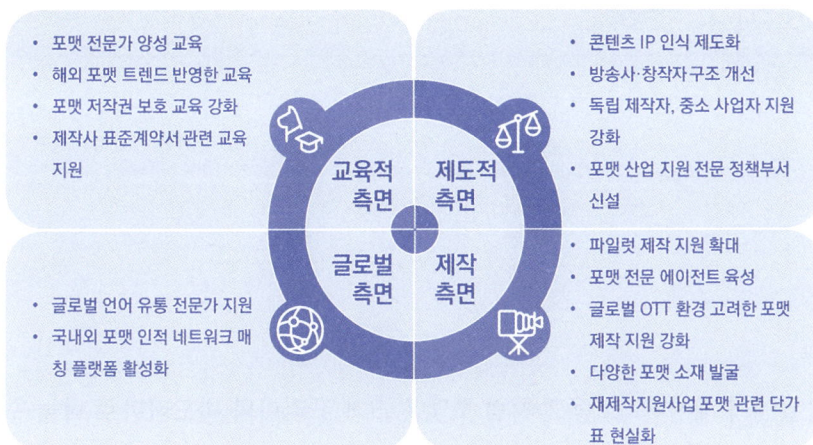

〈그림 3〉 포맷산업 진흥을 위한 분야별 과제

3. 포맷 구분

앞에서 제시한 〈그림 2〉처럼 포맷은 크게 드라마와 비드라마로 나눌 수 있다. 그리고 비드라마 부분에서는 크게 봐서 다큐멘터리, 뉴스, 예능 3부분으로 생각해 볼 수 있는데 각 포맷의 특징을 살펴보면 다음과 같다.

드라마

한국의 TV 드라마는 1960년대부터 시작되었다. 한국 TV 드라마는 이후 문화적, 사회적 변화를 반영하며 급격히 발전하였는데 주요 이슈와 작품을 중심으로 한국 TV 드라마의 역사를 간략히 연대별로 정리하면 아래와 같다.

1960~1970년대: 한국 드라마의 시작

한국에서 첫 번째로 나온 드라마는 '봄의 왈츠'라는 작품으로 1966년에 KBS에서 방영된 이 드라마는 한국 최초의 TV 드라마로 기록되었다. 1960년대 후반부터는 KBS와 MBC에서 본격적인 드라마 방영이 시작되었다. 초기 드라마들은 가족 중심의 이야기를 다루며, 사회적·정치적 상황을 반영하려는 노력이 있었다. 주요 작품으로는 〈여로〉(1964), 〈아버지와 아들〉(1970), 〈꽃동네 새동네〉(1972) 등이 있다. 〈천국의 문〉은

1956년 7월에 HLKZ-TV에서 방송된 드라마로, 대한민국의 사상 최초의 드라마로 알려져 있다. 2명의 도둑이 사후세계에서 만나 대화하는 내용을 담고 있다.

1980~1990년대: 사회적 변화와 드라마의 발전

1980년대는 한국 사회의 민주화 운동과 산업화가 본격적으로 진행되던 시기였다. 이 시기 방영된 드라마는 사회적, 정치적 변화를 반영하며 다소 도전적인 성격을 띠게 되었다. 특히 서울올림픽(1988)을 전후로 한국 드라마는 세계적으로 인지도를 높이기 시작했다. 또한 이 시기의 드라마는 여성 캐릭터와 그들의 역할 변화, 그리고 사회적 갈등을 중심으로 구성되기도 했다.

주요 작품으로는 〈전원일기〉(1981), 〈한지붕 세가족〉(1986), 〈사랑이 뭐길래〉(1991), 〈모래시계〉(1995), 〈별은 내 가슴에〉(1997) 등이 있다.

2000년대: 글로벌화와 문화 콘텐츠의 확장

2000년대 초반, 한국 TV 드라마는 한류의 영향을 받아 해외로 수출되기 시작했다. 특히 2000년대 후반에는 〈겨울연가〉(2002)와 〈대장금〉(2003) 같은 작품들이 일본을 비롯한 해외에서 큰 인기를 얻으면서 한류의 중심으로 자리 잡았다. 이 시기 드라마는 보다 감성적이고, 정서적인 이야기 구조를 강조하며, 로맨스와 역사적인 요소를 결합한 작품들이 많았다.

이 시기엔 화제작들이 대거 선보인 시대였다. 주요 작품으로는 〈겨울연가〉와 대장금 외에 〈올인〉(2003), 〈다모〉(2003), 〈불멸의 이순신〉(2004), 〈파리의 연인〉(2004) 등이 있다.

2010년대: 다양한 장르와 차별화된 콘텐츠

2010년대에는 한국 드라마의 장르가 점차 다양화되었으며, 웹툰과 소설 및 웹소설을 원작으로 한 드라마들이 급증했다. 또한, 미래적이고 판타지적인 요소를 결합한 드라마가 인기를 끌었고, 더 혁신적이고 실험적인 이야기들이 등장했다. 대표적인 작품으로는 〈도깨비〉(2016), 〈태양의 후예〉(2016), 〈미스터 션샤인〉(2018) 등이 있다. 이들 드라마는 국내뿐 아니라 해외에서도 높은 인기를 끌면서 한류를 이끌었다.

2020년대: 넷플릭스와의 협업, 글로벌 시장 확장

2020년대에는 넷플릭스, 디즈니플러스 등 OTT와의 협업을 통해 한국 드라마가 글로벌 시장에서 더욱 크게 확장되었다. 〈오징어 게임〉(2021)은 한국 드라마의 글로벌 인지도를 최고조로 끌어올린 작품으로, 넷플릭스가 배급하며 세계적으로 큰 반향을 일으켰다. 또한, 〈지금, 우리 학교는〉(2022), 〈무빙〉(2023)과 같은 작품들도 국제적인 성공을 거두며, 한국 드라마의 글로벌화가 지속해서 이루어지고 있다.

이렇게 성장한 드라마의 제작 과정은 대체적으로 아래 〈그림 4〉와 같다.

〈그림 4〉 TV 드라마 제작단계

한국 TV 드라마는 1960년대부터 시작해 현재까지 큰 발전을 이루어 왔다. 사회적 변화를 반영하며 다양한 장르를 시도했고, 글로벌화의 시대에 접어들면서 한국 드라마는 세계적인 문화 콘텐츠로 자리 잡았다. 앞으로도 한국 드라마는 지속적인 발전과 함께 세계 시장에서 중요한 역할을 할 것으로 기대된다.

다큐멘터리

다큐멘터리 영화(Documentary Film), 또는 기록 영화(記錄映畵)는 사실을 기록하려고 시도한 논픽션 형태의 시각적인 작품이다. '다큐멘터리'라는 단어는 라틴어 '도큐멘텀(dŏcŭméntum)'에서 유래되었다. 다큐멘터리 영화는 드라마나 픽션에 대응하는 말로서 사실을 기록에 따라 제작하는 작품이며, 사실 자료들을 쌓아 올림으로써 일반적으로 어떤 하나의 문제의식을 호소하고자 한다. 그 목적하는 바로 본다면 드라마나 픽션과 공통되는 점이다.

어떤 문제의식을 제기하고자 할 때 현실적인 생경(生硬)한 점을 부드럽게 하여 미화해서 표현하려고 하는 방법이 픽션이다. 문제가 개인의 심리에 관한 경우 또는 인간관계에 관한 경우에는 드라마나 픽션에 의해 표현하는 것이 보통이다. 하지만 다큐멘터리에 의한 문제의 제시는 더욱 강렬한 인상을 줄 수가 있다.

다큐멘터리는 드라마나 픽션과는 달리 사실 정보에 전적으로 입각하여 내용이 전개된다. 여기서 문제가 되는 것이, 다큐멘터리의 '진실성'이다. 다큐멘터리 제작자가 보여 주고 싶은 것을 보여 주기 때문에, 다른 정보는 배제될 수 있다. 이렇게 되면 진실성이 상당히 떨어진다. 또한 문제가 되는 것이 다큐멘터리의 주제에 제작자가 얼마나 참여했는가에도 있다. 드라마나 픽션보다 주제에 대한 사실 전개가 중요한 다큐멘터리에 있어서 이것은 상당한 논란이 된다.

이슈가 되었던 한국의 주요 TV 다큐멘터리를 살펴보면 〈남극의 눈물〉, 〈북극의 눈물〉 같은 자연 다큐멘터리, 〈차마고도〉 등 지역탐사 다큐멘터리, 〈다큐멘터리 3일〉, 〈인간극장〉 등 휴먼 다큐멘터리 등이 있다.

뉴스

뉴스의 요소에 관해서는 여러 가지 해석이 있으나, 그 하나의 예로서 ①이상적(異常的)이어야 하고, ②사회성(社會性)을 지니며, ③새로운 사실이어야 한다는 것도 있다. 또한, 매스미디어를 매체(媒體)로 하는 보도 기사의 경우에 있어서 언제(when), 어디서(where), 누가(who), 왜(why), 무엇을(what), 어떻게(how)라는, 이른바 '5W 1H'의 원칙을 갖추고 있는 것이 뉴스의 기본형으로 되어 있다.

현대사회에서 대중의 '알 권리'는 다분히 매스미디어에 의존하는 경향을 띤다. 즉, 수동적 상황에 있는 대중으로서는 주체적 입장에 있는 매스커뮤니케이션의 보도 내용을 그대로 뉴스로서 수용(受容)할 수밖에 없다는 얘기인데, 그것이 반드시 매스커뮤니케이션측(側)의 보도가치(報道價値) 판단과 일치하는 것은 아니다.

뉴스는 일상적인 관습이나 질서에 대하여 그 테두리 밖으로부터 침투하는 이질적(異質的)인 정보로서, 관습·질서에 입각한 일상적인 영위(營爲)에 있어서 여러 가지 정보와는 구별된다. 그러나 공동체적(共同體的)인 영역의 철저한 해체는 실제에 있어 일체의 정보를 일률적으로 뉴스화(化)시키는 경향으로 치닫게 하고 있다.

따라서 뉴스의 사회적인 성질은 보도 주체의 보도가치 판단과 그것을 수용하는 대중의 보도가치 판단 사이의 차이와 관계에 따라 규정지어진다고 하겠다. 즉, 대중과 보도 주체 쌍방이 각각 그 전제가 되는 관습·질서에 대하여 비판적으로 대처하는 과정이 뉴스를 매개로 한 사회인식에 있어서 공명(共鳴)의 관계영역을 지니게 하는 중요한 요소가 되는 것이다.

예능

한국의 예능 프로그램은 1970년대부터 시작되어 현재까지 다양한 형태로 발전해 오고 있다. 1970년대에는 주로 가족 단위 시청자를 겨냥한 프로그램이 많았는데 대표적으로 〈유쾌한 청백전〉, 〈가족오락관〉 등이 있다. 이 프로그램은 가벼운 게임과 퀴즈를 통해 가족 간의 유대를 강조했다. 이 시기는 예능의 기본 틀을 마련한 시기로, 단순한 형식의 오락 프로그램이 주를 이루었다.

1980년대에 들어서면서 정치적 상황의 변화와 함께 예능 프로그램도 다양한 실험을 시도하게 된다. 〈전국노래자랑〉과 같은 오디션 형식의 프로그램이 인기를 끌며, 일반인들이 참여할 기회를 제공했다. 이 시기는 대중의 참여를 강조하며, 예능의 폭이 넓어졌다고 할 수 있다.

1990년대 중반, 케이블 TV의 출현과 함께 예능 프로그램의 형식이 다양해졌다. 〈SBS 일요일이 좋다〉와 같은 프로그램은 다양한 코너를 통해 시청자들의 관심을 끌었다. 이 시기에는 리얼리티 쇼와 버라이어티 쇼의 혼합이 이루어지며, 새로운 포맷이 등장하기도 했다.

2000년대 들어서면서 한국 예능 프로그램이 해외에서도 주목받기 시작했다. 〈무한도전〉과 같은 프로그램은 유머와 사회적 메시지를 결합하여 큰 인기를 끌었다. 이 시기는 특히 MC와 게스트의 조합이 중요해지며, 개인의 매력을 부각하는 형식이 강화되었다. 해외에 수출된 예능 프로그램들을 살펴보면 아래 〈표 3〉과 같다.

〈표 3〉 해외에 수출된 국산 주요 포맷 프로그램들

순위	방송포맷명	국외 수출 지역	주요 내용
1	무한도전	미국, 일본, 중국, 프랑스	다양한 코너와 챌린지로 구성된 예능 프로그램, 도전과 재미를 중심으로 한 형식.
2	해피투게더	일본, 중국, 태국	유명인 초청 토크쇼 형식, 다양한 연예인들이 참여하여 이야기를 나누는 프로그램.
3	일밤	중국, 일본	주간 예능 프로그램, 다양한 게임과 도전이 포함된 형식.
4	미스터리 음악쇼 복면가왕	중국, 대만, 베트남	참가자들이 가면을 쓰고 실력을 겨루는 음악 경연 프로그램.
5	K-POP 스타	미국, 일본, 대만	K-POP 오디션 프로그램으로, 전 세계 K-POP 팬들이 참가하여 가수를 발굴.
6	나는 가수다	중국, 일본, 베트남, 태국	유명 가수들이 참가하여 노래 실력을 겨루는 음악 경연 프로그램.
7	1박 2일	중국, 일본, 대만, 러시아	리얼리티 여행 프로그램, 출연자들이 매주 다양한 장소에서 생존 도전.
8	동물의 왕국	미국, 일본, 중국	다양한 동물들을 다룬 다큐멘터리 프로그램, 동물들의 삶과 자연을 탐구.
9	소녀시대의 Hello Baby	중국, 대만, 일본	아이돌 스타들이 육아를 경험하는 리얼리티 프로그램.
10	런닝맨	중국, 대만, 홍콩	예능과 게임이 결합된 프로그램으로, 출연자들이 매주 다양한 게임을 진행.
11	해치	일본, 중국, 필리핀	역사적인 배경을 가진 드라마, 인물들의 얽힌 이야기와 갈등을 중심으로.
12	라디오스타	미국, 중국	유명인들이 출연하여 유머와 토크를 나누는 예능 프로그램.
13	프로듀스 101	일본, 중국, 베트남	아이돌 오디션 프로그램, 참가자들이 경쟁을 통해 아이돌 그룹의 멤버를 결정.
14	마이 리틀 텔레비전	미국, 일본, 중국	출연자들이 가정용 기기나 아이템을 이용해 프로그램을 제작하는 예능.
15	정글의 법칙	태국, 대만, 일본	출연자들이 정글에서 생존하는 리얼리티 프로그램, 생존 기술을 테스트.

16	비정상 회담	일본, 중국, 대만	외국인들이 한국 문화를 배우고 이야기하는 포맷, 다양한 국가들의 시각을 담음.
17	식샤를 합시다	중국, 일본, 대만	음식과 요리를 다루는 프로그램, 다양한 음식 문화를 소개.
18	우리 결혼했어요	중국, 일본, 대만	가상 결혼 생활을 다룬 예능 프로그램, 출연자들이 가상 결혼을 체험.
19	불후의 명곡	미국, 일본, 중국	전통적인 한국 음악을 소개하는 프로그램, 한국의 전통 음악을 경연 형식으로 보여줌.
20	삼시세끼	일본, 대만, 태국	자연 속에서 자급자족하는 생존 리얼리티 프로그램, 간단한 음식을 만들며 하루를 살아간다.

2010년대에는 소셜 미디어의 발달로 예능 프로그램의 홍보와 소통 방식이 변화했다. 〈나 혼자 산다〉와 같은 프로그램은 개인의 일상생활을 중심으로 하여, 시청자와의 친밀감을 높였다. 또한, YouTube, 넷플릭스와 같은 플랫폼을 통해 다양한 콘텐츠가 확산하며, 예능의 소비 방식이 변화하였다.

현재 한국의 예능 프로그램은 포맷의 다양성과 글로벌화를 거듭하고 있다. 〈스트리트 우먼 파이터〉, 〈흑백요리사〉와 같은 프로그램은 새로운 형식을 도입하여 국내에서 많은 사랑을 받고 있으며, 글로벌 시장에서도 인기를 얻고 있다. 앞으로는 더욱 다양한 주제와 형식의 실험이 이루어질 것으로 기대된다.

4. OTT의 등장

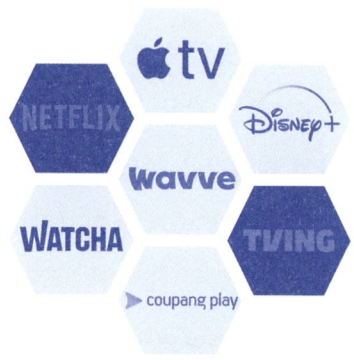

〈그림 5〉 OTT

　OTT(Over the Top)서비스는 기존 지상파의 주파수대역을 통하지 않고, 셋톱박스를 통한 TV 콘텐츠를 전송하는 방식의 서비스를 의미한다. 대한민국에서 OTT 서비스는 2010년대 초반부터 본격적으로 시작되었다. 초기에는 주로 해외 서비스인 넷플릭스(Netflix), 아마존 프라임 비디오(Amazon Prime Video) 등이 도입되었고, 이들 서비스는 다양한 영화와 TV 프로그램을 제공하며 소비자들에게 큰 인기를 끌었다.
　2013년, 국내 최초의 OTT 서비스인 '푹(POOQ)'이 출시되었는데 푹은 KBS, MBC, SBS 등 주요 방송사들이 공동으로 만든 서비스로, 방송 콘텐츠를 실시간으로 스트리밍할 수 있는 기능을 제공했다. 이후 2015

년에는 '왓챠(Watcha)'와 '티빙(TVING)'이 등장하며, 다양한 콘텐츠를 제공하는 플랫폼이 늘어나기 시작했다. 이후, 국내 기업들도 OTT 시장에 적극적으로 진출했으며 2019년에는 SK텔레콤이 '웨이브(Wavve)'를 출시하였고, CJ ENM은 '티빙'을 통해 다양한 오리지널 콘텐츠를 제공하기 시작했다. 이러한 경쟁은 소비자들에게 더 많은 선택권을 제공하고, 콘텐츠의 질을 높이는 계기가 되었다.

2024년 현재, 대한민국의 OTT 시장은 매우 다양하고 경쟁이 치열한 상황이다. 주요 OTT 서비스로는 넷플릭스, 웨이브, 티빙, 왓챠, 쿠팡 플레이(Coupang Play) 등이 있으며, 각 서비스는 독창적인 콘텐츠와 사용자 경험을 제공하기 위해 노력하고 있다.

〈표 4〉 주요 OTT 기업 현황

OTT	이미지	특징
넷플릭스	NETFLIX	한국에서의 오리지널 콘텐츠 제작에 많은 투자를 하고 있으며, '오징어 게임', '지금, 우리 학교는' 등 글로벌 히트를 기록한 작품들이 있다.
애플TV	tv+	Apple 기기, 스마트 TV, 게임 콘솔 또는 스틱 등을 통해 Apple TV 앱에서 스트리밍 가능하다는 것을 강조한다.
웨이브	wavve	방송사와의 협력을 통해 다양한 실시간 방송과 VOD 서비스를 제공하며, 오리지널 콘텐츠도 제작하고 있다.
티빙	TVING	CJ ENM의 콘텐츠를 중심으로 다양한 영화와 드라마를 제공하며, 스포츠 중계 서비스도 강화하고 있다.
왓챠	WATCHA	영화 추천 알고리즘을 기반으로 한 개인화된 콘텐츠 제공에 강점을 가지고 있다.
쿠팡플레이	coupang play	쿠팡의 회원제 서비스와 연계하여 다양한 콘텐츠를 제공하며, 특히 예능, 스포츠 중계에 집중하고 있다.

OTT 시장은 앞으로도 계속 성장할 것으로 예상된다. 특히, 인공지능(AI)과 빅데이터를 활용한 개인화된 추천 시스템이 발전하면서 사용자 경험이 더 향상될 것이다. 또한, 글로벌 OTT 서비스와의 경쟁이 심화함에 따라, 국내 콘텐츠의 품질과 다양성이 더욱 중요해질 것이다.

〈그림 6〉 주요 OTT 기업의 대표 프로그램들

결론적으로, 대한민국의 OTT 시장은 시작부터 현재까지 빠르게 발전해 왔으며, 앞으로도 지속적인 성장이 기대된다. 소비자들은 다양한 선택지를 통해 자신에게 맞는 콘텐츠를 즐길 수 있는 환경이 조성되고 있다는 점에서 OTT의 발전은 방송콘텐츠의 발전과도 맞물려 있다고 할 수 있다.

END NOTE

1 주재원, 「방송포맷산업에 대한 연대기적 고찰:영국 방송포맷산업의 사회 역사적 배경을 중심으로」, 『디지털융복합연구』, 2014, 561쪽.

Chapter 2
K 콘텐츠 힘

6장_ 신화를 써 가는 나 혼자만 레벨업_ 웹툰

1. 나 혼자만 레벨업

〈그림 1〉〈나 혼자만 레벨업〉 표지

　한국이 만든 만화 스타일인 웹툰은 그 자체로 디지털 문화의 혁신을 이끈 장르로, 전통적인 만화와는 다른 새로운 형태의 스토리텔링을 제시한다. 한국의 웹툰 산업은 특히 그 빠른 성장과 독창성으로 주목받고 있으며, 그중에서도 〈나 혼자만 레벨업(Solo Leveling)〉은 한국 웹툰의 대표작으로 자리매김하고 있다. 이 작품은 웹 소설을 원작으로 만들어진 작품이며 게임적 요소와 판타지 장르가 결합한 독특한 매력을 주며 국내외 독자들 사이에서 큰 인기를 끌고 있으며, 웹툰의 글로벌 진출에 중요한 역할을 하고 있다.

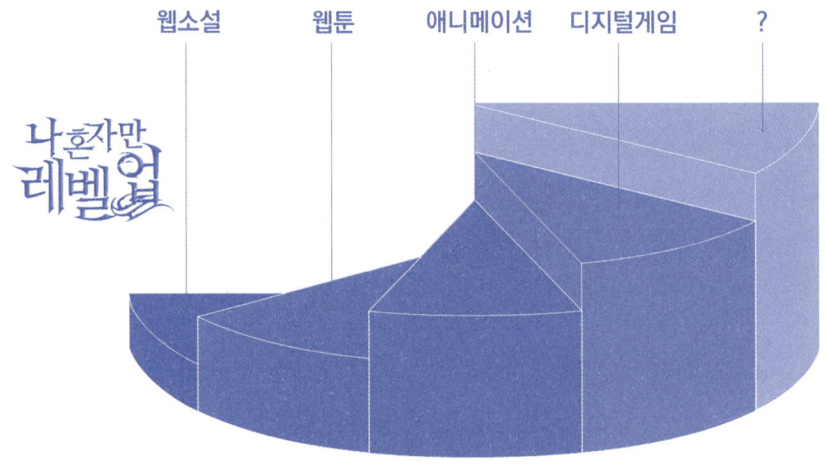

〈그림 2〉 〈나혼자만 레벨업〉 확산 모형

〈나 혼자만 레벨업〉은 추리 소설, 판타지, 게임의 요소를 결합한 이야기를 담고 있다. 원작은 추공(Chugong) 작가의 웹 소설이며, 그 후 웹툰으로 제작되어 큰 인기를 얻었다. 이 웹툰의 주인공은 성진우라는 인물로, 그는 게이머로 사는 삶을 살고 있던 평범한 사람이다. '이 세계'에서는 던전이라는 특이한 공간과 그 안에서 살아가는 몬스터들, 그리고 그와 싸우는 헌터들이 존재하는데, 성진우는 자신이 가진 능력이 매우 약해 최하위 헌터로 이야기가 시작된다. 하지만 어느 날, 강력한 몬스터들이 존재하는 던전에서 그는 죽음의 문턱에까지 몰리게 되고, 그 과정에서 특별한 능력을 얻게 된다. 바로 레벨업 시스템이다. 그 능력 덕분에 성진우는 자신의 레벨을 올리며 점차 강해지는 과정을 겪게 된다. 그리고 이를 통해 그는 점차 레벨업의 시스템을 이해하고, 그 과정을 이용해 던전과 몬스터들을 클리어하며 강력한 헌터로 성장해 나간다. 그가 겪는 수많은 전투와 도전, 그리고 점차 커지는 적들과의 전투는 이 웹툰의 핵심적인 플롯을 이루고 있다.

〈나 혼자만 레벨업〉은 성장이라는 주제를 강하게 내세우고 있다. 주인공 성진우는 원래부터 강한 능력을 지닌 캐릭터가 아니라, 절망적인 상황에서부터 시작해 점차 자신의 능력을 끌어올리며 성장해 나간다. 이 점에서 많은 독자들은 그가 겪는 레벨업의 과정을 자기 계발이나 성장의 은유로 받아들인다. 그가 얻는 능력은 단순한 힘의 증가만을 의미하지 않는다. 레벨업 시스템을 통해 그는 자신의 한계를 뛰어넘고, 더 큰 위협을 마주하며 이를 극복해 나가는 과정에서 자아를 탐구하고, 또한 책임감과 리더십을 배우게 된다. 성진우의 이야기는 결국 개인의 성장과 함께, 사회 내에서의 위치를 확립해 가는 과정을 그리고 있다.

또한, 이 웹툰은 능력주의와 불평등을 다루고 있는데 성진우는 처음에는 약한 헌터였지만, 자신만의 특별한 능력으로 계급 상승을 이룬다. 이를 통해 작품은 현대사회에서 계급 간 불평등과 능력주의 문제를 간접적으로 비판하는 요소도 담고 있다고 볼 수 있다. 자신의 능력을 최대한 활용하는 주인공의 모습을 통해, 독자들은 자신의 한계를 넘어서는 자기 계발의 중요성을 느끼는 것이다.

〈나 혼자만 레벨업〉은 한국뿐만 아니라 전 세계적인 인기를 얻고 있다. 한국어뿐만 아니라 영어, 중국어, 일본어 등 다양한 언어로 번역되어 해외 독자들에게도 큰 인기를 끌고 있기도 하다. 특히 웹툰이 디지털화된 시대에 맞춰 모바일 플랫폼과 온라인 웹툰 서비스를 통해 쉽게 접근할 수 있어, 글로벌한 팬층을 형성하는 데 큰 역할을 했다. 또한, 이 웹툰은 게임과 애니메이션으로 확장을 통해 멀티미디어 콘텐츠로 발전하고 있다. 이러한 다양한 콘텐츠 확장은 웹툰의 지속적인 인기와 글로벌한 문화적 영향력을 더 강화하고 있다. 이 점이 〈나 혼자만 레벨업〉이 현재진행형으로 신화를 써나가고 있음을 보여준다.

2. 만화와 웹툰

'만화란 무엇인가?'라는 질문에 간단히 답하는 것은 매우 어렵다. '만화' 또는 '코믹스(comics)'는 시각 예술의 한 형태로, 주로 아이디어를 이미지로 표현하기 위한 매체로 사용되며, 종종 텍스트나 다른 시각적 정보와 결합한다. 일반적으로 이미지 패널 형식으로 구성되며, 말풍선이나 자막을 통해 그림과 글이 결합해 작가의 생각을 전달한다. 만화에 대한 정의는 이론가와 역사학자들 사이에서 다양하게 논의되며, 일부는 이미지와 텍스트, 순차성 또는 이미지들과의 관계, 대량 복제나 반복적인 캐릭터 사용 등을 강조하기도 한다. 초기에는 간단한 이야기와 캐리커처로 사람들에게 즐거움을 주는 매체였으나, 지금은 많은 하위 장르를 가진 예술로 발전했다.

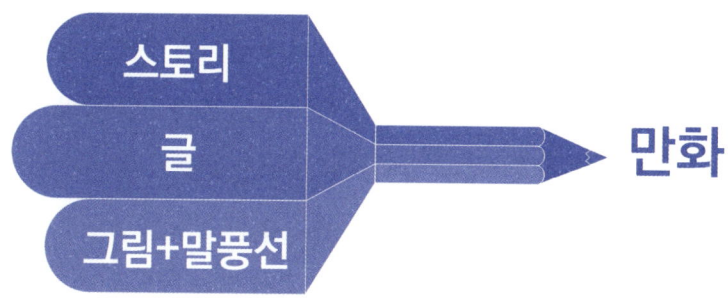

〈그림 3〉 만화의 정의

만화는 소설과 그림을 결합한 종합예술로, 이 두 장르의 융합이 성공적으로 이루어지면 둘 중 하나만 뛰어나도 걸작이 될 수 있다. 대화, 서술, 음향 효과 등을 표현하기 위해 말풍선, 짧은 해설, 의성어 등을 사용하며, 컷의 크기와 배열을 통해 이야기의 속도나 흐름을 조절한다. 만화와 유사한 형태의 삽화는 만화에서 가장 흔히 사용되는 이미지 제작 방식이다. 대표적인 만화의 형태로는 코믹 스트립, 시사 만평, 만화책 등이 있으며, 20세기 말 이후에는 그래픽 노블, 코믹 앨범, 단행본 등도 많이 보급되었고, 21세기에는 웹 만화가 크게 확산했다.

만화의 역사는 문화적 배경에 따라 서로 다른 경로를 거쳐 발전했다. 학자들은 선사시대의 라스코 동굴 벽화까지 거슬러 올라가 만화의 기원을 추정하고 있다. 20세기 중반에 만화는 특히 미국, 유럽(프랑스와 벨기에), 일본에서 크게 발전했다.

만화는 역사적으로 대부분 저급 문화로 취급되었으나, 20세기 말에는 대중과 학계에서 널리 인정받기 시작했다. 유럽 만화는 1830년대 루돌프 퇴퍼(Rodolphe Töpffer)의 연재만화로 시작되었으며, 〈자보씨 이야기(Histoire de M. Jabot)〉 같은 1930년대의 연재만화와 만화책의 성공에 힘입어 확산했다. 퇴퍼의 작품은 사회적 풍자와 유머가 강하게 들어가 있으며, 정치 및 사회 비판적 요소를 포함하고 있었고 〈Les Amours de M. Vieux Bois(뷰부아 씨의 사랑 이야기)〉(1837)는 현대의 그래픽노블(graphic novel)의 시초로 평가받고 있다.[1] '제9의 예술 만화'의 저자 프랑시스 라까생은 스위스의 루돌프 퇴퍼를 유럽 만화의 선구자로 평가하며, 그는 만화의 서술적 구조에 큰 공헌을 했다고 말한다. 토페르는 텍스트와 그림을 통합하는 독자적인 서술 방식을 발견한 인물로, 그림과 글을 결합하여 새로운 형식의 그래픽 문학을 실험했다. 구텐

베르크의 금속활자 발명 이후 그림과 텍스트는 공간적으로 구분되었으나, 퇴퍼는 이를 하나로 합쳐 여러 그림을 배열하고, 각 칸에 짧은 문자를 넣는 방식으로 혁신을 이루었다.

미국에서는 20세기 초 신문에 연재된 만화들이 대중매체로 자리 잡았으며, 1938년 DC코믹스에서 출판한 〈슈퍼맨〉의 등장 이후 슈퍼히어로 장르가 대중적인 인기를 끌었다.

일본에서는 12세기부터 만화의 기원이 시작되었으며, 근대적 만화는 20세기 초, 메이지 유신 이후 서양 문물의 전파와 함께 발전했다. 제2차 세계 대전 기간 만화가 데즈카 오사무의 등장으로 만화 잡지와 만화책의 확산이 급격히 이루어졌다.

종합하면 만화는 "글과 그림과 말풍선을 사용해서 스토리를 전달하는 콘텐츠" 쯤으로 정의할 수 있다.

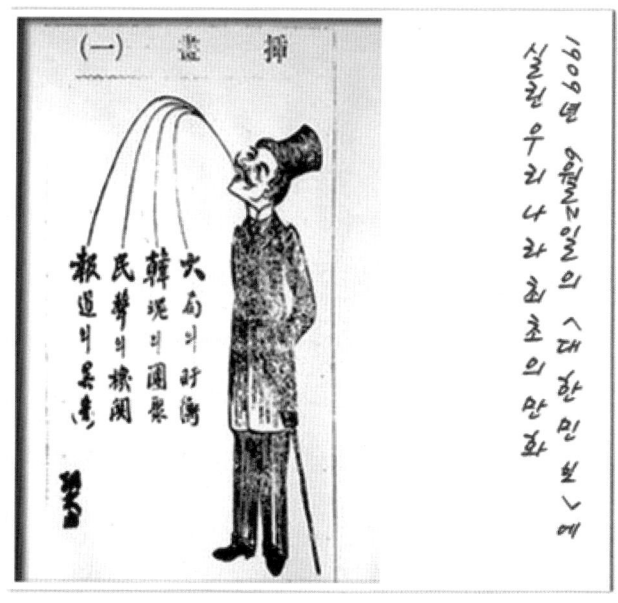

〈그림 4〉 한국 최초 만화

한국 최초의 만화는 1909년 6월 2일에 발간된 대한민보에 실린 이도형의 삽화다. 한국 만화는 시대적 상황과 사회적 요구에 따라 다양한 방식으로 변화해 왔다. 1900년대 초반까지의 만화는 현실을 풍자하고 민중을 계몽하기 위한 수단으로 등장했으며, 신문 삽화 형태로 사회 비판적 기능을 수행하였다. 해방 이후에는 만화 잡지가 창간되었지만, 정국 불안과 출판 여건의 미비로 인해 단기간에 폐간되었다. 1950년대 한국전쟁 시기에는 어린이들에게 상상의 통로로서 기능하며 위로와 희망을 제공하였고, 1956년을 기점으로 어린이 만화잡지가 연이어 창간되었다.

1960년대에는 경제적 어려움 속에서 만화방 문화가 확산했고, 저렴한 비용으로 만화를 접할 수 있는 환경이 조성되었다. 1970년대에 들어 경제 상황이 개선되면서 기존의 만화방 중심 콘텐츠는 쇠퇴하고, 정기 구독 가능한 만화잡지들이 대중의 관심을 끌게 되었다. 1980년대에는 정치적 억압과 사회 불안 속에서 현실 도피 욕구가 증대되었고, 이는 청소년과 성인을 위한 장편 만화의 유행으로 이어졌다. 이 시기 만화는 다시 활력을 되찾은 만화방뿐 아니라, 사회 비판적 메시지를 담은 민중 만화의 형식으로도 확산하였다.

1990년대는 일본 만화의 대량 유입과 더불어 일본 스타일의 영향을 받은 신진 작가들이 활약하기 시작한 시기로, 만화는 영화·드라마·게임 등 다양한 미디어의 원작으로 활용되기 시작하였다. 또한, 디지털 기술의 발전과 인터넷의 보급으로 인해 만화는 가상공간에서 새로운 소통 수단으로 기능하기 시작했다. 2000년대 이후에는 디지털 환경에 적응한 다양한 형식의 만화가 등장하였으며, 어린이 만화, 지식만화, 예술적 자기표현 중심의 독립 웹툰 등 장르의 폭이 확장되었다. 이로써 한국 만화는 산업적 성장과 함께 글로벌 콘텐츠로의 전환점을 맞이하게 되었다.

한국만화의 시대별 특징을 간략히 정리하면 아래 표와 같다.

〈표 1〉 한국만화의 시대별 특징

시대	특징
~ 1900년대 초반	현실을 풍자하고 민중을 계몽하기 위해서 등장
1945년	일제의 식민지에서 벗어나면서 만화잡지가 창간되었으나 곧 폐간됨
1950년~ 한국전쟁	전쟁 와중에 상처받은 어린이들을 위로해 주는 유일한 상상의 통로의 역할
1956년	어려운 환경 속에서도 어린이 만화잡지가 연이어 창간
1960년대	어려운 경제 상황 속에서 싼값에 만화를 빌려볼 수 있는 만화방이 확산
1970년대	경제 상황이 개선되면서 만화방 만화는 도태, 구독해서 볼만한 만화 잡지들이 인기
1980년대	정치적으로 암울한 시대, 현실에서 벗어나고자 하는 욕망은 청소년과 성인들을 위한 장편 만화의 붐을 일으키고, 만화방을 다시 찾게 했으며, 만화방 만화의 활력은 만화잡지와 민중만화로 이어짐
1990년대	일본의 만화들이 쏟아져 들어오면서, 일본만화 스타일의 젊은 작가들이 등장, 활약하기 시작. 만화는 영화, 게임, 드라마의 원작으로 활용되기 시작하였고, 디지털 시대의 가상공간에서 소통의 언어로 역할
2000년 이후	어린이 만화, 디지털 만화, 지식만화, 대중 엔터테인먼트, 작가의 예술적 자기표현 등 다양한 모습으로 확산

웹툰은 한국만화의 독자적인 형식으로 흔히 디지털 플랫폼에서 연재되는 세로 스크롤 형식의 만화콘텐츠를 의미한다. '웹(Web)'과 '카툰(Cartoon)'의 합성어인 웹툰은 모바일 기기와 PC에서 손쉽게 감상할 수 있도록 풀컬러 채색과 세로 스크롤 포맷으로 제작되며, 대부분 주간 단위로 연재된다. 최근에는 사운드툰이나 모션툰처럼 시청각 요소를 접목한 확장 포맷도 등장하고 있다.

현재 웹툰은 한국 디지털 문화의 대표적 장르 중 하나이다. 현재 웹툰은 만화의 전통을 계승하면서도 모바일 친화적인 UI/UX, 다양한 장르,

글로벌 진출을 통해 빠르게 성장하고 있으며, 2020년대 이후 K 콘텐츠를 견인하는 핵심 분야로 자리매김하고 있다.

한국 웹툰 산업의 구조는 대형 플랫폼 중심으로 형성되어 있다. 네이버 웹툰은 세계 최대 규모의 웹툰 플랫폼으로, '라인 웹툰'이라는 이름으로 글로벌 시장에서 활발히 진출하고 있으며, 카카오 웹툰은 국내 '다음 웹툰'에서 시작해 일본과 동남아 시장에서 강세를 보인다. 이 외에도 리디, 탑툰, 레진코믹스 등은 성인, 로맨스, BL 장르 중심의 유료 콘텐츠를 제공하며 특정 독자층을 공략하고 있다. 수익 구조는 기본 무료 제공에 이어 '기다리면 무료', '미리보기', '쿠키' 등의 유료 결제 시스템이 결합한 혼합형 모델이며, 이러한 IP는 드라마, 영화, 게임, 굿즈 등으로 확장되어 2차 수익 창출이 가능하다.

한국 웹툰은 다양한 장르로 발전해 왔으며, 로맨스, 로맨스 판타지(로판), 액션, 판타지, 스릴러, BL/GL 등 다양한 독자층을 확보하고 있다. 특히 로맨스 판타지와 BL 장르의 성장세가 뚜렷하며, 최근에는 AI 기술을 활용한 창작과 자동화된 스토리보드 제작 등 새로운 기술의 도입도 진행되고 있다.

글로벌 시장에서 한국 웹툰은 'K-웹툰'이라는 브랜드로 자리 잡고 있다. 네이버 웹툰과 카카오 웹툰은 미국, 일본, 동남아, 유럽 등지에서 현지화 전략을 펼치며 성공을 거두었으며, 〈나 혼자만 레벨업〉, 〈로어 올림푸스〉 같은 작품은 해외 플랫폼에서도 1위를 차지하는 등 주목받고 있다. 또한 웹툰 IP의 드라마, 영화화 사례가 이어지면서 콘텐츠 간의 미디어믹스가 활발하게 이루어지고 있다. 대표적인 예로는 〈지옥〉이 넷플릭스에서 전 세계 시청률 1위를 기록한 바 있으며, 〈이태원 클라쓰〉, 〈스위트홈〉 등도 드라마화에 성공하였다.

하지만 한국 웹툰 산업에는 창작자의 수익 불균형 문제, 계약 구조의 불투명성, AI 기술 도입에 따른 저작권과 창작자 보호 이슈 등 해결해야 할 과제도 존재한다. 또한 해외 플랫폼과의 저작권 분쟁이나 현지 시장과의 경쟁도 주요 이슈로 떠오르고 있다.

그런데도 한국 웹툰의 장래는 밝다. 웹 소설, 웹툰, 드라마·영화·게임으로 이어지는 강력한 IP 연계 모델이 정착되고 있으며, 기술의 발전과 함께 AI툰, 인터랙티브툰 같은 새로운 포맷도 등장하고 있다. 결국, 웹툰은 단순한 디지털 만화를 넘어서, 플랫폼 중심의 IP 산업을 이끄는 중심 콘텐츠로서의 위상을 갖추게 되었으며, K-콘텐츠의 글로벌 확장을 주도하는 핵심 동력으로 작용하고 있다

한국만화를 유형별, 플랫폼별로 구분하면 아래 표와 같다.

〈표 2〉 한국만화 유형별 분류

대분류	유형	수단 또는 서비스
웹툰	포털사이트	네이버웹툰, 카카오웹툰(다음웹툰)
	웹툰 전문 플랫폼	네이버시리즈, 라라툰, 레진코믹스, 리디, 마녀코믹스, 만화경, 미스터블루, 미툰(미소설), 무툰, 봄툰, 버프툰, 북큐브, 애니툰, 원스토리(원스토어), 조아라, 탑툰, 투믹스, 톡소다, 피너툰, 카카오페이지, 코미코, 케이툰, 큐툰 등
	신문사 사이트	인터넷 신문 사이트에서 연재되는 웹툰
	오픈마켓	포스타입, 딜리헙 등의 오픈마켓
	SNS	SNS(페이스북, 인스타그램, 블로그 등)
	웹하드	파일조, 예스파일 등의 웹하드
	동영상 플랫폼	유튜브 등 동영상 플랫폼
	온라인 서점 플랫폼	교보e-book, 예스24 등

출판만화	오프라인 단행본 (시리즈물, 웹툰 단행본 포함)	원피스, 열혈강호, 명탐정코난, 식객, 슬램덩크, 진격의 거인, 체인소맨, 하이큐, 원펀맨, 귀멸의 칼날, 미생, 신과함께, 이태원 클라쓰, 유미의 세포들, 나 혼자만 레벨업, 나빌레라, 전지적 독자시점, 최애의 아이, 스파이 패밀리, 신의 탑, 그해 우리는 등
	정기 연재물	파티, 코믹챔프 등의 만화잡지(격/월간), 종이신문(종합일간지, 스포츠신문, 경제지 등)에서 연재되는 만화
	디지털페이지만화	페이지 연출의 디지털만화 - 출판만화를 스캔해 올린 페이지 연출의 디지털스캔만화 포함 (웹하드나 유튜브, e-book 등을 통해서 보는 것 포함)

3. IP로서 만화의 가치

〈그림 5〉 웹툰의 확산 모형

 만화는 그 자체로 강력한 문화적 자산이며, 특히 지식재산권(IP, Intellectual Property)의 측면에서 뛰어난 가치를 지닌 콘텐츠로 자리 잡고 있다. 만화 원작과의 유사성을 강조할수록 독자와 시청자들의 호응이 높아질 수 있다는 연구 결과처럼 만화는 원작으로서의 가치를 풍부하게 갖고 있다.[2] 만화의 IP로서의 가치는 단순히 그 작품 자체의 판매나 배급을 넘어 다양한 미디어 플랫폼과 산업에서 확장 가능성을 보인다. 이러한 특성은 만화가 문학, 영화, 애니메이션, 게임 등 여러 장르와의 결합을 통해 더 큰 상업적 성공을 거두고, 나아가 글로벌 시장에서 강력한 브랜드로 자리 잡을 수 있는 이유는 다음과 같다.

1) 문화적 확장성 및 글로벌 시장에서의 영향력

만화는 다양한 형태로 확장 가능성이 크다. 가장 기본적인 형태인 만화책을 시작으로, 애니메이션, 영화, 게임, 웹툰, 굿즈 등 다양한 분야로 변환될 수 있다. 이 과정에서 만화의 IP 확장성이 중요한 역할을 한다. 일본의 만화나 웹툰, 미국의 그래픽 노블 등은 이미 다양한 장르로 변형되어 세계 각국에서 큰 성공을 거두고 있다.

특히 한국 웹툰은 그 대표적인 예로, "네이버 웹툰", "카카오 페이지"와 같은 플랫폼에서 유행하며 국제적으로도 큰 인기를 끌고 있다. 대표적으로 〈나 혼자만 레벨업〉과 같은 웹툰은 만화뿐만 아니라 게임, 드라마, 영화 등으로 확장되어 새로운 수익 모델을 창출하고 있다. 이러한 확장성 덕분에 만화는 문화의 소비와 생산이 수평적 연결을 이루는 새로운 모델을 제시하며, 그 자체로 강력한 문화적 자산이 된다.

2) 상업적 잠재력 및 부가가치 창출

만화 IP는 상업적으로 다양한 형태로 수익화할 수 있다. 출판을 통한 원본 만화의 판매 외에도, 다양한 라이선스와 상품화가 이루어진다. 예를 들어, 인기 만화는 굿즈(장난감, 의류, 악세서리 등)와 결합하여 물리적 상품을 판매하고, 디지털 콘텐츠를 활용하여 온라인 광고와 플랫폼 구독 모델을 통한 수익을 창출한다.

또한, 만화 IP는 애니메이션과 영화로 변환되어 영화화나 드라마화되어 대규모 상업적 성과를 거두는 경우가 많다. 대표적인 예로 〈어벤져스〉 시리즈가 만화에서 출발해 세계적인 영화 프랜차이즈로 성장한 사례를 들 수 있다. 이러한 변화는 만화가 기존의 상업적 범주를 넘어, 다양한 산업 간의 연결고리 역할을 한다는 점에서 중요하다.

〈표 3〉 웹툰과 웹소설을 원작으로 한 TV드라마

원작	드라마 제목	채널	스트리밍
웹소설 - 웹툰	법대로 사랑하라	KBS2	웨이브, 쿠팡플레이, 코코와플러스, 라쿠텐 비키, Viu
웹소설 - 웹툰	금혼령, 조선혼인금지령	MBC	웨이브, 쿠팡플레이, 코코와, 라쿠텐 비키, 프라임비디오
웹소설 - 웹툰	재벌집 막내아들	JTBC	티빙, 넷플릭스
웹소설	어게인 마이라이프	SBS	웨이브, 쿠팡플레이, 라쿠텐 비키, Viu
웹툰	내일	MBC	웨이브, 넷플릭스
웹툰	금수저	MBC	웨이브, 디즈니플러스
웹툰	사내맞선	SBS	웨이브, 넷플릭스
웹툰	유미의 세포들 시즌2	tvN	티빙, 프라임비디오, 라쿠텐 비키
웹툰	가우스전자	ENA	올레tv, 시즌
웹툰	사장님을 잠금해제	ENA	티빙, 지니TV, 넷플릭스, 라쿠텐 비키, Vlu
웹툰	지금 우리 학교는	넷플릭스	넷플릭스
웹툰	선재업고 튀어	ENA	티빙, 넷플릭스
웹툰	사랑스럽개	ENA	티빙, 넷플릭스
웹툰	마스크걸	넷플릭스	티빙

3) 브랜드화와 팬덤 형성

만화는 강력한 브랜드화와 팬덤을 형성할 수 있는 잠재력을 가지고 있다. 만화의 캐릭터, 스토리라인, 세계관 등은 독특한 아이덴티티를 형성하며, 이는 팬들에게 강력한 공감대를 형성하고 그들이 적극적으로 참여할 수 있는 커뮤니티를 만든다. 예를 들어, 〈원피스〉나 〈드래곤볼〉과 같은 작품들은 수십 년이 지나도 여전히 세계 각국에서 강력한 팬덤을 유지하고 있으며, 이러한 팬덤은 다양한 산업적 기회로 이어진다.

팬들은 단순히 만화를 읽는 것에 그치지 않고, 해당 만화와 관련된 다양한 상품을 구매하고, 애니메이션 시청, 영화 관람, 게임 플레이, 심지어 팬 아트나 코스프레 활동까지 적극적으로 참여한다. 이러한 형태는 브랜드의 확장성을 더 높여주며, IP를 둘러싼 생태계를 활성화한다.

4) 독창적인 스토리와 세계관 구축

만화는 그 자체로 독창적인 스토리와 세계관을 구축할 수 있는 매력적인 매체이다. 영화나 드라마에서는 대체로 현실적인 제약이나 예산 문제로 인해 무리한 설정을 하기가 어렵지만, 만화에서는 그 제약이 훨씬 적다. 따라서 만화는 판타지, 과학 소설, 초능력자와 같은 상상력을 자극하는 요소를 자유롭게 다룰 수 있다.

특히 일본의 만화인 〈나루토〉, 〈드래곤볼〉, 〈슬램덩크〉와 같은 작품들은 각각 독특한 세계관과 캐릭터들이 존재하여, 독자들에게 깊은 인상을 남겼다. 이들 작품의 세계관은 단순히 만화책을 넘어서 애니메이션, 게임, 영화 등 다른 미디어로 확장되면서도 여전히 매력적이고 완성도 높은 일관성을 유지하고 있다. 이는 만화 IP가 가진 중요한 가치 중 하나로, 팬들에게 신뢰를 주고 브랜드 충성도를 높여준다.

5) 문화 산업의 발전과 국가 이미지 제고

만화 IP는 국가 이미지와도 밀접한 관계가 있다. 일본의 경우 '오타쿠

문화'가 대표적인 국가 브랜드로 자리 잡으면서, 일본 만화는 전 세계적으로 '일본 문화'를 대표하는 상징적인 존재가 되었다. 한국 또한 웹툰을 비롯한 다양한 만화 작품들이 해외에 수출되며, '한류 콘텐츠'의 하나로 성장하고 있다.

특히 한국의 웹툰은 글로벌 플랫폼에서 큰 인기를 끌고 있으며, 이를 바탕으로 한국의 게임 산업이나 영화 산업 등 다른 분야와의 연계가 이루어지고 있다. 한국 콘텐츠의 영향력이 세계 각국으로 확장되면서, 만화는 문화 산업의 발전과 국가 이미지를 제고하는 중요한 역할을 하고 있다.

만화는 그 자체로 IP로서 강력한 가치를 지니고 있으며, 문화적 확장성, 상업적 잠재력, 팬덤 형성 등 여러 측면에서 그 가치를 발휘하고 있다. 만화는 단순히 한 가지 형태로 소비되는 콘텐츠가 아니라, 다양한 방식으로 변화하고 진화하는 가능성을 가진 매체로서, 글로벌 시장에서도 중요한 위치를 차지하고 있다. 따라서 만화의 IP 가치는 미래에도 계속해서 커질 가능성이 높으며, 앞으로도 만화가 산업 전반에 미치는 영향력은 계속해서 확대될 것이다.

4. 한국 만화산업의 비전과 미래전략

한국의 만화산업은 2000년대 이후 급격한 디지털 전환을 계기로 새로운 도약의 전기를 맞이하였다. 전통적인 종이 매체 중심의 만화가 점차 쇠퇴하면서, 모바일 기반의 세로 스크롤 형식 콘텐츠인 '웹툰(Webtoon)'이 주류로 부상하였다. 웹툰은 디지털 네이티브 세대의 이용 행태에 최적화된 플랫폼 콘텐츠로서, 빠른 소비 구조, 감각적 비주얼, 장르 다양성 등을 기반으로 국내는 물론 해외 시장에서도 높은 성장 잠재력을 보인다. 특히 네이버 웹툰과 카카오 웹툰을 중심으로 한 플랫폼 주도형 생태계는 한국 만화산업의 글로벌화, 산업화, 지식재산(IP) 전략과 긴밀히 결합하며 독자적인 산업 구조를 형성하고 있다.[3]

한국 웹툰 산업의 비전은 크게 세 가지 축으로 구성된다. 첫째, 디지털 플랫폼 기반의 글로벌 콘텐츠 수출산업으로서의 위상 정립이다. 웹툰은 텍스트와 영상의 중간 지점에 위치하는 콘텐츠 형태로, 번역 및 현지화가 비교적 용이하며, 다양한 장르의 서사를 담을 수 있는 서사적 유연성을 지닌다. 이에 따라 북미, 일본, 동남아, 유럽 등지에서의 이용자층 확대가 가능하며, 이는 단순한 콘텐츠 수출을 넘어서 K-웹툰의 브랜드 가치를 구축하는 방향으로 진화하고 있다. 특히 플랫폼 기업들은 현지 법인 설립, 번역 인프라 확대, 현지 작가 발굴 등을 통해 글로벌 시장에서의 자생력을 강화하는 전략을 추진하고 있다.

둘째, IP 기반의 콘텐츠 융·복합화 전략이다. 웹툰은 단일 콘텐츠로 소비되는 데 그치지 않고, 드라마, 영화, 애니메이션, 게임, 뮤지컬 등 다양한 장르로 확장할 수 있다. 이러한 '1차 창작 → 2차 콘텐츠화 → 3차 산업 파생'으로 이어지는 구조는 한국 웹툰 산업의 고부가가치 생태계를 견인하고 있다. 최근 넷플릭스, 디즈니+, 티빙 등 글로벌 OTT 플랫폼과의 협력 아래 웹툰 원작 드라마가 제작되며 K-드라마와 K-웹툰 간의 상호 보완적 상승효과가 나타나고 있다. 또한 모바일 게임, 메타버스, NFT 등의 신기술과의 결합을 통한 새로운 IP 수익화 방식이 실험되고 있으며, 이는 산업의 경계를 확장하는 중요한 지표로 평가된다.

셋째, 창작 생태계의 지속가능성 확보다. 현재 한국의 웹툰 산업은 플랫폼 중심의 수직 통합 구조 속에서 작가의 창작권 및 수익 분배 문제, 노동 강도, 연재 시스템의 불균형 등의 구조적 과제를 안고 있다. 이에 따라 산업의 지속가능성을 담보하기 위해서는 작가 권익 보호를 위한 법 제도 정비, 공정한 계약 문화 정착, 창작자 중심의 플랫폼 생태계 조성이 병행되어야 한다. 특히 인공지능(AI) 기술이 웹툰 제작 과정에 도입됨에 따라, 창작과 기술 간의 경계와 협력 가능성에 대한 새로운 기준 마련이 필요하며, 이는 창작 윤리와 산업 효율성을 동시에 고려한 제도적 논의로 이어져야 한다.

미래 전략 측면에서 한국 웹툰 산업은 다음과 같은 방향으로 전개될 필요가 있다. 첫째, 플랫폼 기업의 글로벌 다변화 전략 강화이다. 현재 한국 플랫폼 기업은 일본·북미 등 특정 지역에 집중된 진출 양상을 보이고 있으나, 향후 중남미, 중동, 아프리카 등 신흥시장으로의 진출을 위한 현지화 전략, 언어 번역 시스템 고도화, 현지 파트너십 체계 강화가 요구된다. 둘째, 장르 다양성과 포맷 실험의 확대이다. 현재 웹툰 시장은 로맨스, 로맨스판타지, BL 중심의 장르 집중 현상이 강하나, 정치풍자, 다큐툰, 지식툰 등 공공성 있는 콘텐츠의 발굴과 지원을 통해 콘텐츠 다양성과 사회적 기여도를 동시에 확보할 수 있다. 셋째, 국가 차원의 웹툰 인프라 구축 및 지원 정책의 확대가 필요하다. 이는 웹툰 전용 펀드 조성, 창작자 지원금 확대, 지방 웹툰 창작 클러스터 육성 등을 포함하며, 웹툰을 문화산업의 전략 거점으로 설정하는 정책적 접근이 요구된다.

결론적으로 한국 웹툰 산업은 디지털 기술 기반의 산업 구조와 글로벌 경쟁력을 바탕으로 21세기형 문화 콘텐츠 산업의 대표 모델로 자리 잡아가고 있다. 향후에는 IP 확장 전략, 창작 생태계의 안정성 확보, 글로벌 다변화 추진 등 다차원적 접근을 통해 산업적 지속가능성을 확보함과 동시에, 한국 만화 콘텐츠의 고유성과 창의성을 보존하는 균형 있는 발전이 요구된다. 이는 단순한 오락 콘텐츠를 넘어서 문화, 경제, 기술이 융합된 전략 산업으로서 한국 웹툰의 위상을 한층 더 강화하는 기반이 될 것이다.

END NOTE

1 Kirstyn Leuner, "Rodolphe Töpffer's Earliest Comic Strips and the Tools of the Picturesque", Palgrave Macmillan, a division of Macmillan Publishers Limited 2015, p.200.
2 김현선, 「웹툰 원작 OSMU 드라마 시청의도에 영향을 미치는 요인 연구」, 성균관대학교 석사학위논문, 2022년, 79쪽.
3 한국콘텐츠진흥원, 「2023 만화산업백서」, 2024년, 19쪽.

Chapter 2
K 콘텐츠 힘

7장_ 신비한 신비아파트_ 애니메이션

1. 신비아파트

〈그림 1〉〈신비아파트〉

〈신비아파트〉는 2016년 9월 1일 첫 방송을 시작으로 한국의 대표적인 어린이 애니메이션 중 하나로 자리 잡은 작품이다. 투니버스를 통해 방영된 이 작품은 한국을 포함한 전 세계 어린이들이 즐길 수 있는 콘텐츠로 출시되었다. 〈신비아파트〉는 그 자체로 스릴러와 판타지를 결합한 독특한 세계관을 제공하며, 다른 전통적인 어린이 애니메이션들과는 차별화되는 요소를 가졌다.

애니메이션의 주요 배경은 신비한 아파트로, 주인공인 하리와 두리가 이곳에서 벌어지는 다양한 괴이한 사건들을 해결하는 이야기다. 그들의 이야기는 일상적인 스릴러와 판타지적 요소를 넘어서서, 심리적으로 긴장감 있는 서사를 전개하여 어린이들뿐만 아니라 가족 단위의 시청자들에게도 인기를 끌었다.

〈신비아파트〉는 방영 초기부터 큰 인기를 끌며 어린이들 사이에서 화제가 되었다. 이 애니메이션은 기존의 어린이 프로그램과 차별화된 요소들 덕분에 빠르게 대중화되었으며, 특히 괴물과 미스터리적인 요소가 결합한 독특한 구성으로 시청자들의 관심을 끌었다. 방영 초기부터 애니메이션의 내용은 귀신과 괴물이라는 소재를 다루고 있어, 호기심을 자극하는 동시에 긴장감을 선사했다. 이에 따라 부모들 사이에서도 자녀에게 적합한 프로그램으로 추천되었다.

2017년에는 시즌2가 방영되었으며, 이로써 〈신비아파트〉의 인지도가 더욱 높아졌다. 시즌2는 스토리의 확장과 캐릭터들의 심리적 변화가 반영되면서 어린이뿐만 아니라 부모들의 시청까지 유도할 수 있었다. 또한, 시즌2부터 캐릭터 굿즈와 같은 상품화가 활발히 이루어졌으며, 애니메이션의 세계관을 확장하는 방식으로 게임, 도서, 굿즈 등의 다양한 콘텐츠로도 이어졌다. 이러한 크로스미디어적 전략은 작품의 인기를 유지하는 데 중요한 역할을 했다.

〈신비아파트〉의 인기가 한국에만 국한되지 않으면서 해외 진출을 본격적으로 시작했다. 2018년에는 중국을 비롯한 동남아시아, 미국 등지에 애니메이션이 수출되었으며, 해외에서도 어린이들의 인기 애니메이션으로 자리 잡았다. 특히 중국 시장에서 성공적인 진출은 애니메이션의 글로벌화에 큰 기여를 했다. 중국에서의 인기를 바탕으로 현지화 작업이 이루어졌으며, 중국어 더빙과 문화적 요소를 추가하여 현지 어린이들의 관심을 끌었다. 이와 같은 해외 진출은 〈신비아파트〉가 글로벌 어린이 콘텐츠로 확장될 가능성을 보여주었다.[1]

2019년에는 시즌3이 방영되었으며, 시즌3에서의 스토리 전개와 캐릭터의 성장은 기존 팬들에게 큰 호응을 얻었다. 시즌3에서는 하리와 두리의 관계가 더 깊어지고, 아파트 내에서 펼쳐지는 미스터리 사건들이 복잡하게 얽히면서 성장 드라마를 함께 다루는 형식을 취했다. 또한, 시즌3에서는 기존 캐릭터의 뒷이야기와 함께 새로운 캐릭터들이 추가되었으며, 각 캐릭터의 배경과 성격이 더욱 선명해졌다. 이를 통해 관객들은 더욱 몰입할 수 있었고, 캐릭터의 감정선과 이야기에 공감할 수 있었다.

2020년에는 〈신비아파트〉를 기반으로 한 극장판 영화가 개봉되었다. 영화 제목은 〈신비아파트: 고스트볼의 비밀〉로, 애니메이션 시리즈의 인기 캐릭터들과 사건들이 영화를 통해 확장되며 더욱 큰 팬층을 형성했다. 영화는 어린이뿐만 아니라 가족 단위로 즐길 수 있는 콘텐츠로 각광받았다. 영화의 성공은 애니메이션뿐만 아니라 브랜드화를 가속하는 계기가 되었다. 이와 함께 영화 속 캐릭터들의 굿즈도 다양화되었고, 영화의 성공은 후속작을 위한 기반이 되었다.

〈신비아파트〉는 TV 방영과 함께 온라인 플랫폼에서도 지속적인 인기를 끌었다. 유튜브와 같은 온라인 플랫폼에서 무료로 방송되는 에피소드들은 어린이들을 대상으로 한 새로운 콘텐츠 소비 방식에 적합하며, 시즌마다 새로운 에피소드가 공개될 때마다 빠른 조회 수를 기록했다. 그뿐만 아니라, 게임화가 이루어져 모바일 게임과 연계된 서비스도 출시되었으며, 게임 내에서는 주인공 하리와 두리 외에도 다양한 캐릭터들이 등장하여 애니메이션의 팬층을 게임 사용자들까지 확장하는 역할을 했다.

〈신비아파트〉는 앞으로도 지속적인 콘텐츠 확장을 통해 더 넓은 시장을 대상으로 확장될 가능성이 크다. 특히, 글로벌화가 이루어지고 있는 상황에서, 해외 어린이들을 대상으로 한 문화적 변화를 반영하여 더 많은 국가에 진출할 가능성도 존재한다. VR/AR 기술을 접목한 새로운 형태의 콘텐츠나, 인터랙티브 콘텐츠를 기반으로 한 방송도 가능할 것이다. 캐릭터 굿즈, 게임 및 영화와 같은 콘텐츠 확장이 계속될 것으로 보이며, 〈신비아파트〉는 단순한 애니메이션을 넘어 미디어 믹스 형태로 성장할 것이다.

〈표 1〉 신비아파트 시리즈별 정리

번호	시리즈 제목	방영 연도	내용
1	신비아파트: 고스트볼의 비밀 (2016)	2016년 10월 22일 ~ 2017년 3월 18일	주인공들이 고스트볼을 이용해 다양한 귀신들을 물리치는 첫 번째 시즌.
2	신비아파트: 고스트볼X의 탄생 (2017-2018)	2017년 9월 30일 ~ 2018년 5월 12일	시즌 1의 후속작으로 고스트볼X와 관련된 미스터리한 사건을 풀어나감.
3	신비아파트: 고스트볼의 비밀 (2기) (2018)	2018년 10월 27일 ~ 2019년 5월 11일	시즌 1과 2의 이야기를 이어가며, 더 많은 귀신과 괴물들이 등장.
4	신비아파트: 고스트볼X의 탄생 (2기) (2019)	2019년 6월 15일 ~ 2019년 12월 7일	귀신과 고스트볼X의 이야기를 심화시키는 시즌.
5	신비아파트: 고스트볼X의 탄생 (3기) (2020)	2020년 9월 5일 ~ 2021년 1월 30일	이전 시즌들을 기반으로 한 새로운 위협과 이야기의 발전.
6	신비아파트: 소울메이트 (2021-2022)	2021년 7월 31일 ~ 2022년 6월 25일	가장 최근 시즌으로, 새로운 귀신들과 주인공들의 이야기를 다룸.
7	신비아파트: 고스트볼X의 탄생 - 영화(2021)	2021년 12월 30일	TV 시리즈의 이야기를 바탕으로 한 극장판.
8	신비아파트: 고스트볼X의 탄생 (4기) (2023)	2023년 3월 11일 ~ 2023년 11월 25일	귀신과의 전투가 심화되고, 신비아파트의 세계관이 확장됨.

2. 애니메이션의 정체

애니메이션(Animation)은 여러 장의 이미지를 연속적으로 촬영하고 이를 조작하여, 화면 상에서 움직임이 발생하는 시각적 표현 방식으로, 영화의 한 장르에 속한다. 이 용어는 라틴어 'Anima'에서 유래하였으며, '생명' 또는 '활동'을 뜻한다. 간략하게 '동화(動畵)'라 불리기도 하며, 이는 원래 그림을 뜻하지만, 애니메이션에서는 그 자체가 반드시 그림일 필요는 없다. 예를 들어, 3차원 모델링을 활용하여 컴퓨터 화면에서 생성된 영상도 애니메이션의 범주에 포함된다.

애니메이션의 작동 원리는 인간의 시각 지각 특성과 연속 이미지의 조합을 기반으로 한다. 기본적으로 애니메이션은 정지된 그림이나 이미지가 순차적으로 빠르게 전환되면서 마치 움직이는 것처럼 보이게 만드는 시각적 기술이다. 이는 '잔상 효과(persistence of vision)'에 기초한 것으로, 사람의 눈은 한 장의 이미지가 사라진 후에도 약 1/10~1/16초 동안 그 이미지를 잠시 기억하기 때문에, 초당 여러 장의 이미지가 빠르게 바뀌면 그것들을 하나의 연속된 움직임으로 인식하게 된다.

전통적인 애니메이션 방식은 19세기 후반에서 20세기 초까지의 선구적 장치들에서 출발한다. 대표적으로 조트로프(zoetrope), 페나키스토스코프(phenakistoscope), 플립북(flipbook) 등의 초기 장난감은 연속된 그림들을 원형이나 책 형태로 배치하고 빠르게 회전 또는 넘김으로써 움직임을 구현했다. 이러한 원리는 20세기 초 영화와 애니메이션 기술로 이어졌다. 고전 애니메이션의 대표적 방식인 셀 애니메이션(cel animation)은 투명한 셀룰로이드 시트에 캐릭터나 요소를 한 프레임씩 그려서 배경 위에 올리고, 카메라로 촬영함으로써 연속된 이미지를 제작하는 방식이다. 이 과정에서 각 프레임은 캐릭터의 작은 동작 변화를 담고 있으며, 일반적으로 1초에 24프레임이 사용된다. 이로 인해 정지 이미지들이 부드러운 움직임을 만들어낸다.

현대 애니메이션에서는 디지털 기술이 중심적 역할을 한다. 2D 디지털 애니메이션은 전통적인 셀 애니메이션과 유사한 원리를 유지하면서도, 컴퓨터 소프트웨어를 활용해 캐릭터의 포즈나 배경을 그리고 이를 시간축에 따라 배치하여 움직임을 생성한다. 디지털 환경에서는 트위닝(tweening, 중간 프레임 생성)과 같은 자동화 기능을 통해 키프레임(keyframe) 간의 움직임을 자연스럽게 연결할 수 있다. 3D 애니메이션은 컴퓨터 그래픽 기술을 기반으로 3차원 모델을 생성하고, 이 모델에 리깅(rigging, 뼈대 구성)을 적용한 후 애니메이터가 해당 뼈대를 조작하여 움직임을 부여한다. 렌더링(rendering) 과정을 통해 최종 영상이 생성되며, 조명, 텍스처, 물리 기반 효과 등이 포함되어 실사에 가까운 움직임을 구현할 수 있다.

애니메이션은 단순한 시각 효과를 넘어, 타이밍과 간격, 움직임의 속도, 중력과 탄성의 묘사 등 물리적 현실에 대한 정밀한 시뮬레이션과 창의적 왜곡을 병행한다. 예를 들어 디즈니의 12가지 애니메이션 원칙(예: 타이밍, 스쿼시 앤 스트레치, 관성 등)은 실제 움직임의 법칙을 애니메이션 문법에 접목해 생명력 있는 움직임을 구현하기 위한 기초 이론으로 활용된다. 또한 사운드와 음악, 컷 편집, 카메라 구도, 색채 연출 등의 요소가 통합되어 종합 예술로서의 애니메이션이 완성된다.

결국 애니메이션은 수많은 정지 이미지를 시간의 흐름에 따라 배열하고, 인간의 시각적 인지 과정을 이용해 움직임을 착각하게 만드는 기술이자 예술이다. 그것은 단지 그림이 움직이는 것이 아니라, 스토리와 감정, 캐릭터의 개성을 시간의 흐름 속에 시각적으로 체현하는 복합적 창작물로서 기능하며, 오늘날 영화, 게임, 광고, 인터페이스 디자인 등 다양한 영역에서 핵심적 표현 수단으로 자리 잡고 있다.

대한민국에서는 애니메이션을 줄여 '애니'라고 부르며, 일본에서는 '아니메(アニメ)' 혹은 '도가(動画)'라는 용어로도 표현된다. 또한, 일본에서 제작되는 애니메이션은 종종 '재패니메이션(Japanimation)'이라는 용어로 언급되기도 한다.

한국의 초기 애니메이션은 다른 나라와 마찬가지로 주로 셀 애니메이션 방식으로 제작되었으며, 이는 각 장면의 배경에 그림을 그려 그 위에 등장인물을 반복적으로 그려 넣어 움직임을 구현하는 기법이다. 그러나 기술의 발전에 따라, 스톱모션 애니메이션이 등장하게 되었으며, 이는 찰흙이나 모형 등의 물체를 조금씩 변형시켜 촬영하는 기법으로, 각 장면을 하나씩 촬영하여 움직임을 표현한다. 이후 컴퓨터 기술의 발전에 힘입어 등장한 3D 애니메이션은 프로그램을 통해 등장인물의 동작과 배경을 디지털로 구현하며, 보다 정교하고 사실적인 표현이 가능해졌다. 그런데도, 특수한 분야를 제외하고는 여전히 2D 셀 애니메이션이 주로 사용되거나, 3D 애니메이션과 셀 애니메이션이 결합한 형태로 제작되고 있다.

이러한 다양한 기법들은 디지털 기술과의 접목을 통해 애니메이션의 표현 범위와 가능성을 확장하며, 계속해서 새로운 형태의 시각적 경험을 창출해 나가고 있다. 최근에는 딥러닝 및 신경망과 같은 AI 기술을 사용하여 실시간으로 3D 캐릭터 또는 2D 아바타의 페이셜 애니메이션을 만들 수 있다. 배우들의 얼굴에 트래킹 포인트를 부착하여 섬세하게 움직임을 트래킹 하는 복잡한 과정 없이 입력된 비디오 영상 캐릭터의 표정과 움직임의 트래킹 데이터를 바로 애니메이션 캐릭터에 대입할 수 있는 애플리케이션이 많이 개발되었다. 이러한 기술은 대부분 웹 기반의 애플리케이션으로 'Deepmotiation', 'Rokoko', 'Plask AI', 'Radical Motion' 등이 있으며 활발히 연구 및 개발 중이다.

아래 표는 애니메이션의 구체적 정의를 보여준다.

〈표 2〉 애니메이션 콘텐츠 의미

구분	정의
애니메이션의 정의	·만화, 그림에 목소리와 역동성(움직임)과 배경음을 넣는 예술 분야, 또는 그 분야를 이용해서 촬영한 영상을 말한다. ·극장에서 방영되는 애니메이션뿐만 아니라, TV나 스마트기기 등을 통해 OTT 서비스, VOD 서비스 등으로 보는 애니메이션을 모두 포함한다.
OTT/VOD/TV 채널 등의 애니메이션	·OTT/VOD/TV 채널 등으로 시청하는 애니메이션 ⇒ OTT 서비스 : 인터넷 기반의 구독형 동영상 서비스(넷플릭스, 디즈니플러스 등) ⇒ 인터넷 광고기반 동영상 서비스 : 동영상을 제공하고 광고를 시청하게 함으로써 수익을 얻는 서비스 형태(유튜브, 유튜브 키즈, 틱톡 등) ⇒ VOD 다시 보기 서비스(SK Btv, KT 지니tv, LG U+tv 등에서 프로그램별 콘텐츠 건별로 구매, 이용) ⇒ 지상파/종편 채널 실시간/재방송(KBS, MBC, SBS, EBS, JTBC 등) ⇒ 애니메이션 전문 채널 실시간/재방송(투니버스, 애니맥스 등) ⇒ 블루레이 및 DVD
극장 애니메이션	극장에서 관람하는 극장용 애니메이션 ⇒ 멀티플렉스, 자동차극장 등 극장에서 관람하는 경우

3. 한국 애니메이션의 발전 과정

한국 애니메이션의 발전 과정을 시대별로 정리하면 아래와 같다.

1) 초기 역사 (1960년대~1980년대)

한국 애니메이션의 역사는 1960년대부터 시작되었다. 초기에는 일본 애니메이션의 영향을 받아 단순한 형태의 애니메이션이 제작되었다. 1967년, 한국 최초의 애니메이션 영화인 〈홍길동〉이 제작되었고, 이는 한국 애니메이션의 시작을 알리는 중요한 작품이었다. 1970년대에는 〈로보트 태권브이〉(1976)와 같은 TV 애니메이션이 방영되며 대중의 인기를 끌었다. 이 시기에는 주로 어린이를 대상으로 한 애니메이션이 많았고, 제작 기술도 일본에 의존하는 경향이 있었다. 〈로보트 태권브이〉는 한국의 전통적인 로봇 애니메이션의 기준을 만들었고, 태권도를 주제로 한 캐릭터가 등장하여 많은 사랑을 받았다. 한편, 1970년대 당시는 남북한 대립이 극에 달해 있던 시기로 애니메이션 또한 체제 선전과 홍보에 이용되었는데 〈똘이장군 시리즈〉(1978), 〈마루치아라치〉(1977) 등이 대표적인 프로파간다(선전) 성격을 지닌 애니메이션이었다.

2) 성장기 (1990년대~2000년대 초)

1990년대에 들어서면서 한국 애니메이션은 본격적으로 성장하기 시작했다. 〈아기공룡 둘리〉(1990)와 같은 작품이 방영되며 국내외에서 큰 인기를 얻었다. 이 시기에는 애니메이션 제작 기술이 발전하고, 다양한 장르의 애니메이션이 등장하기 시작했다. 2000년대 초반에는 〈짱구는 못말려〉와 같은 일본 애니메이션의 수입이 활발해지면서 한국 애니메이션의 경쟁력을 높이는 계기를 마련했다. 이 시기 대표 작품인 〈뽀롱뽀롱 뽀로로〉(2003)는 어린이 대상의 애니메이션으로, 뽀로로와 친구들의 모험을 그린 작품으로 이후 한국 애니메이션의 상징적인 캐릭터가 되었다. 〈영심이〉(1990)는 1990년도 후반에 방영된 애니메이션으로, 어린이들의 일상과 모험을 그린 작품으로 애니메이션의 소재와 관객층에서 폭을 넓힌 작품으로 평가받고 있다. 이 시기에 발표된 〈날아라 수퍼보드〉(1992) 역시 한국 애니메이션에서 빼놓을 수 없는 성과를 기록한 작품인데 60%에 가까운 높은 시청률을 기록했는데 이는 일반적으로 TV 드라마도 달성하기 힘든 기록이었다. 이후 〈날아라 수퍼보드〉의 주제가 및 캐릭터는 어린이는 물론이고 성인층까지 폭넓은 인기를 얻었다.

3) 성숙기 (2000년대 중반~현재)

2000년대 중반부터 현재까지 한국 애니메이션은 글로벌 시장에서 주목받기 시작했다. 〈뽀롱뽀롱 뽀로로〉(2003)와 같은 캐릭터가 해외에서 큰 인기를 끌며, 한국 애니메이션의 브랜드 가치를 높였다. 또한, 〈미니특공대〉, 〈신비아파트〉 등 다양한 애니메이션이 방영되며, 국내외에서 인기를 얻고 있다. 이 시기에는 애니메이션 제작사들이 독립적인 창작을 시도하고, 다양한 장르와 스타일의 애니메이션이 제작되고 있다.

이 시기의 주요 작품을 살펴보면 먼저 〈꼬마버스 타요〉(2010)와 〈미니특공대(Mini Force)〉(2014) 두 작품 모두 어린이 대상의 액션 애니메이션으로, 다양한 캐릭터들이 팀을 이루어 악당과 싸우는 이야기를 담고 있다. 〈로보카 폴리(Robocar Poli)〉(2011)는 구조대 자동차들이 주인공인 애니메이션으로, 안전과 협동의 메시지를 전달하고 있다. 이 장의 앞에서 언급한 〈신비아파트〉(2016)도 이 시기의 작품인데 앞서 소개한 것처럼 한국 애니메이션의 새역사를 써나가고 있는 작품이다. 최근에 이슈가 되고 있는 〈캐치 티니핑〉(2020)은 수많은 캐릭터의 등장을 바탕으로 캐릭터 산업에서 두각을 나타내고 있는 작품으로, 앞으로의 성과가 기대되는 작품이다.

2000년대 이후 대표적 애니메이션 작품을 표로 나타내면 다음과 같다.

〈표 3〉 2000년대 이후 대표적 한국 애니메이션 작품들

작품명	발표 연도	장르	주요 내용	수상 내역 및 성과
뽀로로 (Pororo the Little Penguin)	2003	어린이, 교육	뽀로로와 친구들이 모험을 하며 우정을 쌓고 다양한 교훈을 배우는 이야기로, 전 세계적으로 큰 인기를 끌었다.	국제 애니메이션 페스티벌 수상, 글로벌 인기
또봇 (Tobot)	2010	SF	자동차에서 휴머노이드로 변형하는 변신로봇으로, 자체 디자인 차량을 모델로 하거나 어드벤처 또봇의 어드벤처 Y, 마하W와 같이 자동차 외의 탈것으로 변형하는 또봇들이 등장하기도 한다.	시청률 1위 기록, 토이 판매량 1위 기록
마법천자문 (The Magical Dictionary)	2010	판타지, 모험	주인공이 마법의 힘으로 천자문을 배우며 모험을 떠나는 이야기로, 어린이들에게 한자 교육을 결합한 매력적인 콘텐츠이다.	방영 후 높은 시청률 기록
미니특공대 (Mini Force)	2015	액션, 모험	어린이들이 특공대원이 되어 다양한 악당과 싸우는 이야기로, 캐릭터와 스토리가 매력적이다.	방영 후 어린이 시청률 상승

제목	연도	장르	내용	비고
아기상어 (Baby Shark)	2016	어린이, 교육	아기상어 가족의 이야기를 노래와 함께 보여주는 애니메이션으로, 전 세계적으로 큰 인기를 끌며 유튜브 조회 수가 수십억에 달한다.	유튜브 조회 수 1위, 글로벌 문화 현상
신비아파트 (The Haunted House)	2016	판타지, 모험	주인공들이 신비로운 아파트에서 귀신과의 모험을 통해 다양한 이야기를 풀어가는 내용으로, 어린이들 사이에서 인기를 얻었다.	방영 이후 어린이 시청률 1위 기록
신비아파트: 고스트볼의 비밀 (The Haunted House: The Secret of the Ghost Ball)	2019	판타지, 모험	신비아파트의 후속작으로, 귀신과의 새로운 모험을 다룬 작품으로, 어린이들 사이에서 큰 인기를 끌었다.	방영 후 높은 시청률 기록
캐치 티니핑 (Catch! Teenieping)	2020	판타지, 어린이	사고뭉치 새로운 티니핑들과 함께 펼쳐지는 흥미진진한 로미의 이야기	캐릭터 선호도 1위 기록

현재 한국 애니메이션은 다양한 플랫폼에서 소비되고 있으며, OTT 서비스의 발전으로 인해 더욱 많은 관객에게 다가가고 있다. 〈지금, 우리 학교는〉과 같은 웹툰 원작 애니메이션이 큰 인기를 끌며, 한국 애니메이션의 가능성을 보여주고 있다. 또한, 〈고양이의 보은〉과 같은 장편 애니메이션이 해외 영화제에서 수상하며, 한국 애니메이션의 품질을 인정받고 있다.

한국 애니메이션 산업은 크게 TV 애니메이션, 극장 애니메이션, 웹 애니메이션으로 나눌 수 있다. TV 애니메이션은 주로 어린이를 대상으로 하며, 극장 애니메이션은 가족 단위 관객을 겨냥한 작품이 많다. 웹 애니메이션은 최근 인기를 끌고 있는 장르로, 짧은 에피소드 형식으로 제작되어 빠르게 소비되는 경향이 있다. 또한 한국 애니메이션은 해외 시장에서도 점차 입지를 넓혀가고 있고 특히, 아시아 국가를 중심으로 한 수출이 활발하며, 북미와 유럽 시장에서도 한국 애니메이션의 인기가 상승하고 있다. "뽀로로"와 같은 캐릭터는 해외에서 라이센싱을 통해 다양한 상품으로 확장되고 있다.

4. 한국 애니메이션의 발전 전략

한국 애니메이션의 발전을 위해선 다음 4가지 전략이 필요하다. 우선 기술 발전 지원이다. AI와 VR, AR 기술의 발전은 애니메이션 제작에 새로운 가능성을 열어주고 있다. 영상콘텐츠 산업의 활성화로 제작 기술에 많은 자본이 투자되고 있어 영상 제작 기술은 끊임없이 발전하고 있다. 3D 그래픽 제작 기술은 이제 실물과 구분이 되지 않을 정도로 정교하고 사실적인 이미지 제작이 가능하여 이전보다 더 다양한 장르와 소재의 영화, 드라마가 제작되고 있다. VFX 산업은 증가하는 영화 제작에 대한 요구를 충족하기 위해 보다 효율적이며 유연한 파이프라인을 만드는 데 대부분의 노력을 집중하고 있다. 특히 인공지능, 실시간 렌더링 기술은 VFX, 3D 애니메이션 제작의 미래라고 평가되고 있으며 근본적으로 제작 과정을 바꿀 것으로 기대하며 활발한 연구가 이어지고 있다. 4차 산업 혁명을 견인하고 있는 AI, 딥러닝, 빅데이터 기술은 가상현실 및 증강 현실과 같은 미래 기술을 발전시키며 VFX, 3D 애니메이션과 함께 융복합 산업으로 성장하고 있다.[2] 이러한 기술을 활용한 새로운 형태의 애니메이션이 등장할 것으로 기대된다.

두 번째는 콘텐츠의 다양화다. 웹툰, 게임 등 다양한 콘텐츠와의 융합이 활발해지고 있다. 이는 새로운 스토리와 캐릭터를 창출하는 데 기여하며, 더 많은 관객을 끌어들일 기회를 제공한다.

세 번째는 글로벌 협력이다. 한국 애니메이션 제작사들은 해외 제작사와의 협력을 통해 글로벌 시장에서의 경쟁력을 높이고 있다. 이러한 협력은 한국 애니메이션의 품질을 높이고, 다양한 문화적 요소를 반영한 작품을 제작하는 데 기여할 것이다.

마지막으로는 정부의 강력한 지원이다. 한국은 대표적인 국가 주도형 경제정책을 펼치고 있어 정부의 지원은 곧 산업의 발전을 의미한다. 현재 한국 정부는 애니메이션 산업을 지원하기 위한 다양한 정책을 추진하고 있다. 이러한 지원은 인재 양성, 기술 개발, 해외 진출 등을 촉진하여 한국 애니메이션의 발전에 기여할 것이다.

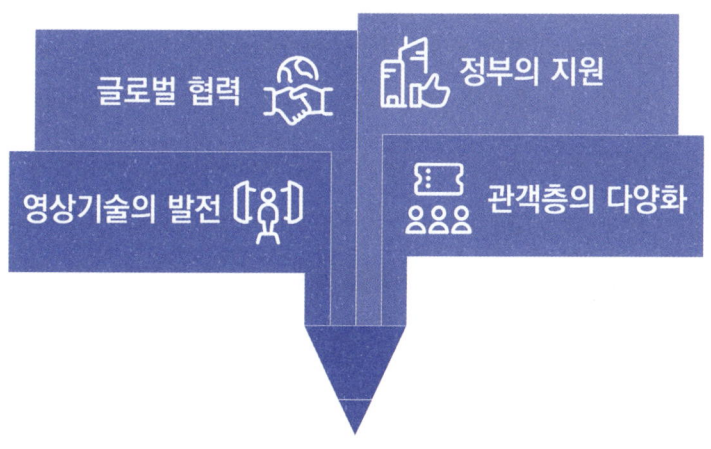

〈그림 2〉 한국 애니메이션 발전을 위한 과제

END NOTE

1 박신아·임성준, 「CJ ENM 〈신비아파트〉의 가치혁신」, 『경영교육연구』, 한국경영학회, 2020, 2~3쪽.
2 전지봉, 「애니메이션산업 현황과 기술 동향-인공지능과 실시간 렌더링 중심으로-」, 『The Journal of the Convergence on Culture Technology (JCCT)』 Vol. 9, No. 5, 2023, 822쪽.

Chapter 2
K 콘텐츠 힘

8장_ 춘식이를 아세요?_ 캐릭터 산업

1. 카카오프렌즈

〈그림 1〉 카카오프렌즈

카카오프렌즈는 2012년 카카오톡의 이모티콘을 처음 선보였다. 카카오는 사용자들이 대화에서 감정을 표현할 수 있도록 다양한 이모티콘을 제공하기 위해 캐릭터를 개발하였는데 이 과정에서 탄생한 캐릭터들이 바로 카카오프렌즈다.

카카오프렌즈는 총 8개의 주요 캐릭터로 구성되어 있다. 각 캐릭터는 독특한 개성과 매력을 가지고 있으며, 사용자들에게 친근감을 주기 위해 디자인되었다. 주요 캐릭터는 다음과 같다.

〈표 1〉 카카오프렌즈의 주요 캐릭터들

이름	이미지	성격
라이언		사자 모양의 캐릭터로, 무뚝뚝하지만 따뜻한 마음을 가진 성격
어피치		복숭아 모양의 캐릭터로, 귀엽고 발랄한 성격
프로도		강아지 캐릭터로, 순수하고 어리숙한 성격
네오		고양이 캐릭터로, 시크하고 똑똑한 이미지
튜브		오리 캐릭터로, 겁이 많고 마음 약한 성격
제이지		두더지 캐릭터로, 여린 감수성의 소유자
콘		꼬마 악어 캐릭터로, 비밀스럽고 표정 변화가 없는 편
무지		토끼 옷을 입은 단무지로, 부끄러움을 많이 타는 성격
프렌즈		다양한 동물 캐릭터들이 모여 있는 그룹으로, 각기 다른 매력

카카오프렌즈는 출시 이후 빠르게 인기를 얻으며 이모티콘 외에도 다양한 상품을 출시하고 캐릭터의 인지도를 높였다. 특히, 카카오프렌즈의 캐릭터를 활용한 굿즈(상품)는 다양한 상품과 콜라보레이션이 큰 인기를 끌었다. 카카오프렌즈는 단순한 이모티콘을 넘어, 브랜드화에 성공하며 또 다른 분야로 확장하게 되었다.

현재 카카오프렌즈는 이모티콘뿐만 아니라, 인형, 문구류, 패션 아이템, 생활용품 등 다양한 상품군을 보유하고 있다. 특히, 카카오프렌즈 매장은 국내외에서 큰 인기를 끌고 있으며, 캐릭터 상품을 구매하기 위한 팬들이 많이 방문한다. 카카오프렌즈는 또한 카카오톡의 공식 캐릭터로 자리 잡아, 사용자들에게 친숙한 존재가 되었다. 또한 이들 캐릭터는 국내 시장을 넘어 아시아를 중심으로 중국, 일본, 동남아시아 국가에서 큰 인기를 얻고 있다. 그에 따라 카카오는 더 많은 국가의 진출을 위해 다양한 마케팅 전략을 세우고 있으며, 글로벌 팬층을 형성하고 있다.

카카오프렌즈는 애니메이션, 웹툰, 게임 등 다양한 문화 콘텐츠로도 확장하고 있다. 특히, 카카오프렌즈를 주제로 한 애니메이션 시리즈가 방영되며, 캐릭터의 스토리와 매력을 더 부각하고 있다. 이러한 콘텐츠는 팬들에게 더 많은 즐거움을 제공하고, 캐릭터에 대한 애착을 더 강화하는 역할을 하고 있다.

결론적으로, 카카오프렌즈는 탄생 이후 빠르게 성장하며 다양한 분야로 확장해 온 성공적인 캐릭터 브랜드이다. 이모티콘에서 시작하여 상품, 문화 콘텐츠, 글로벌 진출 등 다양한 영역에서 활발히 활동하고 있으며, 앞으로도 지속적인 성장이 기대된다. 카카오프렌즈는 단순한 캐릭터를 넘어, 한국을 대표하는 브랜드로 자리매김하고 있다.

2. 캐릭터 산업의 이해

캐릭터 산업은 만화의 주인공인 미키마우스로부터 출발하여 영화의 인물이나 동물, 또는 유명한 로고나 상품 등을 산업화한 개념인데 현재는 유명인(셀러브리티), 스포츠 및 회사 로고까지 그 영역을 넓혀가고 있다. 과거에는 생활용품, 팬시용품이 주류였으나 현재는 모바일 캐릭터들이 여러 플랫폼을 중심으로 활발히 활동하고 있다.

초창기 한국 캐릭터 산업은 국내시장에서 이미 인지도를 확보한 해외 유명 캐릭터를 중심으로 시작되었다. 디즈니의 미키마우스, 카툰 네트워크의 톰과 제리, 일본의 헬로 키티 등 잘 알려진 캐릭터의 상품화가 이루어졌고, 그 외에도 여러 해외 유명 캐릭터의 국내시장 진출이 뒤를 이었다. 해외 유명 캐릭터의 상품화를 중심으로 발전한 한국 캐릭터 산업은 TV 애니메이션이 인기를 얻음에 따라 지상파 TV 애니메이션 플랫폼을 중심으로 성장하였다.

TV 애니메이션은 캐릭터의 성격과 스토리를 많은 소비자들에게 전달하는 효과적인 플랫폼이었고, TV 애니메이션을 통해 인지도를 확보한 캐릭터는 캐릭터 상품으로 판매되었다. 일본의 〈무적 파워레인저〉, 〈슈퍼 그랑죠〉, 〈달의 요정 세일러문〉, 〈포켓몬스터〉 등 인기 TV 애니메이션은 40~50%에 달하는 높은 시청률을 기반으로 인지도를 확보하였고,

일본시장에서 이미 개발되어 출시된 다양한 캐릭터 상품이 국내에 도입되면서 한국 캐릭터시장을 확장하였다.

일본 완구제작사의 완구 금형을 수입하여 국내에서 제조, 판매한 〈지구용사 선가드(국내 방영 1996)〉, 〈전설의 용자 다간(국내 방영 1996)〉 등 변신 로봇 완구가 큰 성공을 거두고, 〈달려라 부메랑(국내 방영 1994)〉, 〈우리는 챔피언(국내 방영 1998)〉 등 미니카 애니메이션 완구가 큰 인기를 얻으면서 'TV 애니메이션 방영 + 캐릭터 상품 판매'라는 한국 캐릭터 완구산업의 비즈니스모델이 정착되었다.

2000년대 들어서는 〈뽀롱뽀롱 뽀로로〉 등 국산 유아용 TV 애니메이션이 인기를 얻으면서 한국 캐릭터 산업은 유아용 캐릭터 시장으로 그 영역을 확장하였다. 그러나 지상파TV 채널을 통해 방영되는 TV 애니메이션 창구의 제한성으로 인해 한국 캐릭터 산업은 성장의 한계에 당면하였다. 캐릭터 상품의 인기와 상품화는 높은 시청률을 확보한 극소수의 TV 애니메이션 캐릭터에 집중되었고, 제한된 TV 애니메이션 방영 시간으로 인해 새롭고 다양한 캐릭터의 시장 진입은 어려워졌다.

주로 유아와 아동을 중심으로 하는 TV 애니메이션 시청자의 연령으로 인해 한국 캐릭터 산업은 자연스럽게 유아와 아동을 대상으로 하는 완구, 문구, 아동의류, 과자류를 중심으로 형성되었고, '캐릭터 상품은 유아와 아동을 위한 것'이라는 사회적 인식이 강화되었다. 2000년대 들어 미디어 다변화에 따라 TV 애니메이션이라는 캐릭터 플랫폼의 한계는 뚜렷해졌다. 2000년대 중반 이후 지상파 TV의 시청률은 급락하였고, TV 애니메이션의 시청률은 1% 미만 수준으로 떨어졌다. 1% 미만의 시청률로는 TV 애니메이션을 활용한 캐릭터 사업은 쉽지 않고, 줄어드는 출산율로 인해 유아 및 아동용 캐릭터 상품시장은 더 위축되었다. 따라서 몇

몇 인기 캐릭터 중심의 유아와 아동용 상품만으로 구성된 한국 캐릭터 시장에서 캐릭터 상품 제조사들이 상품 개발에 투자하고, 새롭고 다양한 창작 캐릭터를 상품화하기에는 어려운 환경이 조성되었다.

〈표 2〉 캐릭터 콘텐츠의 의미

구분		의미
캐릭터		만화/영화/게임/애니메이션/TV/온라인동영상/SNS 등 미디어와 콘텐츠를 통하여 등장하는 주요 인물(사람/동물/식물/로봇/외계인 등)의 디자인된 이미지
캐릭터를 활용/접목한 상품	실물 캐릭터 상품	캐릭터를 활용하여 생산한 실물 형태의 상품(실제 물리적인 상품)으로 완구, 피규어, 게임 관련 제품 등 캐릭터 자체가 중요한 상품 ⇒ 예) 캐릭터를 활용한 완구, 피규어, 오락 용품 등
	캐릭터 IP 활용 상품	캐릭터 IP를 활용하여 만든 실물 형태의 상품(실제 물리적인 상품)으로 캐릭터가 제품이나 포장에 부착된(인쇄된) 문구/팬시/의류/잡화/뷰티/식품 등 상품(캐릭터 콜라보 상품) ⇒ 예) 캐릭터가 부착된 패션의류, 문구/팬시/잡화, 미용/뷰티상품, 식품/음료 등
	디지털 캐릭터 상품	스마트폰, PC 등을 이용해 접속하는 모바일/인터넷 환경에서의 캐릭터 상품 (모바일 메신저 이모티콘, 테마, 캐릭터 스티커 등) ⇒ 예) 모바일 메신저 이모티콘, 테마, 스마트워치 페이스, 캐릭터 스티커 등

출처: 2023 한국캐릭터 산업백서, 한국콘텐츠진흥원, 2024

캐릭터 산업은 흔히 라이센싱(Licensing) 산업이라고도 한다. 라이센싱 사업에는 저작권(Licence)을 가진 라이센서(Licensor)와 위탁받은 저작권을 활용하는 라이선시(Licensee)로 나눠 구분할 수 있다. 아래 그림은 라이센서와 라이선시의 구분을 보여준다.

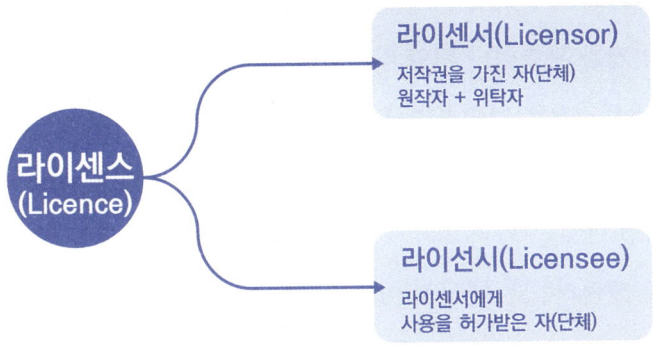

〈그림 2〉 라이센서와 라이선시의 구분

캐릭터 산업은 크게 만화, 애니메이션 원작의 캐릭터와 오리지널 창작, 스포츠 스타, 셀러브리티의 4분야로 구분할 수 있다.

먼저 **만화 및 애니메이션** 원작 캐릭터는 기존의 스토리 기반 콘텐츠에서 파생된 캐릭터이며 일반적으로 스토리텔링, 팬덤, 시청자 경험을 바탕으로 강력한 브랜드 파워를 형성한다. 이 분야는 일본, 미국, 한국 등 캐릭터 산업의 중심 국가에서 오랫동안 지속해서 발전해 왔으며, 대표적으로 일본의 '도라에몽', '피카츄(포켓몬)', 미국의 '미키마우스', '스파이더맨' 등이 여기에 해당한다.

예를 들어, '피카츄'는 닌텐도의 포켓몬 시리즈에 등장하는 캐릭터로, 게임, TV 애니메이션, 극장판 영화, 카드 게임 등 다양한 콘텐츠 플랫폼을 통해 글로벌 시장에서 수십억 달러 규모의 캐릭터 수익을 창출해 왔다. 이러한 캐릭터들은 원작의 스토리 전개, 감정 이입, 상징성 등을 통해 팬들의 감정을 자극하며, 그 감정적 애착이 상품 소비로 이어졌다. 해당 분야는 캐릭터 자체가 콘텐츠의 중심인 경우가 많아, 상품화(머천다이징), 라이선스 사업, 테마파크, 게임, 영화 등으로 쉽게 확장할 수 있다.

오리지널 창작 캐릭터는 특정 만화, 애니메이션, 드라마 등의 원작이 없는 상태에서 독립적으로 개발된 캐릭터를 의미한다. 보통 기업이나 브랜드가 마케팅 목적이나 기업 이미지 강화, 소비자 감성 소구(感情 訴求)를 위해 자체적으로 기획하며, 단순한 캐릭터 디자인을 넘어서 독립적인 세계관과 감성 요소를 가진 브랜드 자산으로 발전되었다.

대표적인 예로는 카카오의 '카카오프렌즈'가 있다. 앞서 설명한 대로 〈표 1〉의 캐릭터들은 메신저 이모티콘을 기반으로 시작되었으나, 현재는 독자적인 팬덤과 상품 브랜드를 형성하며, 문구류, 패션, 식음료, 테마 카페, 라이프스타일 제품 등 다양한 산업과 결합하고 있다. 오리지널 캐릭터는 감정 표현의 간결함, 친숙한 디자인, 반복 노출을 통해 소비자와의 정서적 연결을 강화하며, 특정 콘텐츠 없이도 브랜드 스토리텔링을 통해 독립적인 성장을 이룰 수 있다는 점에서 주목된다.

스포츠 스타 기반 캐릭터는 실제 운동선수의 이미지와 업적, 상징성을 바탕으로 전개되는 캐릭터 사업이다. 이 유형은 실존 인물의 퍼블리시티권(공표권, The Right of Publicity)을 활용해, 해당 선수의 고유한 퍼포먼스나 스타일, 인간적인 매력 등을 형상화하여 브랜드화하는 방식을 따른다. 팬층이 두텁고 국제적 인지도를 갖춘 스포츠 스타일수록 그 파급력은 더 커진다.

가장 대표적인 예는 '마이클 조던'이다. 조던은 '에어 조던(Air Jordan)'이라는 독립 브랜드로서 글로벌 스포츠 브랜드 나이키와 협업해 세계적인 캐릭터적 상품 브랜드로 발전하였다. 운동 능력뿐 아니라 조던이 갖는 '승부사', '스타성', '우상'이라는 이미지가 다양한 제품에 응축되었고, 이는 단순한 선수의 얼굴이 아닌 하나의 신화적 캐릭터로 소비자에게 전달된다. 스포츠 스타 기반 캐릭터는 주로 신발, 의류, 액세서리, 피규어, 스포츠 게임 콘텐츠 등에서 폭넓게 활용되었다.

셀러브리티 기반 캐릭터는 배우, 가수, 인플루언서 등 대중 연예인을 기반으로 한 캐릭터화 전략을 의미한다. 이들은 방송, SNS, 광고, 공연 등 다양한 대중매체를 통해 반복적으로 노출되며, 그들의 고유한 이미지, 말투, 스타일, 이모티콘적 특징 등을 추출하여 캐릭터로 개발된다. 연예인 자신이 캐릭터의 정체성과 직결되기 때문에 팬덤의 충성도에 따라 시장 반응이 크게 좌우된다.

　예를 들어, 방탄소년단(BTS)은 라인프렌즈와 협업하여 'BT21(B.T Twenty One)'이라는 캐릭터 브랜드를 론칭하였다. 멤버들이 직접 디자인 및 세계관 설정까지 참여한 이 캐릭터들은 각각 멤버들의 성격과 이미지와 연결되어 팬들에게 매우 친숙한 콘텐츠로 인식되었다. 'BT21'은 단기간 내에 글로벌 캐릭터 시장에서 두각을 나타냈고, 이는 연예인 브랜드와 감성 콘텐츠가 결합할 경우 높은 경제적 부가가치를 창출할 수 있다는 것을 보여주는 사례이다.

　결국, 캐릭터는 브랜드 산업이라 하겠는데 브랜드 전략의 목표는 브랜드 구축단계를 넘어 소비자와의 공감을 이루는 일이며 장기간 사람들의 인식 속에 스며들어 긍정적인 인상으로 남는 브랜드를 구현하는 것이 목표이다. 또한, 브랜드 산업에는 필요한 시각적 요소들이 존재하는데 개별 캐릭터들은 생명력을 가진 상징으로써 브랜드 마케팅 수단으로 이용된다. 가령 아동 프로그램에서는 뽀로로 캐릭터를 내세우고 메신저 플랫폼에서 카카오프렌즈와 라인프렌즈를 내세우며 교육 방송계에서는 펭수를 내세워 대중들에게 인기몰이하고 있다. 기업들은 캐릭터들의 인지도를 이용하여 다양한 콜라보레이션 활동을 함께 활발하게 하고 있다. 캐릭터는 장소와 시간의 영향을 받지 않는 상징성과 개성을 가지고 있기 때문에 어렵지 않게 활용되는 것이다.[1]

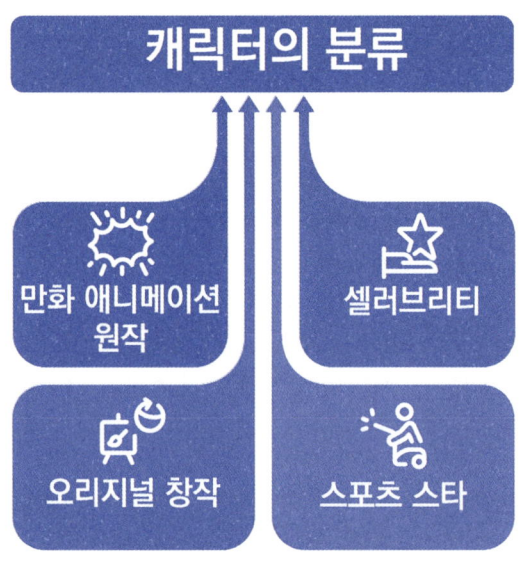

〈그림 3〉 캐릭터 산업에서 보는 주요 캐릭터 분야

3. 국내 캐릭터 산업 현황

한국의 캐릭터 산업은 1990년대 초반, 대중문화의 성장과 함께 서서히 형성되기 시작했다. 초기에는 일본 애니메이션이나 미국의 디즈니 캐릭터의 영향력이 절대적이었지만, 점차 국내 창작 캐릭터들이 등장하며 독자적인 시장을 구축하기 시작했다.

1980년대 후반에서 1990년대 초반, 한국의 애니메이션 및 출판 산업이 성장하며 캐릭터 사업의 기초가 마련되었다. 대표적인 예로 〈영심이〉, 〈아기공룡 둘리〉와 같은 국산 애니메이션이 캐릭터화되어 팬들에게 인기를 끌었다.

〈아기공룡 둘리〉는 단순한 애니메이션 캐릭터를 넘어 상품화된 캐릭터로 발전하며, 한국 캐릭터 산업의 가능성을 보여준 사례로 평가된다. 이 시기 캐릭터는 주로 애니메이션과 만화 중심으로 개발되었으며, 대중적 인지도가 높은 몇몇 작품만이 성공을 거두었다.

1990년대 중반부터 한국 캐릭터 산업은 본격적인 상품화 단계를 밟기 시작했다. TV 애니메이션 캐릭터가 문구류, 학용품, 장난감 등으로 확장되며 소비자들에게 더 가까이 다가갔다. 하지만, 이 시기에는 여전히 일본과 미국 캐릭터와의 경쟁에서 열세를 보였고, 독창성과 시장 경쟁력 면에서 한계를 지녔다.

2000년대 들어, 한국 캐릭터 산업은 콘텐츠 시장의 확장과 한류의 부상과 함께 본격적으로 성장하기 시작했다. 특히, K-팝과 K-드라마의 성공은 캐릭터 산업의 글로벌 진출을 촉진했으며, 한국만의 독창적이고 창의적인 캐릭터들을 세계 시장에 알리는 계기가 되었다.

2000년대는 〈뽀롱뽀롱 뽀로로〉와 같은 유아용 애니메이션이 성공을 거두며 캐릭터 산업의 대중화를 이끈 시기이다. 〈뽀롱뽀롱 뽀로로〉는 "아이들의 대통령"이라는 별명을 얻으며, 단순한 애니메이션을 넘어 교육용 콘텐츠, 완구, 의류 등으로 확장되었다. 유아용 캐릭터 시장이 활성화되면서 〈타요〉, 〈로보카 폴리〉 등 후속작들도 성공을 거두었다.

2000년대 중후반에는 디지털 기술의 발전으로 한국 캐릭터 산업에 새로운 기회를 제공했다. 모바일 게임, 웹툰, 이모티콘 등 디지털 플랫폼이 인기를 끌면서, 캐릭터는 다양한 디지털 콘텐츠로 재탄생했다.

카카오톡 이모티콘으로 시작한 라이언과 같은 카카오프렌즈 캐릭터는 단순한 모바일 아이템에서 벗어나, 라이프스타일 브랜드로 자리 잡았다. 라인프렌즈 역시 글로벌 플랫폼을 통해 아시아와 서구 시장에 성공적으로 진출하며 한국 캐릭터의 경쟁력을 보여주었다.

한류 열풍과 함께, 한국 캐릭터는 글로벌 시장에서도 주목받기 시작했다. 'BT21'은 방탄소년단과 라인프렌즈가 협업하여 탄생한 캐릭터로, 음악 팬덤과 캐릭터 소비를 연결하며 새로운 성공 사례를 만들었다. 핑크퐁과 아기상어는 유튜브와 같은 디지털 플랫폼을 기반으로 글로벌 히트를 기록하며, 콘텐츠와 캐릭터의 융합 가능성을 입증했다.

한국 캐릭터 산업은 이제 단순히 국내 소비에 머물지 않고, 글로벌 시장에서 독자적인 입지를 다지고 있다. 하지만 성장 과정에서 몇 가지 중요한 이슈가 나타나고 있다. 주요 이슈를 정리하면 아래 표와 같다.

<표 3> 캐릭터 산업의 주요 이슈들

주요 이슈	내용
캐릭터와 스토리텔링의 중요성	현재의 캐릭터 산업은 단순한 상품화에서 벗어나, 스토리텔링과 결합하여 더 강한 브랜드 가치를 창출 소비자들은 단순히 귀여운 디자인을 넘어, 캐릭터가 가진 이야기에 관심 성공적인 캐릭터는 팬덤과의 정서적 연결을 강화하며, 이를 통해 장기적인 상품화와 브랜드 충성도를 확보
지식재산권(IP) 보호와 관리	글로벌화가 진행되면서 캐릭터와 관련된 IP 보호 문제가 더욱 중요해짐 해외 시장에서의 저작권 침해와 복제 문제는 캐릭터 산업의 지속적인 성장을 저해할 수 있는 요인으로 작용 국내 캐릭터 제작사는 IP 관리와 보호를 위해 법적·기술적 노력을 강화
디지털 플랫폼의 영향력 확대	소셜 미디어, 유튜브, 메타버스 등의 디지털 플랫폼이 성장하며 캐릭터의 활용 범위가 넓어짐 디지털 플랫폼은 캐릭터의 글로벌 진출과 소비자 접근성을 극대화하는 데 중요한 역할을 하고 있음 플랫폼 종속성이 높아지면서, 캐릭터 제작사들은 플랫폼의 규제와 수익 구조 변화에 민감하게 반응해야 하는 과제 발생

캐릭터 사업은 고부가가치의 문화산업으로 기술력과 자본으로 충분히 발전과 경쟁을 할 수 있는 캐릭터 애니메이션의 성장 가능성을 높이 보고 있다. 최근 메타버스 플랫폼이 새로운 비즈니스 모델로 제시되면서 캐릭터, 연예인 부캐릭터로 아바타를 만들고 이를 이용하여 공연, 예능, 드라마 제작 및 활동 수익을 창출하는 수익 모델이 등장하여 캐릭터 산업의 디지털 매체로의 혁신이 가속화되고 있다. 그리고 MZ세대에게서 더욱 두드러지게 확대된 캐릭터 소비의 양상도 개별적인 각자의 취향을 파고드는 취미 소비, 즉 '디깅'의 문화란 관점으로 이해해 볼 수 있다.

상품의 수집과 콘텐츠 소비가 연결될 수 있는 캐릭터 소비인 '디깅(Digging)'은 대표적인 대상 중 하나이다. 즉, 콘텐츠를 연계하여 소비하고, 세계관을 지속해서 학습하며, 콘텐츠가 상품화될 때 적극적으로 소비하는 방식으로 관련 문화를 깊게 파고드는 것이다.

요즘 '디깅'으로 캐릭터를 이용하는 어른들이 늘어나면서, 구매력을 가진 이들을 대상으로 한 캐릭터 마케팅 역시 보다 적극적으로 강화되고 있다. 특히 2022년은 유통업계에서 캐릭터를 활용한 마케팅이 적극적으로 이루어진 해이기도 했다.[2] 가장 성공적인 캐릭터와 메타버스의 성공적인 협업은 스타트업 기업인 애니펜으로, 독자적인 AR 영상 저작 기술을 바탕으로 누구나 쉽게 현실 공간에 좋아하는 캐릭터를 띄워 자유롭게 영상을 촬영하도록 하는 AR 영상 콘텐츠 제작 서비스로 성공적인 성과를 내고 있다. 또한, 메타버스 엔터테인먼트는 K팝 버추얼 아이돌 캐릭터를 개발하여 지속적인 비즈니스 성과를 내고 있다.[3]

현재 한국 캐릭터 산업은 독창성과 기술력을 바탕으로 빠르게 성장해왔으며, 한류의 확장과 함께 세계 시장에서도 주목받고 있다. 그러나 지속적인 발전을 위해서는 K 콘텐츠의 성장과 더불어 스토리텔링, IP 관리, 글로벌 협업 등에서의 전략적 접근이 필요하다.

먼저 스토리텔링의 경우, 한국 캐릭터 산업의 지속가능한 발전을 위해서는 단순한 시각적 디자인을 넘어서는 고유한 세계관과 서사를 갖춘 스토리텔링 역량이 필수적이다. 캐릭터는 외형뿐 아니라, 그 캐릭터가 살아가는 세계, 관계 맺는 존재들, 그리고 시간의 흐름에 따라 변화하는 내적 서사를 통해 소비자와 정서적으로 연결된다. 일본의 〈포켓몬〉이 오랜 시간 사랑받는 이유는 단순한 귀여운 디자인뿐 아니라, 각각의 포켓몬이 지닌 고유한 성격, 진화 구조, 인간과의 교감이라는 탄탄한 내러티브(이야기 전개) 구조 때문이다.

한국의 경우 카카오프렌즈, 라인프렌즈, 뽀로로, 타요 등 성공적인 캐릭터가 존재하지만, 많은 캐릭터가 일회성 소비에 머무는 경우가 많다. 이는 세계관과 스토리의 빈약함에서 기인한다. 향후 전략은 캐릭터 기획 초기 단계부터 스토리텔링 전문가, 시나리오 작가, 서사 디자인 전문가들이 협업하여 캐릭터의 성격, 배경, 목표, 갈등 요소 등을 구조적으로 설계하는 것이 요구된다.

또한, 스토리텔링은 미디어 관계 확장을 염두에 두고 기획되어야 한다. 웹툰, 애니메이션, 게임, VR 콘텐츠 등 다양한 플랫폼에서 캐릭터의 세계관이 통일성 있게 구현될 수 있어야 하며, 이를 위해 성숙한 트랜스미디어 전략이 병행되어야 한다. 예를 들어, "BTS"의 〈BT21〉 캐릭터는 단순히 팬 상품이 아닌, 캐릭터별 세계관, 성격, 갈등 요소를 짧은 애니메이션, 웹툰, SNS 콘텐츠로 확장함으로써 팬들과 깊은 정서적 연결을 형성하고 있다.

다시 말하면 한국 캐릭터 산업이 장기적 경쟁력을 확보하기 위해서는 단발적 인기보다 지속 가능한 서사 구조를 설계하고, 캐릭터 중심의 감정 몰입형 콘텐츠를 개발하는 것이 핵심 과제가 된다.

다음으로 IP 관리 전략의 측면에서는 한국 캐릭터 산업이 지속해서 성장하기 위해서는 지식재산권(IP)의 효과적인 관리와 보호가 핵심 전략으로 작용해야 한다. IP란 단순히 이미지의 저작권을 의미하는 것을 넘어서, 캐릭터와 그에 수반되는 세계관, 상표, 음성, 애니메이션 요소, 상품화 권리 전체를 포괄하는 개념이다. 성공적인 캐릭터 비즈니스는 IP의 구조적 관리, 권리화, 수익 분배의 효율성 확보에서 시작된다.

일례로 일본의 〈헬로키티〉는 전 세계 70개국 이상에서 5만여 개 이상의 상품에 적용되었는데 그렇게 될 수 있었던 것은 철저한 상표 등록과 IP 사용 가이드라인 덕분이다. 반면, 한국에서는 초기 인기 캐릭터들이 유사 캐릭터나 불법 복제에 노출되어 브랜드 가치가 하락하거나 장기적인 수익 창출에 실패한 사례가 적지 않다. 이를 해결하기 위해서는 IP의 전주기 관리 체계를 수립해야 한다. 우선 캐릭터 개발 초기부터 상표, 저작권, 디자인권을 체계적으로 등록하고, 국내외 시장을 고려한 글로벌 권리 확보 전략이 수립되어야 한다. 또한, IP 활용 계약에서는 로열티 수익 모델, 공동 저작권 기준, 디지털 콘텐츠에서의 활용 규정 등 명확히 하여 파트너십 혼란을 방지해야 한다.

마지막으로 한국 캐릭터 산업이 세계 시장에서 지속적으로 성장하기 위해서는 글로벌 협업, 디지털 플랫폼과의 협업이 필수적이다. 이는 단순한 수출을 넘어서, 현지 파트너와의 공동 기획, 라이선스 계약, 콘텐츠 제작, 마케팅 등 전 과정에서 전략적 동반자 관계를 형성하는 것을 의미한다.

우선 문화적 다양성과 언어적 차이를 고려한 현지화 전략이 필요하다. 예를 들어, 한국의 〈뽀로로〉는 프랑스, 중국, 러시아 등에서 성공적으로 방송되었는데, 이는 단순 더빙을 넘어서 문화적 코드를 일부 수정하거나 보편적 주제를 강조함으로써 현지 시청자와 정서적 공감대를 형성한 결과이다.

또한, 글로벌 플랫폼과의 협업은 콘텐츠 확장에 있어 매우 중요하다. 예를 들어 넷플릭스와의 공동 제작을 통해 한국 애니메이션이나 캐릭터 IP가 전 세계 동시 공개되는 구조는 한국 캐릭터 산업의 글로벌 입지를 강화할 기회다. 넷플릭스 외에도 디즈니+, 유튜브 키즈, 아마존 프라임 등의 글로벌 OTT 및 디지털 채널을 적극 활용하는 다각적 배급 전략이 요구된다.

이와 함께 해외 디자인 기업, 완구 제조사, 콘텐츠 제작사 등과의 B2B 협업도 강화되어야 한다. 특히 글로벌 마켓에서 유통되는 제품의 품질 기준, 소비자 취향, 마케팅 관행 등에 대한 이해를 바탕으로 한 실질적 공동 개발이 필요하다. 글로벌 캐릭터 박람회(Licensing Expo, Character

& Brand Licensing Fair 등)에 정기적으로 참가하고, K-캐릭터의 경쟁력을 적극적으로 브랜딩하고 피칭하는 전략이 필요하다. 특히 디지털 플랫폼 확산에 따라 캐릭터가 NFT, 게임 스킨, AR/VR 아바타 등으로 확장되면서 새로운 형태의 IP 파생물이 등장하고 있다. 이에 대한 법적 보호와 상업적 관리 기준도 마련되어야 한다. 궁극적으로는 IP를 단순한 보호 대상이 아니라 전략적 자산으로 인식하고, 장기적인 포트폴리오 관리를 통해 캐릭터 브랜드의 수명을 늘리는 것이 필요하다. 결론적으로 한국 캐릭터 산업이 글로벌 시장에서 경쟁력을 지속하기 위해서는 단기적 수출을 넘어선 글로벌 파트너십, 문화적 이해 기반의 현지화, 디지털 플랫폼 다변화 등 다층적 글로벌 전략이 병행되어야 한다.

위 내용을 그림으로 간략히 표현하면 아래 〈그림 4〉와 같다.

〈그림 4〉 한국 캐릭터 산업의 발전 전략

미래에는 한국 캐릭터가 단순히 상품이 아니라, 한국 문화를 대표하는 중요한 매개체로 더 큰 역할을 할 것으로 기대된다. 이를 위해 정부와 지자체는 다방면으로 한국의 캐릭터 산업의 발전을 위해 힘쓰고 있는데 대표적인 사례가 대한민국 콘텐츠부문(캐릭터 대상)을 선정하고 홍보하는 일이다.

대한민국 콘텐츠부문(캐릭터 대상)은 문화체육관광부와 한국콘텐츠진흥원이 공동으로 주최·주관하는 국내 대표적인 캐릭터 산업 시상 행사이다. 이 시상제도는 창의적이고 경쟁력 있는 캐릭터 IP를 발굴하고, 이를 국내외 시장에 확산시키며 콘텐츠 산업의 지속 가능한 성장을 도모하기 위해 마련되었다.

캐릭터 대상은 만화, 애니메이션, 캐릭터 등 세 부문 중 하나로서 대통령상, 문화체육관광부 장관상, 한국콘텐츠진흥원장상 등 총 5개의 수상작을 선정하여 시상한다. 응모 자격은 대한민국 국적의 개인 또는 법인으로, 접수일 기준으로 상용화가 완료된 국산 캐릭터 IP를 보유하고 있어야 하며 최근 2년 내 동일 부문에서 수상한 이력이 없어야 한다. 참가자는 온라인 또는 우편을 통해 신청하며, 신청서, 캐릭터 소개서, 저작권 증빙자료, 사업자등록증, 상품 실물 등의 제출이 요구된다.

심사는 전문가 심사를 통해 후보작을 2배수로 선정한 뒤, 2차 심사를 거쳐 훈격을 결정하고, 이어서 국민 참여 온라인 투표를 반영한 대국민 공개 검증 절차를 통해 최종 수상작이 확정된다. 수상작 발표와 시상식은 매년 12월경 개최되며, 최근 몇 년간은 국립중앙박물관이나 코엑스 등에서 시상식이 진행되었다.

대표적인 수상 사례로는 게임 기반 캐릭터 IP인 〈쿠키런〉과 유아 콘텐츠로 세계적 인기를 끌고 있는 〈베베핀〉이 각각 대통령상을 받은 바 있다. 이러한 수상은 해당 IP의 시장성과 창의성, 글로벌 확장성 등을 인정받은 결과이며, 수상 이후 홍보 효과와 사업적 신뢰도를 높이는 계기가 된다.

이 시상제도는 창작자와 제작사에 명예를 제공할 뿐만 아니라, 국민에게 우수한 캐릭터를 소개하고 인지도를 확대하는 계기를 제공한다. 더 나아가 한국콘텐츠진흥원은 캐릭터 IP를 중심으로 라이선싱, 수출, 2차 콘텐츠 제작 등 산업 생태계를 강화하며 국내 캐릭터 산업의 국제 경쟁력을 키우는 데 중요한 역할을 하고 있다. 대한민국 캐릭터 대상은 단순한 시상을 넘어, 한국 캐릭터 산업의 미래를 이끄는 전략적 플랫폼으로 기능하고 있으며, 콘텐츠 산업의 융복합과 글로벌 진출을 가속하는 핵심 행사의 하나로 평가받고 있다.

2022년에 선정된 캐릭터부분 콘텐츠대상의 수상작품은 아래 〈표 4〉와 같다.

〈표 4〉 2022 대한민국 콘텐츠대상(캐릭터 부문) 수상작

구분	선정작	작품명	업체명	작품 소개
대통령상		벨리곰	롯데홈쇼핑	[콘텐츠 소개] 크고 놀라운 재미와 선한 영향력으로 사람들에게 웃음과 힐링을 주는 캐릭터. 누구나 껴안아 보고 싶어 하는 말랑말랑한 풍선인형 재질 [콘텐츠 실적] 비즈니스 실적 총 17억 원, 라이선스 20개사 100개 품목 SNS 팔로워 126만 명, 누적 조회 수 3억 회
문화체육관광부 장관상		코코코 알루	㈜대교	[콘텐츠 소개] 교육브랜드 '대교'의 영·유아 타깃 브랜드 캐릭터. 캐릭터 알루와 코루를 통해 어린이들에게 즐겁고 행복한 경험을 선사하는 콘텐츠 [콘텐츠 실적] 유튜브 채널 [알루하우스] 실버 버튼 수령. 제8회 토이어워즈 교육완구 부문 우수상 수상

문화체육관광부 장관상	공룡 대발이	㈜계몽사	[콘텐츠 소개] 공룡 대발이는 발이 크고 초식공룡들과 놀고 싶어하는 육식공룡 티라노사우루스. 대발이와 쿵쿵따친구들은 성격이 다른 11마리 공룡 [콘텐츠 실적] 〈공룡 대발이 생활동화〉100권 전집 출시, 초도 6천 세트 전권 매진 국내 최대 공룡 실내외 캐릭터 테마파크 '제주 대발이파크' 2019년 3월 오픈, 누적 입장객 12만 명
문화체육관광부 장관상	우쭈쭈 마이펫	주식회사 우쏘	[콘텐츠 소개] 유·아동에 편중되어 있는 국내 캐릭터 시장과 1인 세대수의 증가, 반려동물 시장 및 MZ세대의 특징을 아우르는 캐릭터 [콘텐츠 실적] 봉제인형, 열쇠고리 등 직접 상품화를 통한 온라인 유통 닌텐도스위치용 게임 라이선싱 진행 중
한국콘텐츠진흥원장상	버디프렌즈	주식회사 아시아홀딩스	[콘텐츠 소개] 제주도 지역의 문화 자원에서 탄생한 생태문화콘텐츠 멸종위기종을 포함한 제주도를 대표하는 새를 모티브로 한 캐릭터 [콘텐츠 실적] 동화책 발간(2개 시리즈 10권) SNS채널 콘텐츠 개발 및 노출, 편당 평균 조회 수 2,000회 〈더 플래닛〉 전시관 내 원데이 클래스 운영

END NOTE

1 신준·김승인, 「카카오프렌즈 캐릭터를 활용한 브랜드 전략에 대한 연구」, 『Journal of Brand Design Association of Korea』 18(1), 브랜드디자인학회, 2020, 45쪽.
2 한국콘텐츠진흥원, 「2023 캐릭터 산업백서」, 2024, 19쪽.
3 김연정, 「콘텐츠 비즈니스 산업의 산업경쟁력 분석 : 게임 산업과 캐릭터 산업의 역량 로드맵 분석」, 『한국창업학회지』 18(4), 한국창업학회, 2023, 563쪽.

Chapter 2
K 콘텐츠 힘

9장_ 리니지 혹은 배틀그라운드_ 디지털 게임

1. 리니지

〈그림 1〉 리니지

〈리니지〉(Lineage)는 1998년 NC소프트(NCSOFT)에 의해 개발되어 출시된 한국의 대표적인 MMORPG(대규모 다중 사용자 온라인 롤플레잉 게임)이다. 이 게임은 한국 게임 산업에서 중요한 전환점을 나타내며, MMORPG 장르의 황금기를 열었다. 당시, 〈리니지〉는 단순한 게임을 넘어서, 한국의 온라인 게임 산업과 게임 문화를 대표하는 상징적인 존재로 자리매김했고, 인기는 현재도 진행 중이다.

〈리니지〉의 주요 특징은 고유의 게임 시스템과 광범위한 PvP(Player vs Player) 요소였으며, 특히 공성전과 같은 경쟁적인 게임 플레이가 게임을 더욱 매력적으로 만들었다. 게임의 주요 배경은 중세 판타지 세계로, 플레이어는 기사, 마법사, 요정 등 다양한 캐릭터 클래스를 선택해 몬스터 사냥, 성(城) 점령전, 길드 간 경쟁 등을 경험할 수 있었다.

〈리니지〉는 단순히 게임으로서의 성공뿐만 아니라, 커뮤니티와 소셜 네트워크의 요소를 게임 내에 잘 결합한 덕분에 강력한 사용자층을 확보할 수 있었다. 특히 게임 내 길드 시스템과 파티 플레이는 사용자 간의 소셜 네트워크를 확장하고, 게임을 지속적으로 즐길 수 있는 중요한 요소로 작용했다. 〈리니지〉의 성공은 특히 아이템 거래와 유료 아이템을 통한 경제적 모델을 개발한 데 큰 영향을 받았다. 이는 한국뿐만 아니라 해외 시장에서도 게임을 수익성 있는 사업 모델로 발전시킬 기회를 열어주었다.

〈리니지〉의 국내 성공을 기반으로 글로벌 시장에서도 큰 인기를 끌기 시작했다. 1999년, 중국에 〈리니지〉가 출시되었고, 중국 시장에서 반응은 매우 뜨거웠다. 이에 따라 〈리니지〉는 중국에서 한국 게임의 대표주자로 자리 잡게 되었으며, 이후 일본, 북미, 유럽 등 다양한 해외 시장에도 진출하게 되었다.

〈리니지〉의 해외 성공은 한국 게임 산업의 글로벌화를 이끈 중요한 전환점 중 하나로 평가된다. 특히 〈리니지 2〉(2003)의 출시와 함께, 리니지 시리즈는 더욱 다채롭고 향상된 그래픽과 게임성을 선보이며 글로벌 MMORPG 시장을 강타했다. 〈리니지〉의 성공적인 글로벌 진출은 그 자체로 한국 게임의 문화적 수출이자 산업적 성장을 상징하는 중요한 사례로, 이후 많은 한국 게임들이 해외에서 큰 성과를 이루는 데 기여했다.

〈리니지 2〉의 성공과 함께 〈리니지 M〉과 같은 모바일 버전도 큰 인기를 얻었으며, 특히 모바일 게임이 대세인 오늘날에는 모바일 플랫폼으로의 변환이 성공적으로 이루어졌다. 〈리니지 M〉은 2017년 출시되어, 출시 첫날부터 매출 100억 원을 기록하는 등의 성과를 거두었다. 리니지 M은 원작의 핵심적인 요소를 모바일 환경에 맞게 잘 재현하며, 여전히 큰 인기를 끌고 있는 게임으로 자리 잡았다.

현재 〈리니지〉는 〈리니지 2〉, 〈리니지 M〉, 그리고 〈리니지 2M〉 등 다양한 버전이 존재하며, 지속적인 유저를 확장하고 있다. 리니지 2M는 2019년 출시 이후, 모바일 MMORPG의 새로운 지평을 여는 작품으로 평가받고 있다. 게임은 고급 그래픽과 방대한 콘텐츠로 인해 리니지 팬들뿐만 아니라 신규 유저들도 끌어들이고 있다. 〈리니지 M〉과 〈리니지 2M〉는 여전히 매출 순위 상위권에 자리하고 있으며, NC소프트의 주요 수익원으로 기능하고 있다.

〈표 1〉 리니지 주요 이슈

번호	연도	주요 이슈
1	1998	리니지 첫 출시, 9월 28일
2	2000	클래식 서버 운영 시작, 인기 급상승
3	2003	리니지2 출시로 성공적 확장
4	2005	리니지1과 2의 통합 서비스 개시
5	2007	리니지 온라인에 '테레포트' 추가. 게임 내 기능 확장
6	2011	리니지M 출시(모바일 버전)
7	2013	리니지2 레볼루션 출시(모바일 버전)
8	2017	리지니M 글로벌시장 진출
9	2018	리니지W 출시
10	2023	리지지W 운영 및 지속 업데이트

〈리니지〉의 장수 비결 중 하나는 지속적인 업데이트와 시즌제 콘텐츠의 도입이다. NC소프트는 리니지 시리즈에 대해 매년 새로운 콘텐츠를 추가하고, 경쟁 요소를 지속적으로 강화하면서 게임을 새로운 방식으로 재해석한다. 또한, 블록체인을 활용한 게임 내 자산 거래 시스템을 도입하는 등, 최신 기술을 활용하여 새로운 사용자 경험을 제공하려고 노력하고 있다.

정리하면 〈리니지〉는 1998년 출시 이후, 한국 게임 산업의 산업적 성장을 이끈 대표작이자, 글로벌 시장으로의 확장의 아이콘으로 자리 잡았다. 그동안의 성공적인 글로벌 진출과 유료화 모델, 그리고 지속적인 콘텐츠 확장을 통해 리니지는 여전히 큰 인기를 얻고 있다. 앞으로도 리니지는 모바일 플랫폼과 최신 기술을 접목하여, 변화를 수용하며 지속 가능한 게임으로 자리 잡을 가능성이 크다. 하지만, 계속해서 진화하는 게임 산업에서 글로벌 경쟁과 기술 혁신은 리니지의 미래 성공에 큰 영향을 미칠 것으로 예상된다.

2. 배틀그라운드

〈그림 2〉 배틀그라운드

〈배틀그라운드(PlayerUnknown's Battlegrounds, 줄여서 PUBG)〉는 2017년 펍지 주식회사(PUBG Corporation)에서 개발한 온라인 배틀로얄 게임이다. 이 게임은 배틀로얄 장르의 인기를 선도하며, 전 세계적으로 게임 산업에 큰 영향을 미친 타이틀로 자리 잡았다. 〈배틀그라운드〉는 'PLAYERUNKNOWN'이라는 닉네임을 사용하는 개발자 브렌든 그린(Brendan Greene)의 아이디어에서 출발한 게임으로, 그린은 배틀로얄 장르를 'Arma 2'라는 PC 게임의 모드로 시작하여, '배틀로얄'이라는 독특한 게임 방식을 발전시켰다.

이 게임은 100명의 플레이어가 넓은 맵에서 무작위로 떨어져 무기와 자원을 모으고, 최후의 1인을 남기기 위한 치열한 생존 경쟁을 벌이는 방식으로 진행된다. 〈배틀그라운드〉는 그래픽, 물리 엔진, AI(인공지능) 등의 요소를 최적화하여 상대방과 실시간 대결에 중점을 두었으며, 운전, 날씨 변화, 날짜와 시간에 따른 맵 변화 등 다양한 현실감을 더해 게임의 몰입감을 높였다. 이 게임은 전 세계적으로 큰 인기를 얻었으며, '배틀로얄 장르'라는 새로운 게임 트렌드를 만들어냈다. 이 게임은 초기에 PC 버전으로 출시되어, 큰 인기를 얻으며 배틀로얄 장르의 대표작으로 자리매김했으며, 이후 모바일 버전으로도 출시되었고 모바일 게임에서 더욱 사랑을 받았다.

〈배틀그라운드 모바일〉은 2018년 Tencent Games의 PUBG Mobile로 출시되었고, 이 게임은 모바일 게임 시장에서 전례 없는 성공을 거두었다. Tencent는 배틀그라운드를 모바일 플랫폼에 최적화하여, 원작의 배틀로얄 경험을 그대로 모바일에서도 즐길 수 있도록 만들었다. 모바일 버전은 그래픽 퀄리티와 게임성을 고려하여 다양한 기기에서 원활하게 실행될 수 있도록 최적화되었으며, 간편한 조작과 빠른 매칭 시스템이 사용자들의 큰 호응을 얻었다.

〈배틀그라운드 모바일〉의 가장 큰 성공 요소는 무료 다운로드와 아이템 유료화 방식의 도입이다. 게임은 무료로 제공되지만, 아이템 구매와 배틀패스 시스템을 통해 수익을 창출하는 모델을 채택했다. 이는 게임의 접근성을 높여 많은 사람들이 게임을 시작할 수 있도록 유도하며, 동시에 안정적인 수익을 창출할 수 있었다. 또한, 배틀로얄 게임의 매력을 모바일에서도 충분히 즐길 수 있게 되었기 때문에, 스마트폰 사용자들이 게임을 자주 즐길 수 있도록 했다.

〈배틀그라운드 모바일〉은 출시 이후 빠르게 전 세계에서 가장 많이 다운로드 된 게임 중 하나로 자리 잡았고, 특히 아시아 시장, 중국, 인도, 한국 등에서 매우 높은 인기를 끌었다. 이 게임은 모바일 게임의 새로운 가능성을 열어주었으며, 그 후에도 꾸준히 업데이트와 이벤트를 통해 새로운 콘텐츠와 기능을 추가하여 유저들을 지속해서 유입시켰다.

이후, 이 모바일게임은 2020년 PUBG Mobile이라는 이름으로 변경되었으며, 이 게임은 매년 대규모 업데이트와 시즌제 콘텐츠를 통해 지속적으로 발전해 왔다. 최신 버전에서는 차량 탑승, 새로운 맵, 새로운 무기와 아이템, 협동 모드 등 다양한 요소들이 추가되어, 게임의 깊이를 더하고 있다. 게임은 특히 E 스포츠 분야에서 큰 인기를 얻었으며, 다양한 배틀로얄 대회와 프로 리그가 개최되어, E 스포츠 산업에서도 중요한 위치를 차지하고 있다.

〈배틀그라운드 모바일〉은 그 외에도 VR 모드, 전술적 팀플레이 등을 추가하여 게임의 몰입감을 높이고, 소셜적 요소를 강조한 콘텐츠를 도입했다. 또한, 배틀패스 시스템을 도입하여, 유저들이 일정 기간 미션을 수행하고 보상을 받을 기회를 제공하며, 유저들의 참여도를 증가시켰다.

게임의 글로벌 성과는 모바일 게임 산업의 큰 변화와 발전을 이끌었으며, 2021년 기준으로 전 세계 10억 다운로드를 달성하면서, 모바일 게임 산업의 전설적인 타이틀로 자리매김했다. 중국에서는 Tencent와 협업을 통해 PUBG Mobile China라는 별도의 버전이 출시되었으며, 이는 국내 게임 산업에도 중대한 영향을 미쳤다.

〈배틀그라운드 모바일〉의 미래 전망은 매우 밝다. 게임은 이미 글로벌 게임 시장에서 중요한 위치를 차지하고 있으며, 앞으로도 지속적인 발전을 이룰 가능성이 크다. VR(가상현실), AR(증강 현실), AI(인공지능)와 같은 최신 기술들이 게임에 결합할 가능성이 커졌다. 특히 AR 기술을 통해 현실 세계와의 결합을 시도하거나, AI를 통한 더 정교한 적과의 전투를 구현할 기회가 많아졌다.

모바일 E 스포츠의 발전 또한 배틀그라운드 모바일의 미래를 밝히는 중요한 요소 중 하나다. E 스포츠 리그와 게임 대회는 이미 〈배틀그라운드 모바일〉의 주요 콘텐츠로 자리 잡았으며, 게임은 앞으로 더 많은 국가에서 정식 리그와 대회를 통해 팬층을 확장할 것이다. 또한, 배틀로얄 장르의 인기는 여전히 높아지고 있으며, 신규 맵과 특수 모드 등으로 계속해서 새로운 경험을 제공할 수 있다.

〈배틀그라운드 모바일〉은 모바일 플랫폼에서 계속해서 콘텐츠 확장과 업데이트를 진행하며, 게임의 다양성과 참여 요소를 강화할 것이다. 게임 내 아이템 경제와 배틀패스 시스템을 더 개선하고, 블록체인과 같은 최신 기술을 도입해 새로운 형태의 게임 경제를 선도할 가능성도 존재한다.

3. 미국과 일본을 통해 본 디지털 게임의 역사

미국

미국의 디지털 게임 산업은 20세기 중반부터 시작되었다. 초기에는 간단한 기계식 게임과 아케이드 게임이 주를 이루었으나, 기술 발전과 함께 산업은 급격히 성장했다.

미국의 디지털 게임 산업은 1950년대부터 시작된 실험적인 컴퓨터 게임 개발에서 비롯되었다. 최초의 비디오 게임 중 하나인 〈틱택토(Tic-Tac-Toe)〉는 1952년, MIT에서 개발되었다. 이 게임은 게임 산업의 출발점이었으며, 당시에는 교육적 목적이나 실험적인 기술로 사용되었다.

1960년대 중반, 아케이드 게임의 기초가 되는 게임들이 등장하기 시작했다. 그 중 〈퐁(Pong)〉은 1972년에 워싱턴주의 아타리에서 개발되어, 상업적으로 대중화된 첫 번째 아케이드 게임이 되었다. 〈퐁〉의 성공은 미국 게임 산업의 출발을 알렸고, 아타리는 이후 비디오 게임 시장에서 중요한 역할을 하게 된다.

1970년대는 아케이드 게임의 황금기였다. 〈팩맨(Pac-Man)〉, 〈스페이스 인베이더(Space Invaders)〉, 〈갤럭시(Galaxian)〉 등 다양한 아케이드 게임들이 인기를 끌면서, 디지털 게임 산업은 본격적으로 시장을 형성하기 시작했다. 이 시기에는 게임 개발이 주로 대형 게임 회사들에 의해 주도되었으며, 게임이 대중문화 일부분으로 자리 잡기 시작했다.

1980년대 초, 가정용 콘솔 게임기가 등장하면서 게임 시장은 더 확장되었다. 1977년에 출시된 〈아타리 2600〉은 가정에서 즐길 수 있는 최초의 비디오 게임 콘솔로, 가정용 게임기 시장을 본격적으로 열었다. 이후 닌텐도, 세가 등 일본의 게임 회사들이 등장하면서, 미국 게임 시장은 세계적인 경쟁 구도를 형성하게 된다. 오늘날 미국의 디지털 게임 산업은 세계에서 가장 큰 규모를 자랑하는 산업 중 하나로, 전 세계 게임 시장의 약 30%를 차지하고 있다. 2023년 기준으로, 미국의 게임 산업은 약 400억 달러 이상의 연 매출을 기록하며 성장하고 있다.

미국은 현재 글로벌 게임 산업에서 주요한 역할을 하는 나라다. 대표적인 게임 회사들은 모두 미국에 본사를 두고 있으며, 이들 기업은 게임 개발뿐만 아니라 게임 배급, 퍼블리싱, 온라인 게임 서비스까지 다양한 분야에서 활발히 활동하고 있다.

〈표 2〉 인기 높은 미국산 게임들

구분	게임명				
	오버워치	마인크래프트	GTA	리그오브레전드	스타크래프트
개발사	Blizzard Entertainment	Mojang Studios	DMA Design (현재의 Rockstar North)	Riot Games	Blizzard Entertainment
출시년도	2016년	2011년	1997	2009	1998
장르	팀 기반 슈팅	샌드박스, 생존	액션 어드벤처	MOBA (Multiplayer Online Battle Arena)	실시간 전략 게임 (RTS)

플랫폼	PC, PS4, Xbox One, Nintendo Switch	PC, PS4, Xbox One, 모바일, Nintendo Switch	PC, PlayStation, Game Boy Colo	PC, Mac	PC
내용	팀 기반 슈팅 게임으로, 각기 다른 능력을 가진 영웅들이 팀을 이루어 상대 팀과 싸우는 방식	블록 기반의 샌드박스 게임으로, 플레이어가 자신만의 세상을 자유롭게 만들어가며 탐험하고, 자원을 채취하고, 몬스터와 싸우는 게임	플레이어가 범죄자 역할을 맡아 도시에서 다양한 범죄 활동을 수행하며, 경찰과의 추격전을 벌이는 구조	두 팀이 각기 다른 챔피언을 선택해 상대 팀의 넥서스를 파괴하는 것을 목표로 하는 전략적 팀 대전 게임	세 개의 서로 다른 종족(테란, 저그, 프로토스) 간의 전투를 중심으로 한 게임으로, 플레이어는 자원을 관리하고 군대를 구축하여 상대 종족과의 전투에서 승리

일본

일본의 디지털 게임 산업은 1970년대 후반부터 본격적으로 시작되었다. 초기에는 아케이드 게임과 가정용 콘솔 게임기가 중심이었으며, 그 발전은 빠르게 세계 시장을 향해 확장되었다.

1978년, 〈스페이스 인베이더(Space Invaders)〉가 발매되면서 일본은 아케이드 게임의 본고장이 되었다. 이 게임은 일본뿐만 아니라 전 세계적으로 폭발적인 인기를 끌며, 비디오 게임 산업의 상업적 가능성을 입증했다. 이후 〈갤러그(Galaxian)〉, 〈팩맨(Pac-Man)〉 등 대형 히트작들이 일본에서 탄생하면서, 일본은 게임 산업의 중심지로 자리매김하게 되었다.

1983년에는 일본의 패미컴(Famicom), 즉 닌텐도 엔터테인먼트 시스템(NES)이 출시되었고, 이는 가정용 비디오 게임기의 시장을 열었다. 패미컴의 성공은 일본뿐만 아니라 북미, 유럽 등 전 세계로 퍼지며 일본 게임의 인기를 끌어올렸다. 그와 함께 〈슈퍼 마리오(Super Mario)〉, 〈젤다의 전설(Zelda)〉과 같은 상징적인 게임들이 등장하면서, 일본 게임 산업의 본격적인 성장을 이끌었다.

1990년대는 일본 게임 산업의 전성기였다. 소니(Sony)와 세가(Sega)의 등장으로, 가정용 게임기의 경쟁이 심화하였다. 1994년, 소니의 플레이스테이션(PlayStation)은 3D 그래픽을 지원하며 게임의 혁신을 이끌었고, 이를 통해 〈파이널 판타지 7(Final Fantasy Ⅶ)〉, 〈그란 투리스모(Gran Turismo)〉와 같은 명작 게임들이 출시되며 게임 산업은 더 성장했다. 이 시기에 일본은 〈파이널 판타지〉, 〈드래곤 퀘스트〉, 〈슈퍼 마리오〉 등 RPG와 액션 게임에서 세계적으로 큰 영향을 미쳤다.

특히 일본의 게임 개발사인 스퀘어(현재의 스퀘어 에닉스)는 파이널 판타지 시리즈를 통해 RPG 장르의 새로운 역사를 썼고, 일본은 전 세계적인 게임 문화의 중심으로 자리 잡았다. 세가의 〈소닉 더 헤지호그(Sonic the Hedgehog)〉, 닌텐도의 〈마리오〉와 〈젤다〉 시리즈 등은 일본 게임의 글로벌 대세를 확립하는 데 큰 역할을 했다.

오늘날 일본의 디지털 게임 산업은 세계 게임 시장에서 여전히 중요한 위치를 차지하고 있다. 일본은 전통적인 콘솔 게임뿐만 아니라 모바일 게임, 그리고 E 스포츠 등 다양한 분야에서 활발히 활동하고 있다.

일본의 대표적인 게임 기업들은 여전히 전 세계적인 영향력을 행사하고 있다. 일본은 닌텐도, 소니, 반다이 남코(Bandai Namco), 스퀘어 에닉스(Square Enix), 캡콤(Capcom) 등 굵직한 게임 개발사들을 보유하고 있으며, 이들 기업은 여전히 세계에서 큰 성공을 거두고 있다.

먼저, 닌텐도(Nintendo)에 대해 말하자면 〈슈퍼 마리오〉, 〈동물의 숲(Animal Crossing)〉, 〈포켓몬(Pokemon)〉 시리즈로 전 세계적인 인기를 끌고 있으며, 최근에는 스위치(Switch)라는 하이브리드 콘솔을 통해 게임 시장을 이끌고 있다. 세계적 글로벌 문화 산업기업으로 성장한 소니(Sony)의 PlayStation 시리즈는 전 세계에서 큰 인기를 끌고 있으며, 특히 PlayStation 5는 그 성능과 독점 게임으로 많은 관심을 끌고 있다. 〈파이널 판타지〉 시리즈, 〈킹덤 하츠〉 등으로 유명한 스퀘어 에닉스(Square Enix)는 RPG 장르에서 큰 영향력을 행사하고 있으며, 최근에는 파이널 판타지 XVI 등 새로운 타이틀로 글로벌 시장을 공략하고 있다.

〈표 3〉 세계 게임시장 현황 및 전망

구분		2020	2021	2022	2023	2024	2025	22-25 CAGR
PC 게임	매출액	34,274	36,308	36,308	37,364	38,268	39,127	2.5
	성장률		5.9	0.1	2.8	2.4	2.2	
모바일 게임	매출액	85,693	92,146	91,709	95,709	102,381	109,451	6.1
	성장률		7.5	-0.5	4.4	7.0	6.9	
콘솔 게임	매출액	56,334	57,668	59.141	62,776	64,220	65,858	3.7
	성장률		2.4	2.6	6.1	2.3	2.6	
아케 이드 게임	매출액	18,489	20,240	21,076	21,292	21,520	21,744	1.0
	성장률		9.5	4.1	1.0	1.1	1.0	
합계	매출액	194,789	206,362	208,362	217,141	226,389	236,180	4.3
	성장률		5.9	0.9	4.3	4.3	4.3	

4. 한국의 게임산업

한국의 디지털 게임 산업은 1980년대 초반부터 시작되었다. 초기에는 아케이드 게임을 중심으로 발전하기 시작했으며, 이후 PC와 콘솔 게임의 확장, 그리고 모바일 게임의 발전으로 현재에 이르렀다. 한국의 게임 산업은 국가 경제에 큰 영향을 미치며, 글로벌 시장에서도 큰 비중을 차지하는 산업으로 자리 잡았다.

1980년대 초반, 한국의 게임 산업은 일본의 게임들이 한국 시장을 지배했지만, 1980년대 중반부터 국내 개발 게임들이 등장하기 시작했다. 1987년에는 〈슈퍼 마리오〉와 같은 일본의 게임들이 한국에 유입되면서, 게임 문화가 퍼지기 시작했다. 하지만 한국 게임 산업이 본격적으로 성장한 것은 1990년대 중반부터였다.

1990년대 초반, PC방 문화가 급속히 확산하면서, 컴퓨터를 이용한 온라인 게임들이 등장하기 시작했다. 이 시기, 한국의 대표적인 게임 개발사인 넥슨(Nexon)은 1996년 〈바람의 나라〉를 출시하면서, 온라인 게임의 선두 주자로 자리 잡았다. 〈바람의 나라〉는 대규모 다중 사용자 간 온라인 역할 수행 게임(MMORPG)으로, 한국에서 온라인 게임 붐을 일으켰다. 이후 〈리니지〉(1998)와 같은 게임들이 큰 인기를 끌며, 한국의 게임 산업은 급속히 발전하기 시작했다.

2000년대 초반, 한국은 MMORPG(대규모 멀티 플레이어 온라인 롤 플레잉 게임) 장르에서 두각을 나타냈다. 〈리니지〉와 〈던전앤파이터〉와 같은 대형 게임들이 출시되었고, 이들은 국내뿐만 아니라 중국, 일본, 북미 등 다양한 해외 시장에서도 큰 인기를 끌었다. 특히, 앞 장에서 살펴본 바와 같이 리니지는 한국의 게임 산업을 세계에 알리는 대표적인 성공 사례로, 수백만 명의 가입자를 확보하며 한국 게임 산업의 위상을 높였다.

이 시기의 한국 게임 산업은 온라인 게임을 중심으로 한 폭발적인 성장을 이어갔으며, 온라인 게임 사업자들은 글로벌 시장에 진출하기 위한 다양한 전략을 마련했다. 또한, 한국은 게임 개발뿐만 아니라 게임에 관련된 다양한 인프라를 구축하며, 게임 산업의 글로벌화를 주도했다.

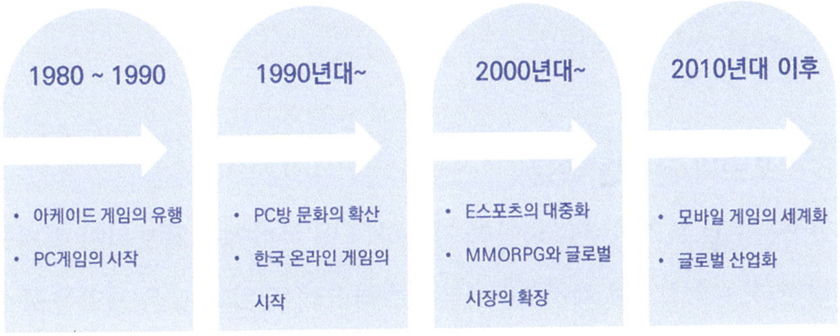

1980 ~ 1990	1990년대~	2000년대~	2010년대 이후
• 아케이드 게임의 유행 • PC게임의 시작	• PC방 문화의 확산 • 한국 온라인 게임의 시작	• E스포츠의 대중화 • MMORPG와 글로벌 시장의 확장	• 모바일 게임의 세계화 • 글로벌 산업화

〈그림 3〉 한국게임산업 시대별 주요 이슈

오늘날 한국의 디지털 게임 산업은 전 세계에서 그 영향력을 인정받고 있으며, 다양한 장르와 플랫폼에서 활발히 활동하고 있다. 한국은 PC 게임, 모바일 게임, 콘솔 게임 등 다양한 분야에서 강력한 입지를 갖추고 성장하고 있는데 특히 주목할 부분은 '모바일게임의 급성장', 'E 스포츠와 글로벌 확장', '인공지능과 실감형 콘텐츠의 기술 융합'이다.

모바일게임의 급성장

2000년대 후반부터 모바일 게임 산업은 급성장하기 시작했다. 스마트폰의 보급이 확산하면서, 한국은 모바일 게임 시장에서 빠르게 글로벌 리더로 자리 잡았다. 넷마블(Netmarble), NC소프트(NCSOFT), 컴투스(Com2uS) 등 한국의 게임 개발사들은 〈서머너즈 워〉, 〈리니지 M〉, 〈킹 오브파이터즈〉와 같은 글로벌 히트작을 출시하며, 모바일 게임 시장에서 강력한 경쟁력을 발휘하고 있다.

한국의 모바일 게임 산업은 특히 소셜 게임과 롤플레잉 게임(RPG) 장르에서 두각을 나타내며, 중국, 일본, 미국 등 해외 시장에서 큰 성과를 거두고 있다. 〈배틀그라운드 모바일(PUBG Mobile)〉과 같은 게임은 전 세계에서 큰 인기를 얻었으며, 이는 한국 게임 산업이 모바일 플랫폼에서 글로벌 시장을 어떻게 선도하고 있는지를 보여주는 대표적인 사례라 하겠다.

E 스포츠와 글로벌 확장

한국은 E 스포츠의 종주국이라 자부하며 이 분야에서 독보적인 입지를 자랑한다. 〈리그 오브 레전드(LoL)〉, 〈스타크래프트〉와 같은 게임을 중심으로, 한국은 E 스포츠의 메카로 자리 잡았다. 한국의 E 스포츠 선수들은 국제 대회에서 탁월한 성적을 거두며, 한국은 E 스포츠 강국으로 불리고 있다. 특히, 2010년대 초반부터 리그 오브 레전드와 같은 게임을 중심으로 한국은 LoL 월드 챔피언십과 같은 세계적인 대회에서 큰 성과를 거두었으며, 이를 통해 E 스포츠 산업이 한국 경제에 미친 영향도 매우 크다.

한국은 E 스포츠뿐만 아니라, 게임을 다루는 방송과 스트리밍 플랫폼도 성장시키며, 게임을 단순한 오락을 넘어 글로벌 문화콘텐츠로 확장하고 있다. 게임 스트리밍 플랫폼인 아프리카 TV와 트위치(Twitch)는 게임 팬들과 선수들이 활발히 소통하는 장을 마련하며, E 스포츠의 인기를 더 확산시키고 있다.

한국은 게임 산업의 글로벌 시장에서 계속해서 큰 성장을 이룰 것으로 예상된다. 한국 게임은 이제 단순한 오락을 넘어, 문화콘텐츠와 E 스포츠를 통해 전 세계적인 영향력을 미치고 있다. 특히, 중국, 북미, 일본, 유럽 등 해외 시장에서의 인기를 바탕으로 한국 게임의 글로벌화는 더 촉진될 것으로 예상한다.

〈표 4〉 2023 E 스포츠 종목 현황

구분		종목사	종목명
정식 종목	전문 종목	7	리그 오브 레전드, 전략적팀전투(TFT), 배틀그라운드, 배틀그라운드 모바일, EA SPORTS FC 온라인, 카트라이더:드리프트, 발로란트
	일반 종목	7	서든어택, 클래시 로얄, A3: 스틸얼라이브, 하스스톤, 스타크래프트2, 크로스파이어, 이터널리턴

인공지능(AI)과 실감형 콘텐츠(AR, VR, MR) 기술의 융합

한국의 게임 산업은 AI와 VR 기술을 적극적으로 수용하고 있다. AI를 이용한 게임 내 캐릭터의 행동 및 대화 시스템, 그리고 VR을 활용한 몰입감 넘치는 게임 경험은 한국 게임의 미래 방향성을 제시하는 주요 기술이다. 한국의 게임 개발사들은 VR을 활용한 새로운 형태의 게임을 개발하고 있으며, 이를 통해 게임 사용자에게 더 진보된 경험을 제공하고 있다.

AI와 머신러닝을 활용한 게임의 진화도 중요하다. AI 기술은 게임 내 환경과 캐릭터의 반응을 더욱 자연스럽고, 동적인 방식으로 바꾸어 게임의 몰입감을 높이고, 사용자 맞춤형 게임 경험을 제공한다. 한국은 AI 기술을 접목한 게임 개발에 강점이 있으며, 이러한 혁신적인 기술을 통해 미래의 게임 산업을 선도할 것이다.

〈표 5〉 2022년 세계시장에서의 국내 게임시장 비중(단위 백만달러, %)

구분	PC 게임	모바일 게임	콘솔 게임	아케이드 게임	전체
세계 게임 시장	36,352	91,681	59,141	21,076	208,249
국내 게임 시장	4,632	10,430	893	272	16,227
점유율	12.7	11.4	1.5	1.3	7.8

Chapter 2
K 콘텐츠 힘

10장_ 축제는 콘텐츠다

1. 지역축제와 콘텐츠

지방자치제도의 출범과 함께 각 지방자치단체는 저마다 특화된 산업을 발굴하여 자치단체의 경제적 성과를 도출하기 위해 노력해 왔는데 그중에서도 지역의 역사. 문화, 특산물, 관광자원을 결합한 지역축제는 지역 주민의 삶의 가치를 높이는 문화적 가치와 경제적 가치를 동시에 달성할 수 있는 중요한 행사로 자리매김하고 있다. 이를 증명하듯 중앙정부나 지방자치단체의 지원을 받으면서 2024년에 개최된 공식적인 지역축제는 1,170개에 이르고 확정된 예산만 1조여 원에 이른다.[1] 미정으로 책정되어 포함되지 않은 예산과 최소 2배 이상으로 예상되는 경제효과를 고려할 때 이는 매우 큰 비용이라 볼 수 있다.

개별 축제에 드는 비용은 축제마다 천차만별이지만 모두 적지 않은 예산이 필요하다는 점에서 단순한 지역 행사라는 개념을 뛰어넘어 국가적인 차원에서 관리와 정책적 지원이 필요한 중요한 경제 분야라 할 수 있는데 특히 지역축제가 지닌 경제적 특징은 문화콘텐츠가 가진 규모의 경제와 비슷한 속성을 보인다.

지역축제와 문화콘텐츠는 경제적 관점 외에도 오락성, 여가성, 대중성, 예술성, 창의성의 문화적 요소를 내포하고 있다는 매우 유사한 점이 많다. 하지만 온라인과 오프라인 등 다양한 미디어를 통해 지속적인 향유와 소비를 할 수 있는 문화콘텐츠와는 달리 지역축제의 다양한 행사와 프로그램들은 축제장에서 일회성 행사로 그치고 마는 경우가 대부분이어서 유사한 속성을 지닌 두 분야의 제품수명주기(Product Life Cycle)는 매우 큰 차이를 보인다.

아쉬운 점은 적게는 수천만 원에서, 많게는 수십억에 이르는 유·무형의 행사 비용을 치르는 개별 지역축제의 각종 프로그램과 콘텐츠들이 연중 지속하지 못하고 한시적 기간에 특정 부분의 소비에만 머무르면서 문화적 가치, 경제적 가치를 지속해서 창출하지 못하고 매몰되는 것이다. 이는 축제의 주최자들은 물론이고 국가의 문화와 경제적 측면에서도 아쉬운 일이 아닐 수 없다.

창의적 예술성을 바탕으로 한국의 콘텐츠산업은 미디어와 디지털 기술의 발달에 힘입어 K라는 접두사를 브랜드처럼 내세우며 국내외를 막론하고 나날이 성장하고 있다. 콘텐츠의 수출은 일반 소비재의 수출을 견인한다는 연구 결과를 비롯하여 콘텐츠산업의 성장이 국내 전체 산업의 성장에 기여하는 바가 크다는 점을 인식한 중앙정부도 제조업과 더불어 K 콘텐츠의 투자와 수출 지원에 전력을 기울이겠다는 방침을 밝혔다.[2] 이러한 시대적 상황은 콘텐츠 분야의 연구 방향과 범위에도 변화해야 하는데 이런 점에서도 매년 성장하며 발전하고 있는 지역축제는 매우 주목할 만한 분야다.

디지털 기술의 발전과 미디어와 콘텐츠 플랫폼의 발달이 콘텐츠산업의 폭발적인 성장을 가져다준 구조적인 배경(Infrastructure)이라고 한다면 콘텐츠산업의 주요 키워드인 OSMU(One Source Multi Use)는 경제적 수익 창출의 핵심 개념이라 할 수 있다. OSMU는 크게 네 가지 방식으로 구분하여 살펴볼 수 있는데 콘텐츠의 창구화, 장르 전환, 상품화, 브랜드화가 그것들이다.[3] 창구화가 다양한 미디어에 활용됨에 따른 수익을 기대한다는 개념이라면 장르 전환은 원작의 가치에 힘입어 신규 시장을 개척하는 공격적인 대중화 전략이라 하겠다. 특히 장르 전환에 있어서 원천콘텐츠는 소설, 만화, 웹툰, 애니메이션, TV 드라마, 영화 등 콘텐츠의 모든 장르를 총망라하지만, 핵심 요소는 재론의 여지가 없이 콘텐츠의 근간을 형성하고 있는 '이야기'라 할 수 있다. 이는 원천콘텐츠의 가치를 평가하는 데 가장 중요한 요소라 하겠는데 문화콘텐츠는 이야기를 근간으로 하므로 이야기 산업이라고도 불릴 만큼 이야기와 스토리텔링이 매우 중요하게 작용한다. 따라서 장르 전환으로 경제적 가치를 극대화하기 위해서 이야기 자원의 확보는 제조업의 에너지나 원자재 확보만큼이나 콘텐츠의 창작과 개발에 필요한 필수 요소라 하겠다.

지역축제와 관련한 연구는 그동안 관광, 행정, 경제, 문화 등 다양한 분야에서 활발하게 진행됐다. 그중 주목할 만한 국내의 논의 내용을 살펴보면 우선 정책 분야에서 오훈성은 축제의 성과는 '내용성'과 '접근성'이 중요하다고 주장하면서 지역축제는 내용적인 면과 외적 인프라 구축을 동시에 고려해야 한다는 점을 축제 이미지, 서비스품질, 지역 태도, 행동 의도 등의 조사 결과를 통해 밝혔다.[4] 이동진 등은 지역축제는 이벤트성 관광정책이 아니고 종합적이고 장기적인 문화관광 투자 및 지원 정책이 경쟁력을 가질 수 있다고 주장했다.[5] 방문객의 태도를 조사한 김재호의 경우 2013년부터 2018년까지의 문화관광축제를 분석한 결과를 발표했는데 축제의 유형, 축제의 개최 지역이 방문객의 만족도에 영향을 미쳤고, 외지 방문객이 많을수록 소비지출이 높아지는 경향이 있다고 주장했다.[6] 문화콘텐츠와 관련한 연구 결과도 발표되고 있는데 유영수와 이채현은 강릉단오제와 전주단오의 사례를 비교와 분석을 하면서 각각의 SWOT 분석을 통해 특색 있는 콘텐츠의 개발이 중요하다는 점을 주장했고,[7] 조해진은 지역축제는 콘텐츠의 플랫폼임을 주장하면서 지역축제가 관광콘텐츠에 머무르지 말고, 문화콘텐츠로의 확장, 오프라인에서 온라인으로의 확장, 캐릭터 구축을 통한 브랜드화에 대해 논의를 시작했다.[8] 특히 대부분 지역축제가 제작하고 활용하고 있는 캐릭터의 활용을 언급한 부분은 캐릭터 산업의 경제적 규모와 국내 캐릭터 산업의 발전 가능성을 고려할 때 매우 주목할 만하다. 해외의 경우 브라운(Alyssa E Brown) 등은 영국의 유명한 3개의 음악 축제를 분석한 결과 축제 참여자들이 디지털 기기를 이용해서 자신의 감정을 표현하는 것이 축제에 큰 영향을 미치는 것을 밝혔고,[9] 트로이시(Orlando Troisi) 등은 축제를 서비스 생태계로 파악하여 축제가 방문객에게 취하는 4가지 태도(분위기, 내용의 품질, 상호작용, 부가서비스)에 따라 방문객이 만족도와 행동에 큰 영향을 미친다고 주장했다.[10] 이 연구들은 모두 지역축제를 방문하는 방문객 즉 소비자의 관점에서 지역축제를 파악함으로써 지역축제가 지닌 콘텐츠적 속성을 통해 지역축제를 분석했다는 점에서 의미가 있다고 보겠다.

시장조사기관인 스태티스타(Statista)에 따르면 1995년부터 2022년에 개봉된 할리우드 영화 중 상업적으로 성공한 작품 대부분은 원작이 있는 작품이었고 원작이 없는, 이른바 오리지널 시나리오 영화의 매출은 〈그림 1〉에서 보듯 매우 미미한 결과를 보여주었다. 수익이 가장 많은 원작의 형태는 만화였고 그다음이 속편, TV 드라마, 신화와 전설, 리메이크 등의 순이었다.

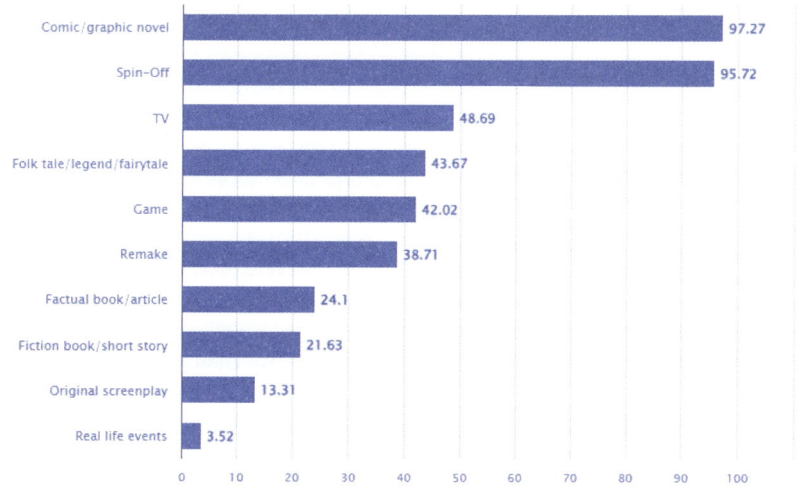

〈그림 1〉 할리우드영화의 원작여부와 매출비교

출처: https://www.statista.com/statistics/188689/
movie-sources-in-north-america-by-average-box-office-revenue

이 결과는 콘텐츠산업에서 대표적 거점 콘텐츠 역할을 하는 영화에 있어서 원작의 중요성을 잘 말해주고 있으며 콘텐츠산업의 핵심 경제가치인 OSMU의 중요성도 더불어 잘 설명해 주고 있다. 또한, 원작 즉 원천콘텐츠의 성공 여부를 통해 거점 콘텐츠로서의 확산 가능성을 모색해 볼 수 있고 고비용인 거점 콘텐츠 제작의 리스크를 줄일 수 있다는 점에서 원천콘텐츠의 발굴과 검증은 필요한 중요한 과정이라는 점 또한 확인할 수 있다.

원작의 중요성은 국내에서 문화콘텐츠라는 용어가 정립되면서부터 인식됐는데 대표적인 사례가 한국문화콘텐츠진흥원에서 실시했던 문화원형 발굴 사업이었다. 2001년에 설립된 한국문화콘텐츠진흥원이 실시한 이 사업은 1차로 2002년부터 2006년까지 5년간 '문화원형 디지털 콘텐츠화 사업'이라는 이름으로 진행된 대형 프로젝트였는데 이 사업의 주요 내용을 살펴보면 지금까지 국내에 산재한 역사, 민속, 신화, 건축, 예술 등의 다양한 분야에서 창작소재가 될 아이템을 개발하는 것이었다. 공모 형태로 진행된 이 사업에는 총 3,500여 명의 인력이 참여하여 160개 과제의 약 60만 개 아이템이 개발되었다.[11] 이후 이와 관련한 다양한 연구 결과들도 발표되었는데 특히 주목할 것은 문화원형이라는 용어에 대한 해석과 관련한 다양한 의견이 제시되었다는 점이다. 이는 문화원형이라는 개념 정의가 모호해서 나타난 결과인데 이후에 문화원형이라는 용어보다는 전통문화자원이라는 용어로 대체하자는 의견이 제시되기도 했다.[12] 이 용어에서 유추할 수 있듯이 문화원형 발굴 사업은 전통문화자원 발굴 사업 즉 이야기 자원을 발굴하는 사업이라고도 할 수 있는데 이는 곧 원작 발굴 사업이라고 해도 무방할 것이다. 이 사업을 통해 다양한 콘텐츠가 제작되어 활용된 성과가 있긴 했지만, 사업의 규모와 기간에 비추어볼 때 아직은 킬러 콘텐츠가 나오고 있진 않은 실정이다.

이후 원작에 관한 논의는 주로 소설과 웹툰에서 이루어져 왔다. 특히 이야기가 지식재산권(IP)으로서의 가치를 인정받기 시작하면서 이야기 산업이라는 틀에서 본격적으로 논의되기 시작했는데 윤혜영 등에 의하면 이야기 IP의 대상을 출판, 웹 소설, 웹툰, 드라마, 영화, 애니메이션, 공연, 게임, 기타(음악, 아이돌)의 9개의 구체적인 미디어 영역을 설정하고 이야기 IP의 가능성을 주장하였다.[13]

이 내용에서도 보듯이 아직 축제 콘텐츠는 원작으로서의 가능성마저 논의되지 못하고 있다. 하지만 전국 각지에서 매년 열리는 수많은 지역 축제는 저마다의 문화·역사적 전통과 지역의 특색이 담긴 테마를 담은 이야기를 품고 있다는 점에서 콘텐츠의 소재가 되기에 충분하다. 특히 잘 만들어진 축제콘텐츠는 그 자체로서 문화콘텐츠가 될 수 있고 나아가 장르 전환할 수 있는 원천콘텐츠로 기능할 수 있다.

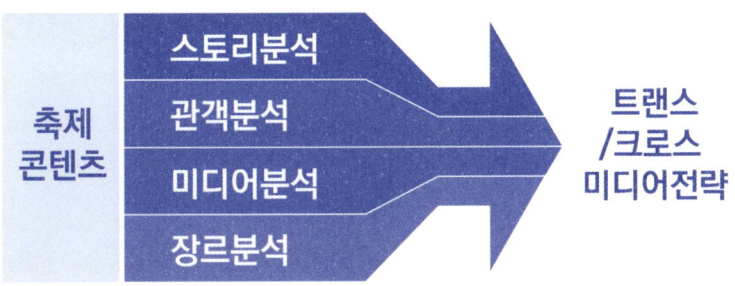

〈그림 2〉 축제콘텐츠의 IP확산모형

2. 공연

연희극(演戲劇) 〈강릉 부사 납시오〉는 2016년 (사)아트컴퍼니 해랑의 자체기획과 제작으로 초연된 이후 당해 개최된 '2016 강릉문화재야행'에 참여해 큰 호응을 얻었다. 특히 강릉대도호부관아에서 벌어지는 강릉 부사의 이야기를 강릉대도호부관아의 실지 풍경을 배경으로 공연이 진행되었다는 점과 당시 강릉의 최명희 시장이 강릉 부사 역을 맡아 공연과 현실의 경계를 허물었다는 점으로 관심을 모았다. 이후 코로나19로 인해 개최되지 못한 2020년과 2021년을 제외하고 2023년 현재까지 계속 이어온 '강릉문화재야행' 행사에 한 번도 빠지지 않고 공연되어 '강릉문화재야행'의 대표 공연으로 자리매김하고 있다. 그리고 이 공연의 또 하나의 특징적인 점은 매년 조금씩 그 내용과 형태를 달리하면서 발전적으로 공연이 이루어져 왔다는 점이다.

〈표 1〉 〈강릉부사 납시오〉 작품연혁과 특징

연도	작품명	특징
2016		초연, 강릉문화재야행 첫 공연(에피소드 1)
2017	강릉부사 납시오	지역명소활용지원사업 선정, 부사행차
2018		전통브랜드 상설공연(오죽헌) 진행(에피소드 2)

2019	강릉부사 정경세	강릉문화재야행 전용공연, 새로운 스토리 개발(에피소드 3)
2022	강릉부사 납시오	전통악기, 농악 등 연희 포함(에피소드 1)
2023		연희 포함(에피소드 1)

〈표 1〉에서 확인할 수 있듯이 이야기의 측면에서는 모두 3편의 에피소드가 개발되었고 공연 내용에서도 부사 행차, 악기 공연, 농악 공연 등이 포함되면서 공연 콘텐츠의 발전적 모습이 나타나고 있다. 특히 주목할 부분은 2019년 제목과 내용을 달리하여 공연한 〈강릉 부사 정경세〉편이다. 〈강릉 부사 정경세〉는 '강릉문화재야행'의 주관사인 강릉문화원과의 협업을 통해 탄생한 작품으로 진정한 의미에서 축제 콘텐츠라 할 수 있다. '강릉문화재야행'에 보다 적합한 이야기를 원했던 강릉문화원은 극단 해랑 측에 이런 주문을 했고 극단 해랑은 강릉 지역의 고전 설화인 '진이 설화'에 등장하는 강릉 부사를 부각해 〈강릉 부사 정경세〉를 제작했다.[14] 이 작품의 이야기 소재가 된 강릉의 진이설화의 내용을 간략히 진술하면 아래와 같다.

> 조선 시대 연곡 현감이 미색을 좋아하여 해초를 뜯는 진이를 보고 불렀으나 불응하였다. 현감이 진이의 부친을 괴롭히자, 부친은 진이를 삭발한 후 뒷방에 가두었다. 얼마 후 진이는 아기를 낳고 자살하였는데, 어민들이 풍파 피해를 보자 흉조라며 진이의 원혼을 달래기로 하였다. 포구에서 아낙네들이 쌀을 모아 제단을 만들었는데, 강릉 부사 정경세가 순시 목적으로 주문진에 와서 보고 서낭당을 짓게 하였다.
>
> ― 장정룡, 『강원도민속연구(江原道民俗研究)』(국학자료원, 2002)

강릉에서 오래전부터 내려오는 전통설화를 지역축제의 대표 공연과 접목하였다는 점에서 지역축제 콘텐츠로서의 의미와 가치를 지님은 물론이고 지역의 스토리자원을 활용한 콘텐츠 개발이라는 측면에도 주목할 만한 사례라 하겠다.

콘텐츠 작품에 대한 분석과 평가는 예술 작품의 평가와는 그 기준을 달리한다. 작품 자체에 대한 주관적 평론 등이 주를 이루는 예술 작품의 평가 체계와 달리 콘텐츠에 대한 평가는 더 객관적이고 가치 평가적으로 이루어진다. 구체적인 예를 들면, 산업적인 도구의 측면에서 콘텐츠의 가치평가는 현재 한국콘텐츠진흥원에서 운영하는 콘텐츠 가치평가센터에서 개별 작품을 대상으로 객관적인 지표와 측정 도구를 활용해서 콘텐츠 가치평가가 이루어지고 있다. 하지만 콘텐츠 가치평가센터에서 가치를 평가하는 콘텐츠 분야는 영화, 게임, 방송, 애니메이션, 뮤지컬 분야에 한정되어 있어 공연 콘텐츠에 대한 공신력 있는 분석 지표와 측정 도구는 아직 공개되지 않아서 권위 있고 신뢰 있는 가치평가는 사실상 이루어지고 있지 않다. 하지만 공연 콘텐츠의 가치평가에 관한 개별 연구자들의 연구는 지속적으로 이루어지고 있는데 정진이는 콘텐츠 가치평가 시스템 등을 종합적으로 고려하여 공연 콘텐츠에 대한 실질적 가치평가 모형을 제시했다.[15] 이 모형에 〈강릉부사 납시오〉를 적용하여 분석하면 아래 〈표 2〉와 같다.

⟨표 2⟩ ⟨강릉부사 납시오⟩ 공연 콘텐츠 가치평가 분석

과정(단계)	평가항목(가중치)	⟨강릉부사 납시오⟩ 배점 포인트
기획 인프라	경영주역량(32.0)	20년 경력
	기획·제작사 역량(29.0)	12년 역사
	제작환경조건(11.0)	독립 공간 구축
	사업운영능력(수행역량)(17.0)	20여편작품제작
	공연장역량 (조건)(11.0)	강릉지역 상설공연
제작 인프라	주요직무군 제작능력(52.0)	평균 10년 이상 경력
	내부검증역량(14.0)	내부인력 30여명
	콘텐츠경쟁력(34.0)	새로운 에피소드
마케팅 인프라	마케팅 기본계획 수립역량(9.0)	지역축제, 강릉문화원 연계
	마케팅역량(49.0)	지역축제, 지역행사 연계
	유통역량(42.0)	강릉시, 지역행사 연계

부문별로 구체적인 평가 요소를 살펴보면 먼저 기획 인프라의 경우, 가장 높은 배점을 차지하는 경영주와 제작사의 역량에서 (사)아트컴퍼니 해랑은 경영주를 비롯하여 회사의 연혁이 각각 20년 이상, 12년 이상으로 비교적 높은 점수를 기대할 수 있다. 제작 인프라 영역에서 가장 높은 배점을 차지하는 항목은 주요 직무군의 제작 능력인데, ⟨강릉 부사 납시오⟩의 주요 직무군은 모두 아트컴퍼니 해랑의 내부 인력으로 구성되어 있다는 점과 평균 10년 이상의 경력자로 구성되어 있다는 점에서 평가할 만하다. 마케팅 인프라에서는 마케팅 역량과 유통 역량이 높은 비중을 차지하는데 이 부문에서는 본 공연이 '강릉문화재야행'이라는 고정된 수요가 존재하고 강릉문화원을 비롯하여 강릉시가 이 작품을 지역 대표 콘텐츠로 인식하고 있다는 점에서 매우 긍정적으로 작용할 수 있다. 이 점은 축제 콘텐츠가 가진 특징적인 이점이라고도 하겠다.

하지만 위의 평가 모형이 공연 콘텐츠 자체의 평가를 위해 만들어진 모형이기 때문에 본 장에서 논의하는 원작으로서의 가능성과 원천콘텐츠의 가치에 대한 평가 비중이 제대로 평가되기 힘들게 설정되어 있다는 한계를 가진다. 따라서 이를 고려한 평가 모형이 필요한데 최근 발표된 원작으로서의 연극이나 뮤지컬의 IP로서의 가치와 관련한 논의에서는 연극이나 뮤지컬 등 공연이 대부분 원작보다는 2차, 3차 저작물로 제작되는 경우가 대부분이긴 하지만 그런데도 원작으로 공연의 가치는 인물 심리묘사, 원작의 재현, 퍼포먼스의 강조, 실연을 위한 과장과 생략의 요소들이 중요하다는 점을 강조하고 있다.[16] 이런 관점에서 볼 때 〈강릉부사 납시오〉는 아래의 〈표 3〉처럼 인물 심리묘사와 원작 재현의 측면에서 타 장르로의 확장에 매우 용이한 소재와 내용으로 구성되어 있기 때문에 이 작품이 원천콘텐츠로서 가치가 충분하다고 판단할 수 있다.

〈표 3〉 이야기IP 공연모델에 적용한 사례분석

공연모델 확산지표	강릉부사 납시오 사례
인물 심리묘사 중심	설화, 역사적 인물에 기초한 인물 등장
원작의 재현	설화에 기초한 이야기 창작, 기승전결의 기본구조 내포
퍼포먼스 강조	장르별 내재된 스토리텔링 구축
과장과 생략	스토리의 확장

비록 공연콘텐츠가 2차, 3차 저작물로 활용되는 경우가 많지만 〈표 3〉과 같은 확산지표를 통한 분석을 통해 원작으로서 가능성을 충분히 모색할 수 있을 것이다.

3. 캐릭터

디지털 게임에서 캐릭터는 매우 중요한 요소다. 예를 들어, 〈슈퍼 마리오〉는 〈미키마우스〉보다도 영향력 있는 캐릭터가 되었고, 〈라라 크로프트〉는 영화로 제작되면서 세계적인 캐릭터로 자리 잡았다. 닌텐도 DS는 〈슈퍼 마리오〉 캐릭터 덕분에 엄청난 판매량을 기록하기도 했다.

현재 캐릭터와 관련된 산업 규모는 다양한 방식으로 확장되며 매년 성장하고 있다. 이러한 이유로 여러 분야에서 캐릭터 활용이 늘어나고 있으며, 지역 축제와 이를 주관하는 지방자치단체에서도 캐릭터 활용이 점차 확대되고 있다. 최근 조사에 따르면 국내 전국 지방자치단체의 캐릭터는 총 245개로, 광역 자치단체의 94%, 기초 자치단체의 80%가 캐릭터를 제작하여 활용하고 있다.

이처럼 우리나라보다 캐릭터 활용이 활발한 일본의 사례에서 지방자치단체의 캐릭터 창작과 활용 이유를 찾을 수 있는데 일본에서는 1992년 토키노와라시 시가 최초의 공식 지자체 캐릭터 발표를 시작으로 지자체 캐릭터를 활용하기 시작했으며, 현재는 약 2,000개의 지자체 캐릭터가 존재한다고 알려져 있다. 또한, 매년 지자체 캐릭터 대상 '유큐캬라 그랑프리' 대회가 열리는데, 2011년에 1위를 차지한 쿠마모토현의 '쿠마몬'은 1년간 약 300억 엔의 관련 상품 매출을 기록했다. 일본의 지자체 캐릭터들은 관광 홍보, 지역 산업 견인, 지역 이미지 제고 등 다양한 효과를 증명해 왔으며, 이러한 성공 사례에 영향을 받은 한국에서도 2018년부터 한국콘텐츠진흥원의 주도로 '우리 동네 캐릭터 대상' 행사를 진행하고 있다.

이처럼 캐릭터는 개별 상품을 넘어 공공 영역에서도 활발히 활용되고 있는데 지방자치단체가 주관하는 지역축제에서도 지자체 캐릭터처럼 고유한 축제 캐릭터를 제작하여 효과적인 홍보와 참여를 유도하고자 노력하고 있으며, 2024년 현재 대표적인 지역축제 캐릭터로는 김제지평선축제의 '지평이', 화천 산천어축제의 '얼곰이', 대구 치맥페스티벌의 '치맥이', 산청 세계전통의약항노화엑스포의 '준이'와 '금이'가 있다.

강릉단오제의 경우, 관노가면극에 등장하는 인물들을 중심으로 캐릭터를 개발하여 활용하고 있는데 관노가면극에는 양반, 소매각시, 장자마리, 시시딱딱이의 네 명의 캐릭터가 등장하고 이 네 명을 대상으로 개발된 캐릭터에 대한 정보는 아래 〈표 4〉에 정리되어 있다.

〈표 4〉 관노가면극 주요 캐릭터들

이름	이미지	특징	이름	이미지	특징
양반		선비 남주인공	소매		소녀 여주인공
장자마리		조력자 요정	시시딱딱이		적대자 심술궂은 이미지

4. 게임

　디지털 게임은 환경에 따라 온라인, 모바일, PC, 콘솔, 아케이드 등으로 나뉘는데, 그중에서도 한국의 모바일 게임은 세계 1위를 기록할 정도로 높은 경쟁력을 지니고 있으며, 향후 발전 가능성도 매우 크다고 평가받고 있다. 그리고 최근 연구에 따르면 하루에 모바일 게임을 1.5~2시간 정도 즐기는 사람들은 그렇지 않은 사람들보다 삶의 만족도가 높다고 하는데[17] 이는 가까운 미래 사회에서 게임이 차지하는 위상이 높아지리라는 것을 예상할 수 있는 연구 결과라 하겠다.

　이러한 현상을 바탕으로 모바일 게임의 발전과 관련해 매년 양적으로 성장 중인 지역축제의 콘텐츠를 모바일 게임의 소재 또는 원작으로 활용하는 방안을 모색하고자 한다.

　모바일 기기의 확산과 IT(Information Technology, 정보통신기술), CT(Culture Technology, 문화기술)의 발전으로 전 세계적으로 모바일 게임 시장은 빠르게 성장하고 있으며, 이러한 시장 수요를 충족시키기 위해 새로운 모바일 게임콘텐츠의 개발 및 서비스가 더욱 절실하다. 이때, 모바일 게임 개발에 큰 비중을 차지하는 요소는 바로 이야기나 원작 콘텐츠이다. 주지하다시피, 문화콘텐츠는 원작의 개작 또는 원천콘텐츠의 수평적, 수직적 확산을 통해 고수익을 창출한다. 이때 원작의 핵심 요소는 바로 이야기다. 문자의 시대를 지나 영상의 시대, 이제 콘텐츠의 시대로 진화했지만, 이야기는 캐릭터에 의한 사건 전개라는 서사의 본질을 그대로 이어가고 있다. 이는 원작과 원천콘텐츠라는 용어로 문화콘텐츠 산업의 핵심 요소로 자리 잡았고, 다양한 콘텐츠로 확산할 토대를 제공하며 이야기 IP라는 개념을 탄생시키는 계기가 되었다.

이야기가 IP로 기능하게 되면서, 특히 공모전 분야에서 큰 변화를 일으키고 있다. 기존에는 소설, 시나리오, TV 대본, 연극 대본 등 특정 장르별로 창작되던 이야기들이 이제 '스토리'라는 이름으로 공모전을 통해 다루어지고 있다.[18] 이들 공모전은 특정 이야기 분야의 형식과 내용을 지양하며, 소설, 시나리오, 웹툰, 게임 등 다양한 문화콘텐츠 장르로 확산이 가능한 이야기를 발굴하는 데 중점을 두고 있다. 이와 같은 변화는 이제 이야기를 단일 콘텐츠 장르에 한정하지 않고 원천 소재로 활용해 다양한 장르에서 활용하는 것을 목표로 하고 있음을 보여준다.

이러한 현실에서 전국 각지에서 활발히 개최되고 있는 지역축제의 콘텐츠는 일반 문화콘텐츠의 원천 소재로 충분히 기능할 수 있다. 축제 콘텐츠는 지역축제의 행사나 프로그램을 의미하며 해당 지역의 정체성을 담보하고 역사성, 고유성, 예술성을 잘 드러내어 문화콘텐츠의 소재가 될 수 있을 뿐만 아니라, 모바일 게임의 개발에도 유용한 소재를 제공한다.

지방자치제도의 본격적 출범과 함께 성장해 온 지역축제는 매년 양적, 질적으로 크게 성장하고 있다. 문화체육관광부에 따르면 2021년 코로나 팬데믹에도 불구하고 정부가 지원하는 공식 지역축제는 1,004개가 개최되었으며, 2023년에는 1,129개, 2024년엔 1,170개로 증가했다. 본 연구는 이러한 상황을 바탕으로 축제 콘텐츠를 모바일 게임의 원천콘텐츠로 활용하는 데 필요한 조건들을 분석하고, 이를 통해 모바일 게임 개발에 필요한 전략적 요구사항을 도출하고자 한다.

　이는 개별 게임의 개발과 제작을 위한 기획안이 아니라, 축제 콘텐츠와 모바일 게임 간의 상호 시너지를 창출하기 위한 보다 거시적이고 근본적인 논의를 전개하기 위한 것이다. 이를 통해 게임 개발사는 물론, 지역축제의 운영자나 단체가 모바일 게임 개발 시 협력하고 고려해야 할 점을 제시하고, 구체적인 시너지 방안을 살펴봄으로써, 지역축제 주관 단체 및 관련자와 모바일 게임 개발사 및 개발자에게 일정 부분 기획의 바탕을 제공하고자 한다.

　원작을 바탕으로 게임을 개발할 때, 책, 웹툰, 영화 등 기존의 다양한 미디어 콘텐츠에서 성공 사례를 먼저 살펴보는 전략적 접근이 필요하다. 대중적으로 성공한 원작을 OSMU(One Source Multi Use) 방식으로 활용하거나, 새로운 미디어로 확장하는 트랜스 미디어 스토리텔링은 대부분 동일한 이야기를 여러 매체에서 공유한다는 의미가 있다. 문화콘텐츠에서 이야기는 가장 중요한 필수 요소인데, 이는 이야기 없는 콘텐츠는 대중들에게 쉽게 외면당할 수 있으며, 성공한 콘텐츠는 대체로 탄탄한 이야기 구조로 되어 있기 때문이다. 따라서 문화콘텐츠 개발에서 원작을 활용하는 이유는 이미 대중들에게 검증된 이야기를 바탕으로 콘텐츠의 대중적 성공을 보장하기 위함인데 이러한 이유로 이야기는 IP로서 기능할 수 있다.

　한국콘텐츠진흥원에 따르면 이야기 산업은 '이야기의 조사, 발굴, 기획, 개발, 유통, 거래 등과 관련된 산업 및 이야기를 기반으로 한 상품과 기법을 통해 부가가치를 창출하는 산업'으로 정의된다. 이야기라는 원천 소재와 IP라는 개념을 통해 이야기가 개발, 유통, 거래되는 산업이 형성된다는 점에서 이야기의 중요성은 재론할 필요가 없다.

디지털 게임의 경우에도 이야기는 중요한 요소다. 하지만 게임의 다른 요소인 인터랙션 프로그램, 그래픽 디자인이나 애니메이션 등에 비해 이야기는 텍스트만으로 구성되기 때문에, 비용이 적게 드는 영역으로 여겨져 그 중요성을 간과하는 경우가 있다. 이러한 분위기 속에서, 게임 개발 과정에서 이야기 창작이나 개작이 뒷순위로 밀리는 실수가 발생할 수 있으며, 이는 게임의 성공에 부정적인 영향을 미치기도 한다.

그동안 이야기는 문학이나 만화와 같은 전통적 내러티브 형태에서 영화, 애니메이션, 게임처럼 다감각적 상호작용이 포함된 현대적 스토리텔링 형태에 이르기까지 연구되고 고찰됐다. 이러한 맥락에서 원작을 활용한 게임 제작에서는 '원작 스토리의 변용'과 '게임 스토리텔링'이라는 두 영역에서 스토리를 자세히 검토할 필요가 있다.

먼저, 내러티브의 관점에서 보면, 원작을 효과적으로 게임 개발에 적용해 성공적인 결과를 얻기 위해서는 이야기의 각색에 대한 논의가 필요하다. 여기서 이야기란 캐릭터와 사건으로 구성된 담화 또는 진술을 의미하며, 캐릭터와 사건의 일관성과 변용에 대한 논의는 원작을 게임으로 전환하는 과정에서 매우 중요한 역할을 한다. 원작과 동일한 사건과 캐릭터를 사용하는 것이 유리하다는 주장과 원작과는 무관하게 콘텐츠 장르에 맞게 변형하는 것이 유리하다는 주장이 공존하며, 그에 따른 성공 사례도 다양하게 존재한다. 따라서 원작과 동일하게 이야기를 전개하거나, 혹은 장르에 맞게 변형해야 한다는 특정 규칙이나 방법론은 설득력이 부족할 수 있다. 다만, 제작하려는 게임의 대상, 게임 장르 등의 특성에 맞춰 이야기를 전개하는 것이 필요하다는 데에는 이견이 없을 것이다. 한국콘텐츠진흥원에 따르면 현재 모바일 게임은 RPG, 전략, 액션, 스포츠, 퍼즐, 시뮬레이션, 보드, 아케이드, 슈터, 테이블탑, 레이싱, 위치 기반 AR, 라이프스타일, 하이퍼 캐주얼 등 총 14개의 장르로 구분된다. 게임 장르에 따른 이야기 변용은 앞으로도 더 구체적인 논의가 필요할 것이다.

다음으로, 스토리텔링의 관점에서 살펴보면, 게임은 디지털 스토리텔링의 대표적인 문화콘텐츠다. 디지털 스토리텔링의 특징은 상호작용성, 네트워크성, 복합성으로 정리할 수 있다. 상호작용성은 미디어와 사용자 간의 상호작용을 의미하며, 네트워크성은 유무선 연결망을 통한 연결을, 복합성은 문자, 사운드, 영상, 기호 등 다양한 형태의 정보가 복합적으로 적용되는 것을 의미한다. 디지털 게임은 이러한 모든 요소가 적극적으로 연관된 콘텐츠다. 따라서 모바일 게임을 개발하려면 앞서 언급한 세 가지 요소를 모두 고려한 스토리가 적용되어야 한다.

앞서 언급한 이러한 이유로 인해 게임의 원작 스토리는 매우 중요한 의미를 지니며, 축제콘텐츠는 이러한 이야기를 충분히 제공해 줄 수 있다는 점에서 게임의 원작으로서의 활용 가치가 크다고 하겠다. 이를 위한 실행전략은 아래와 같이 3가지 측면에서 고려해 볼만하다.

1) 게임개발사에 대한 동기부여와 보상

축제 콘텐츠를 게임으로 개발하는 일은 축제를 기획하고 운영하는 축제 운영위원회와 게임을 개발하고 제작하는 게임 개발사 모두에게 기회를 제공한다는 점에서, 양쪽 모두에게 강력한 동기를 부여할 수 있다. 축제 운영위원회의 측면에서 보면, 축제 콘텐츠를 소재로 한 모바일 게임의 제작과 확산은 지역축제에 직접적인 도움을 줄 수 있다. 우선, 지역축제를 홍보하는 수단이 될 수 있으며, 축제에 대한 정보를 간접적으로 제공하는 효과도 기대할 수 있다. 게임 개발사에도 축제 콘텐츠는 참신한 게임 개발 소재이자, 검증된 원작 이야기를 활용할 수 있는 긍정적인 요소로 작용할 수 있다.

하지만 이러한 요소들만으로 게임 개발이 이루어지길 기대하기는 현실적인 어려움이 따른다. 따라서 축제 콘텐츠를 활용한 게임 개발을 촉진하기 위해 강력한 유인책이 필요한데, 이를 위한 방안으로는 두 가지가 있다. 첫째, 원작 IP에 대한 폭넓은 권리 인정을 하는 것이다. 대부분의 지역축제, 예를 들어 강릉단오제의 관노가면극처럼, 이야기와 캐릭터가 존재하는 경우가 많다. 이들 중 캐릭터는 최근에 개발된 것이 대부분이므로 지식재산권의 권리관계가 명확하다. 따라서 모바일 게임에 이를 활용할 경우, IP에 대한 폭넓은 인정과 장기간 사용 및 활용 권리를 보장할 필요가 있다. 특히, 라이센시(Licensee)의 권리는 축제 콘텐츠의 IP 권리자가 게임 개발사에 라이센시의 범위를 넓게 인정하고 장기적인 사용 권리를 부여할 때 게임 개발사에 더욱 매력적인 원작 혹은 소재로 인식될 수 있다.

둘째, 각종 게임 개발 지원사업에 적극적으로 협력하는 것이다. 한국콘텐츠진흥원에 따르면, 2022년 현재 한국의 게임 제작 및 배급업체는 총 1,287개로 집계되었다. 동종 업계 종사자 수는 전년 대비 약 7.2% 증가했으며, 이는 게임 산업의 성장세를 잘 보여준다. 게임 산업은 양적, 질적으로 성장하고 있지만, 일반적으로 게임 개발사는 국내외에 잘 알려진 대형 개발사와 중소형 개발사로 구분된다. 대형 게임 개발사는 자체적으로 게임을 개발하고 배급할 여건이 충분하지만, 중소형 개발사는 정부나 대형 개발사의 지원 정책 및 지원사업에 의존하는 경우가 많다. 이러한 점에서 축제 콘텐츠를 원작으로 하는 모바일 게임은 주로 인력과 자금이 부족한 중소형 개발사에 좋은 기회가 될 수 있다. 2024년 현재 게임 개발을 위한 대표적인 지원사업은 아래 〈표 5〉에 정리되어 있다.

〈표 5〉 게임개발을 위한 정부 및 기관의 주요 지원사업

번호	공모사업명	내용
1	기능성 게임콘텐츠	한국콘텐츠진흥원, 게임개발의욕 및 독창소재발굴
2	다년도 게임콘텐츠	한국콘텐츠진흥원, 국내외 게임시장 개척
3	신성장 게임콘텐츠	한국콘텐츠진흥원, 국산게임 경쟁력 강화
4	IP활용 경기게임제작	경기콘텐츠진흥원, IP를 활용한 게임개발
5	스토브인디	상시모집, 인디게임 플랫폼
6	자유공모형 경기게임	경기콘텐츠진흥원, 중소게임개발사 지원
7	지역특화콘텐츠개발	지역콘텐츠진흥기관, 게임 외 콘텐츠 포함

관노가면극을 소재로 한 모바일 게임 개발의 경우, 강릉단오제 주관기관인 강릉단오제위원회와의 협업을 고려할 수 있는데 강릉단오제위원회는 강릉단오제 행사의 운영을 총괄하며, 그동안 강릉과학산업진흥원과 협업하여 AR 게임, VR 체험 공간 등을 운영한 바 있다. 강릉단오제의 관노가면극을 소재로 모바일 게임을 제작하기 위해서는 게임 개발사가 강릉단오제위원회와 협력하여, 앞서 제시한 두 가지 방안을 활용할 수 있을 것으로 기대된다. 특히, 〈표 5〉에서 제시한 지원사업 중 '지역특화콘텐츠 개발사업'은 가장 대표적인 활용 방안으로, 이를 통해 강릉과 강릉단오제의 특화 콘텐츠는 물론 대표 축제 콘텐츠로 자리 잡을 수 있을 것이다.

2) 지역축제 내 E 스포츠대회 개최

게임은 다양한 방식으로 정의할 수 있지만, 가장 대표적인 본질은 '경쟁'이라 할 수 있다. 놀이와 게임이 모두 재미를 추구하지만, 놀이가 즐

거움을 얻기 위해 자발적으로 행하는 모든 활동이라면, 게임은 경쟁을 반드시 수반해야 하는 특징이 있다. 상대방 없이 혼자서 디지털 게임을 하더라도, 근본적으로는 게임 프로그램과의 대결이나 경쟁이 포함되기 때문에, 경쟁 없는 게임은 존재하지 않는다고 할 수 있다.

인터넷 기반의 온라인 게임은 그 이전에 존재했던 머드 게임(Multi-User Dungeon)에서 유래되었다는 견해가 지배적이다. 초기에는 기술적 한계로 인해 텍스트 기반으로 만들어졌던 머드 게임은 이야기를 타이핑하는 방식으로 진행되었으나, 이후 인터넷과 기술이 발달하면서 온라인 게임은 스포츠 경기 형식을 갖추게 되었다. 인간과 기계의 대결에서 나아가, 인간과 인간 간의 경쟁이 가능한 새로운 형태의 스포츠로 발전하게 되었으며, 이것이 오늘날의 E 스포츠가 형성된 과정이라 할 수 있다.

축제 콘텐츠를 원작으로 한 모바일 게임의 경우, 해당 축제와의 협업을 통해 E 스포츠대회를 축제 기간에 개최한다면 상호 시너지를 극대화할 수 있을 것이다. 지역축제콘텐츠를 소재로 한 모바일 게임 대회를 오프라인에서 개최하는 것은 축제 참가자들에게 새로운 축제 콘텐츠를 제공하는 것이며, 참가자들에게 색다른 체험 기회를 제공하는 것이다. 특히, 모바일 게임에 관심이 많은 젊은 층을 지역축제로 유입하는 데 긍정적인 효과가 있을 것으로 기대된다. 지역축제와 축제 콘텐츠, 그리고 이를 소재로 한 모바일 게임의 상관관계를 그림으로 나타내면 아래와 같다.

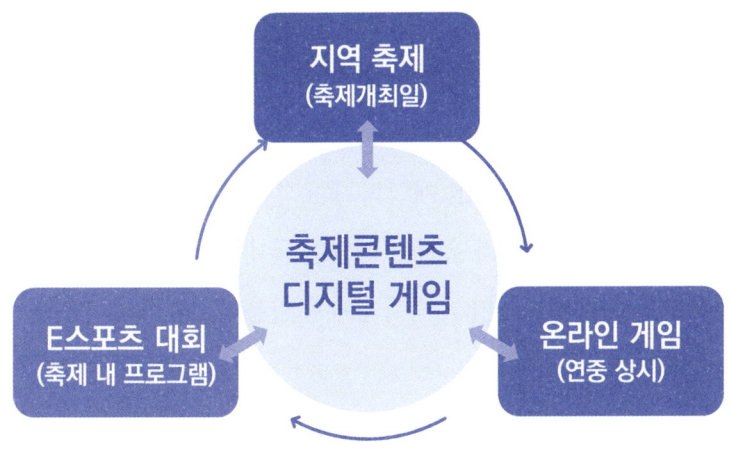

〈그림 3〉 축제콘텐츠 원작의 디지털게임과 축제와의 관계도

〈그림 3〉에서 보듯, 지역축제와 모바일 게임은 상호 시너지 효과를 얻을 수 있다. 지역축제는 연중 일회성 행사라는 한계를 극복할 수 있으며, 모바일 게임은 지역축제의 브랜드를 활용해 홍보와 지속성 면에서 도움을 받을 수 있을 것이다.

3) CT 결합을 통한 게임의 외연 확장

게임 산업과 캐릭터 산업은 메타버스, 가상현실, NFT, AR, VR 등의 CT가 콘텐츠에 접목될 때 콘텐츠산업 내에서 가치사슬 요소 간의 결합과 협업이 자유롭고 활발히 이루어지며, 이를 통해 대표적인 콘텐츠산업으로 성장할 가능성이 크다. 이런 이유로 AI를 활용한 콘텐츠 제작이 활발하게 이루어지고 있는 지금의 캐릭터 산업은 게임 분야에서 두각을 나타내고 있다. 본 장에서 다루고 있는 축제 콘텐츠의 모바일 게임 개발 전략은 이러한 두 산업의 요소를 공유하고 있다는 점에서 발전 가능성이 매우 높다고 할 수 있다.

CT를 활용한 대표적인 모바일 게임 사례로는 나이언틱(Niantic)의 〈포켓몬 고(Pokémon GO)〉를 들 수 있다. 한때 국내외에서 큰 이슈를 불러일으켰으며, 2024년 기준 전 세계 모바일 게임 차트에서 8위를 기록하고 있는 포켓몬 고는 AR 게임의 대표적인 성공 사례다(네이버 모바일 게임 순위, 2024). 이와 유사한 게임이 국내 여러 지역축제에서도 많이 활용되었는데 지금까지 지역축제에서 활용된 AR 게임 사례를 정리하면 아래 〈표 6〉과 같다.

〈표 6〉 AR을 활용하는 지역축제 목록

순번	축제 AR게임명	내용
1	광양 매화축제 AR	매돌이 캐릭터 찾기 게임
2	익산 보물찾기 축제 AR	실물 보석이미지 AR, 상품으로 제공
3	충장축제 AR	축제안내 및 게임 제공
4	무안연꽃축제 AR 보물찾기	무아니, 연이랑 캐릭터 찾기 게임
5	강릉단오제 AR 스탬프	강릉단오제 캐릭터 찾기 게임
6	위버스콘	위버스 라이브 AR포토월 서비스
7	전어축제 AR	축제안내, 매화축제 AR콘텐츠 포함

AR의 활용과 더불어 VR(Virtual Reality), XR(Extended Reality), 그리고 이들을 결합한 MR(Mixed Reality) 기술의 활용 또한 고려해 볼 만하다. VR 기술은 주로 메타버스 환경에서 활용되며, 코로나19 팬데믹 동안 여러 지역축제가 메타버스 환경에서 온라인으로 진행되어 주목을 받았다. VR 게임은 주로 콘솔과 아케이드 환경에서 많이 사용되었지만, 기존의 HMD(Head Mounted Display)가 점차 고글이나 안경처럼 사용이 편리한 형태로 진화하면서 모바일 게임에서도 VR 게임의 확산이 기대되고 있다.

빅테크 기업들이 경쟁적으로 출시하고 있는 스마트 글라스는 AR 환경에 대응할 뿐만 아니라 MR 환경에도 대응할 수 있다. 대표적인 제품으로는 애플의 '비전 프로', 구글의 '구글 글래스', 마이크로소프트의 '홀로렌즈', 메타의 '오리온' 등이 있다. 이러한 기술적 환경을 바탕으로 관노가면극을 소재로 한 모바일 게임과 같은 지역축제와 모바일 게임의 연계는 CT의 발전과 함께 더욱 활발해질 것으로 기대된다.

END NOTE

1. https://url.kr/k5jy7i (2023.2.5)
2. https://www.ytn.co.kr/_ln/0101_202302231605495252 (2023.2.23)
3. 박기수, 「문화콘텐츠 스토리텔링의 창의성 구현 전략 시론」, 『디지털 스토리텔링연구』, 한국디지털스토리텔링학회, 2009, 47-47쪽.
4. 오훈성, 「지역축제 서비스품질이 축제 성과, 지역 태도, 행동 의도에 미치는 영향」, 『관광레저연구』 30(12), 한국관광레저협회, 2018, 259쪽.
5. 이동진·김영준, 「지역별 관광업 경쟁력 현황 및 결정요인 분석」, 『국토지리학회지』 55(1), 한국지리학회, 2021, 98쪽.
6. 김재호, 「지역축제 특성에 따른 방문객 만족도와 소비 지축의 차이 연구-문화관광축제를 중심으로」, 『관광경영연구』 24(7), 관광경영학회, 2020, 108쪽.
7. 유영수·이채현, 「전주단오 문화콘텐츠를 활용한 지역축제 발전방안 연구-강릉단오제와 전주단오를 중심으로」, 『한국무용과학회지』 38(1), 한국무용학회, 2021, 40쪽.
8. 조해진, 「콘텐츠 플랫폼으로서 지역축제 발전방안 연구」, 『스토리앤이미지텔링 학회지』, 스토리앤이미지텔링연구소, 2020, 310-317쪽.
9. Alyssa E Brown, Keith Donne, Paul Fallon, Richard Sharpley, "From headliners to hangovers: Digital media communication in the British rock music festival experience", Tourist Studies, p.92, 2020.
10. Orlando Troisi, Savino Santovito, Luca Carrubbo, Debora Sarno, "Evaluating festival attributes adopting S-D logic: The mediating role of visitor experience and visitor satisfaction", Marketing Theory, 19(1), p.97, 2019.
11. 옥성수, 「문화원형디지털콘텐츠와사업의 총가치 추정」, 『인문콘텐츠』 (13), 인문콘텐츠학회, 2008, 51쪽. 이후 2차 사업도 진행되었는데 2차 사업은 주로 디지털 콘텐츠화에 주력하는 모습을 보였다.
12. 배영동, 「문화콘텐츠화 사업에서 '문화원형' 개념의 함의와 한계」, 『인문콘텐츠』 (6), 2005, 52쪽.
13. 윤혜영 외, 「2022 이야기 IP 확장사례 분석 및 활성화 방안 연구」, 한국콘텐츠진흥원, 2022, 6쪽.
14. 김재현(아트컴퍼니 해랑 대표) 인터뷰(2023.7.5.)
15. 정진이, 「공연 분야 정책자금지원 선정 평가도구 SEMPA 개발연구」, 한양대학교 대학원 박사 논문, 2021, 104-105쪽.
16. 윤혜영, Ibid, 90쪽.
17. Shinichi Yamaguchi, "The relationship between playing video games on mobile devices and well-being in a sample of Japanese adolescents and adults", SAGE Open Medicine 11 : SAGE, p.1-12, 2023.
18. 이 분야의 대표 공모전으로는 한국콘텐츠진흥원에서 2010년부터 시작한 '대한민국 스토리공모대전'과 최근에 K스토리 클러스터에서 실시한 'K 창작콘텐츠 스토리 공모전'이 있다.

Chapter 3
콘텐츠 산업과 미래사회

11장_ 스토리텔링과 이야기 산업

1. 스토리텔링과 스토리공학의 등장

'호모 나랜스'라는 개념이 있다. 이 용어는 1993년 미국의 영문학자 존 닐(John D. Niles)이 저술한 책 『호모 나랜스, Homo Narrans』에서 처음 사용된 신조어이다. 존 닐은 이 책에서 당시 유행하던 블로그, 트위터, UCC 등을 언급하며, 인간은 본래 이야기하는 본능을 지닌 존재라는 의미로 '호모 나랜스'라는 용어를 제시했다고 설명했다.

호모 나랜스(Homo Narrans)는 '이야기하는 인간'을 의미하며, 인간은 누구나 이야기 본능을 가진 존재임을 함축한다. 오늘날 스토리텔링이 주목받는 이유는 이야기가 인간의 근원적인 욕망 중 하나이기 때문이다. 인류의 역사와 함께한 이야기는 인간의 삶과 세계에 대한 이해를 반영해왔다. 미토스(mythos)와 로고스(logos)는 그 표현 방식에서 차이가 있지만, 결국 전달하고자 하는 바는 유사하다고 할 수 있다. 또한, 연구에 따르면, 인간은 언어를 완전히 배우기 전인 옹알이 단계에서부터 이야기를 창작한다고 한다. 아이들은 그날 경험한 일을 이야기로 풀어내며, 앞으로의 계획을 이야기 속에 담는다.

조지프 캠벨(Joseph Campbell)은 우리가 끊임없이 '이야기하기'를 멈추지 않는 이유가, 그것이 세계와의 관계를 형성하고 우리의 삶을 현실과 조화시키기 위함이라고 말했다. 다시 말해, 인간의 짧은 생애 동안

〈그림 1〉 이야기의 정체

경험할 수 있는 것은 한정되어 있기 때문에, 우리는 간접적인 경험을 통해 세상에 대한 이해를 넓히기 위해 지속적으로 이야기를 만들어 내고 받아들인다. 미하일 바흐친(Mikhail Bakhtin)은 인간의 삶을 결국 나와 다른 사람들의 이야기가 얽히는 상호 교차적인 대화 과정이라고 보았다. 그가 주장한 대화주의는 한 텍스트가 사회적·문화적 실천 속에서 이루어지는 대화의 과정을 설명한다. 이는 작가 내면의 자아 간 대화, 텍스트 간의 상호작용, 그리고 작자와 독자 간의 소통을 모두 포함하는 개념이다. 특히 디지털 시대의 호모 나랜스는 다양한 미디어를 통해 누구나 쉽게 이야기를 생산하고 소비할 수 있는 시대를 꿈꾼다.[1] 이런 맥락에서 스토리텔링은 대중의 근본적인 이야기 욕구를 표현하는 중요한 창구라 할 수 있다.

이야기는 인간 의사소통의 중요한 도구이기도 하다. 단순한 정보 전달의 방식이 아니라, 이야기는 사람들에게 정서적 몰입과 공감을 끌어내 메시지를 효과적으로 전달하는 강력한 힘을 지닌다. 예를 들어 영화 〈말아톤〉(2005)의 흥행은 장애인에 대한 인식 전환을 끌어냈다. 이는 '장애인 차별 철폐'라는 추상적인 문구보다 이야기를 통한 메시지 전달이 훨씬 강력한 소통 도구가 될 수 있음을 보여준다.[2] 영화의 성공은 그저 픽션에 그치지 않고, 다양한 사회적 현상과 운동을 확산시키는 매개체로 작용하기도 한다.

영화 〈도가니〉(2011)의 경우, 관객들은 인화학교 사건의 재수사를 요구하는 서명 운동을 벌였고, 이는 결국 '도가니법'이라 불리는 '성폭력범죄의 처벌 등에 관한 특례법' 제정으로 이어졌다. 이는 언론이 제대로 담당하지 못한 역할을 이야기의 힘을 빌려 해결한 사례라 할 수 있다.

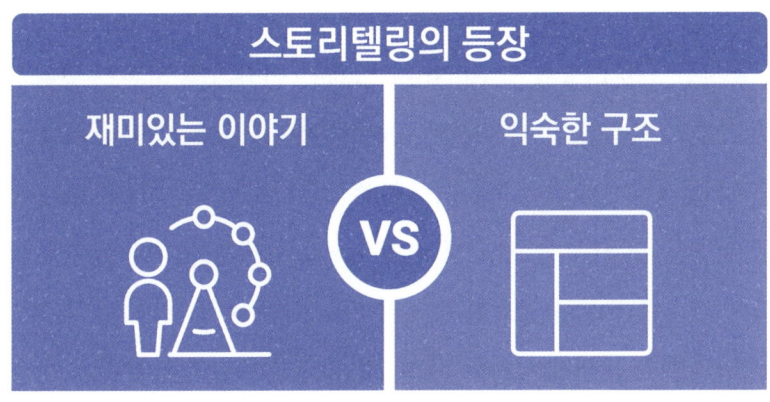

〈그림 2〉 콘텐츠 스토리텔링의 주요 특징

2008년 버락 오바마(Barack Obama)의 미국 대통령 당선에 대해 뉴욕타임스는 '서사시의 승리'라고 평했다. 오바마 캠페인에서는 서사적 정체성을 구현하는 이야기를 만들어내고, 타이밍과 리듬을 조절하며 은유를 활용해 메시지를 전달하는 서사적 전략이 성공적으로 작용했다고 평가했다.[3] 스토리텔링은 현재 경영, 홍보, 마케팅, 정치 커뮤니케이션, 교육, 의료, 저널리즘 등 거의 모든 분야에서 활용되고 있다.

효과적인 스토리텔링을 위해서는 이야기의 속성을 잘 이해할 필요가 있다. 첫째, 이야기는 추상적인 내용의 전달이 아니라, 구체적인 사례를 제시하는 데 중점을 둔다. 특정한 시간과 장소에서 어떤 인물이 어떤 사건을 겪었는지를 분명히 드러내야 한다. 이는 인물·사건·배경이라는 소설의 3요소를 충족시키는 방식이다. 또한, 시나리오 작법에서는 대사를 구체적으로 표현할수록 더 효과적이라고 강조한다. 예를 들어 영화 〈인정사정 볼 것 없다〉(1999)에서 주인공 형사는 단순히 '바쁘다'라고 말하지 않고, '우리 마누라 머리 아프다. 그래서 내가 요 앞에 가서 아스피린 사 올게! 그리고 쓰레빠 끌고 나온 지가 벌써 한 달 됐어!'라고 이야기함으로써 동일한 상황을 더욱 생동감 있게 전달한다.

효과적인 스토리텔링에서는 이미 알려진 이야기를 비유로 활용하는 방법도 흔히 사용된다. 예를 들어 SK텔레콤의 광고는 새로운 세상에 대한 도약과 개척 정신을 강조하며, 콜럼버스의 이야기를 도입하여 미래에 대한 비전을 전달한다. 1492년 콜럼버스가 신세계를 향해 탐험을 떠나며 남긴 '더 큰 세상을 발견할 것이다'라는 말을 통해, 광고는 이미 익숙한 이야기를 활용해 메시지를 간결하고 효율적으로 전달한다.

마지막으로, 스토리텔링에서 이야기는 감각적으로 표현하는 것이 효과를 극대화할 수 있다. EBS 다큐프라임 〈이야기의 힘〉 제작팀이 진행한 실험에서는, 구걸하는 거지가 "곧 태어날 제 아이가 올봄에 필 꽃을 볼 수 있을 것"이라고 이야기하면서 동정심을 호소하자, 사람들의 호응도가 매우 높았다고 전하고 있다. 따뜻한 햇살과 바람에 나부끼는 벚꽃 잎, 공중에 퍼지는 향기 등의 상상은 우리의 감각을 자극하고, 이야기에 몰입하게 하여 감성적인 판단을 유도한다.

스토리텔링이라는 용어가 사용되기 시작한 것은 기존에 주로 사용된

〈그림 3〉 효과적 스토리텔링의 구성요소

'서사(Narrative)'라는 용어가 경제적 가치와 문화적 가치를 동시에 구현하는 문화콘텐츠의 전략적 요소로 사용되기에는 그 의미가 협소한 면이 있고 디지털 환경에서 인터랙티브한 속성을 내포하기엔 다소 부적절한 면이 있어서 그것의 대안적 용어로 쓰이기 시작했다. 이런 이유에서 스토리텔링은 기존의 '서사'가 가진 의미를 뛰어넘는 구술방식과 수용전략을 포함한다. 해서 스토리텔링은 문화콘텐츠 장르별로 스토리와 스토리 구현 방식과 스타일을 설명하기에 적절한 용어로 자리 잡아 나가기 시작했다.

애니메이션 영화 〈마리이야기〉(2002)가 영화제에서 성공하고 〈원더풀 데이즈〉(2003)가 기술력에서 우수성을 보이고서도 극장에서 실패한 원인은 바로 스토리텔링의 부재 때문이라는 의견이 지배적이다. 〈마리이야기〉의 경우 1년여 동안 세 명의 작가를 거치면서 시나리오 작업이 진행되었는데 이 말은 작가가 대중적인 서사의 코드를 몰라서 이와 같은 스토리를 택했다는 것이 분명 아니라는 얘기를 보여준다. 때문에 〈마리이야기〉의 스토리텔러는 대중의 코드를 읽고자 노력했다기보다는 작가 혹은 감독의 감성적 차원의 접근을 지향했던 것으로 보인다. 이처럼 작품 자체의 가치에 비중을 두는 태도는 대중문화콘텐츠의 속성과 방향성과는 거리가 있다. 스토리 공학은 작품에 관한 이러한 태도와 방향성에 대해 비교 준거를 제시하고 지향점에 대한 적극적 모색에 조력하는 데 목적이 있다. 이처럼 효과적 스토리텔링은 이야기의 전달을 더욱더 생생하게, 오랫동안 기억에 남게, 재미있게 기억되게 만드는 힘이 있다.

스토리공학은 작품에 관한 스토리텔링적 태도와 방향성에 대해 비교 준거를 제시하고 지향점에 대한 적극적 모색에 조력하는 데 목적이 있다. 때문에 스토리공학은 스토리텔링의 '방식'과 '전략'을 강조하면서 더욱더 '산업적', '전략적', '실용적', '매체 친화적', '대중적', '비교 콘텍스트', '절차적'인 방향으로의 세분화에 도움이 된다. 더 구체적으로 다양한 분과 학문의 실용적 방법론과 급변하는 매체 환경 핵심 기술을 바탕으로 매체 장르별, 내용 장르별 그리고 콘텐츠 제작 단계에 따라 적용해야 할 스토리텔링 기술을 변별해 이론화할 필요성이 절실하다.[4]

스토리공학의 연계 학문으로는 기술 공학, 시스템공학, 인지과학, 구조주의 기호학, 인공지능학, 심리학 등인데 이는 인문학의 영역을 자연과학으로까지 지평을 넓히는 계기가 될 뿐만 아니라 스토리의 활용과 소비를 계량화, 계측화, 산업화를 촉진해 현재 가장 높은 규모의 시장을 구축하고 있는 스토리 산업에 일익을 담당하게 될 것으로 기대되는데 AI 시대의 도래와 함께 더욱더 이야기를 모태로 하는 문화콘텐츠 산업 발전에 이바지할 것으로 보인다.

2. 이야기 IP와 이야기 산업

이야기 IP

　IP(Intellectual Property), 지식재산권은 창작물이나 발명 등 독창적 아이디어를 법적으로 보호할 수 있는 권리를 뜻한다. 이런 의미의 연장선상에서 '이야기 IP'란 특정한 스토리 또는 이야기와 관련된 지식재산권을 의미한다. 이는 소설, 영화, 드라마, 만화, 게임 등 다양한 형식의 콘텐츠에 적용될 수 있으며, 이야기가 담고 있는 캐릭터, 세계관, 플롯 등 고유의 창작 요소들이 법적으로 보호되는 자산으로 인정받는다.

　이야기 IP는 오늘날 문화산업, 엔터테인먼트 산업에서 핵심적인 자원으로 자리 잡고 있다. 이야기는 관객이나 독자의 감정과 상상력을 자극하며, 그 자체로 강력한 브랜드와 마케팅 요소로 발전할 수 있다.

　이야기 IP의 활용은 단순히 하나의 콘텐츠를 만드는 것에 그치지 않고, IP를 확장하고 다각화하는 전략을 가능하게 한다. 영화와 소설을 넘어, 게임, 웹툰, 애니메이션, 굿즈 등 다양한 형태로 재생산될 수 있기 때문에, 콘텐츠 시장에서 이야기는 매우 중요한 자산으로 여겨진다. 이야기 IP는 저작권, 상표권, 특허권, 디자인권 등 다양한 법적 보호 방식을 통해 관리되며, 이들 각각의 권리는 이야기 자체가 아니라 그것을 표현한 구체적인 형태에 대해 보호한다. 예를 들어, 소설의 내용은 저작권으로 보호되지만, 소설을 바탕으로 만든 영화나 게임 등의 2차 창작물은 추가적인 법적 보호를 받을 수 있다.

이야기 IP는 시대에 따라 점차 변화하면서 발전해 왔다. 초기에는 주로 문학작품이나 연극 등이 이야기 IP의 주요 형태였으나, 20세기 중반부터는 영화와 텔레비전 드라마, 그리고 만화 등으로 확장되었다. 특히 디지털 기술의 발전과 함께 게임과 온라인 콘텐츠가 급격히 성장하면서, 이야기 IP의 활용 방식은 매우 다양해졌다.

1990년대와 2000년대 초반, 할리우드와 일본에서는 만화, 애니메이션, 소설 등에서 유래한 이야기 IP들이 영화나 드라마로 재탄생하면서 큰 성공을 거두었다. 일본의 애니메이션이나 만화는 이후 세계적인 인기를 얻으며, 이야기 IP의 세계 시장 확장 가능성을 보여주었다. 한 예로 포켓몬 IP는 일본에서 시작되어 세계적으로 인기를 끌며 게임, TV 애니메이션, 영화, 굿즈 등 다양한 분야로 확장되었다.

현대의 이야기 IP는 단지 한 가지 형식의 콘텐츠에서 끝나는 것이 아니라, 여러 미디어믹스 전략을 통해 다각화되는 경향이 강해졌다. 이른바 멀티미디어 전략을 통해, 하나의 이야기가 영화와 게임은 물론, 웹툰, 소설, 드라마 등 다양한 형태로 소비된다.

이 분야의 가장 대표적인 사례는 '해리포터 시리즈'다. 해리포터 시리즈는 원작 소설이 영화화되며 전 세계적인 인기를 끌었고, 그 이후에는 테마파크, 비디오 게임, 굿즈 등 다양한 형태로 확장되었다. 이처럼 이야기 IP는 한 콘텐츠를 넘어서는 브랜드화를 통해 다양한 산업군에서 활용될 수 있다.

또 하나의 대표적 사례는 '마블'이다. 마블은 만화에서 출발하여 '마블 시네마틱 유니버스(MCU)'를 창조하였으며 그 속에 등장하는 다양한 캐릭터와 이야기들을 영화, 드라마, 게임 등으로 확장해 엄청난 IP 가치를 창출하였다. 마블의 시네마틱 유니버스는 한 인물, 한 세계관 안에서 다양한 이야기를 풀어내며 전 세계에서 큰 인기를 끌었다.

이야기 IP는 대부분 저작권을 통해 보호된다. 저작권은 창작물에 대한 법적 보호를 제공하는 제도로, 이를 통해 창작자는 자신의 작품에 대한 복제, 배포, 공연, 상영, 2차 창작물 등을 통제할 수 있다. 예를 들어, 소설, 영화, 드라마 등은 저작권법에 따라 보호되며, 이에 따른 수익 창출을 통해 창작자는 경제적 이득을 얻을 수 있다.

이야기 IP는 단순히 콘텐츠에 그치지 않고, 브랜드화를 통해 다양한 상품화가 가능하다. 이때 상표권이 중요한 역할을 한다. 예를 들어, 해리포터 시리즈의 로고나 캐릭터는 상표로 등록되어 있으며, 이를 통해 영화 이외의 상품들(예: 의류, 장난감 등)을 판매할 수 있다. 상표권은 특정 상품이나 서비스가 소비자에게 인식될 수 있도록 도와주는 중요한 요소이다.

또한, 일부 이야기 IP는 특허권이나 디자인권을 통해 보호받을 수 있다. 예를 들어, 게임이나 애니메이션에서 특정한 기술적 요소나 디자인이 독창적이라면, 이는 특허나 디자인권으로 보호받을 수 있다. 특히, 3D 캐릭터 디자인이나 게임 시스템 등이 이에 해당할 수 있다.

이야기 IP는 라이센싱을 통해 여러 기업에 사용권을 제공하는 방식으로 수익을 창출할 수도 있다. 예를 들어, 디즈니는 미키 마우스와 같은 캐릭터를 활용하여 굿즈, 테마파크, 애니메이션 등에서 라이센스를 제공하고 있다. 라이센싱을 통해 다양한 회사들이 해당 IP를 사용하여 상품을 만들고, 이에 대한 수익을 배분받는 구조이다.

디지털 기술의 발전은 이야기 IP의 활용 범위를 확장하고 있다. 가상현실(VR)과 증강 현실(AR) 기술을 통해, 기존의 영화나 게임에서만 소비되던 이야기 IP가 몰입형 콘텐츠로 진화하고 있다. 예를 들어, 메타버스에서 사용자가 직접 이야기 속 캐릭터가 되어 상호작용하는 형태의 콘텐츠도 가능해지고 있다.

종합하면 이야기 IP는 그 자체로 글로벌한 가치를 지닌 자산이다. K-콘텐츠의 인기가 높아짐에 따라, 한국의 웹툰이나 드라마가 글로벌 시장으로 확장되면서 새로운 이야기 IP들이 세계적으로 인기를 끌고 있는 이 시점에서 이야기 IP를 개발하고 확보하려는 이러한 트렌드는 앞으로도 지속해서 성장할 것으로 예상된다.

이야기 산업

한국콘텐츠진흥원에 따르면 이야기 산업은 '이야기의 조사, 발굴, 기획, 개발, 유통, 거래 등과 관련된 산업 및 이야기를 기반으로 한 상품과 기법을 통해 부가가치를 창출하는 산업'으로 정의된다.[5]

〈표 1〉 이야기 산업 구분

구분	내용	사례 및 범주
기초 이야기 산업	·이야기 원천소재의 조사와 발굴, 이야기의 기획과 개발 등 이야기가 콘텐츠 또는 상품으로 기획·제작되기 이전 단계의 산업활동 ·이야기 자체가 상품으로 활용 가능한 분야	·이야기상품: 이야기자체, 출판원고, 만화원고, 시나리오, 희곡, 극본 등
콘텐츠 이야기 산업	·콘텐츠산업과 연계되어 산업화되는 분야	·콘텐츠산업 내 이야기의 비중에 따라 핵심 콘텐츠 이야기산업(출판, 만화, 영화, 방송, 공연 등)과 활용 콘텐츠 이야기산업(음악, 게임, 광고 등)으로 구분
일반 이야기 산업	·콘텐츠를 제외한 나머지 산업분야에서 이야기가 상품과 서비스의 기획 및 마케팅에 활용되는 분야	·일반 산업 내 이야기의 비중에 따라 핵심 일반 이야기산업(관광, 축제·전시·이벤트, 교육 강연 등)과 활용 일반 이야기산업(제조업, 서비스업 등)으로 구분

이야기라는 원천소재와 IP라는 개념을 통해 이야기가 개발, 유통, 거래되는 산업이 형성된다는 점에서 이야기의 중요성은 새삼 재론할 필요가 없다. 이야기 산업의 주요 유통흐름을 살펴보면 아래 그림과 같다.

〈그림 4〉 이야기 산업의 가치사슬

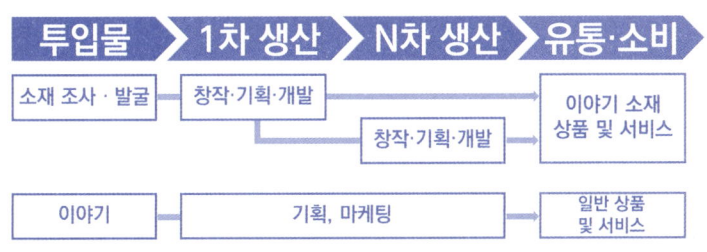

〈그림 5〉 이야기 산업 유통구조

위의 내용을 바탕으로 이야기 산업의 전체 구조를 살펴보면 아래 그림과 같다.

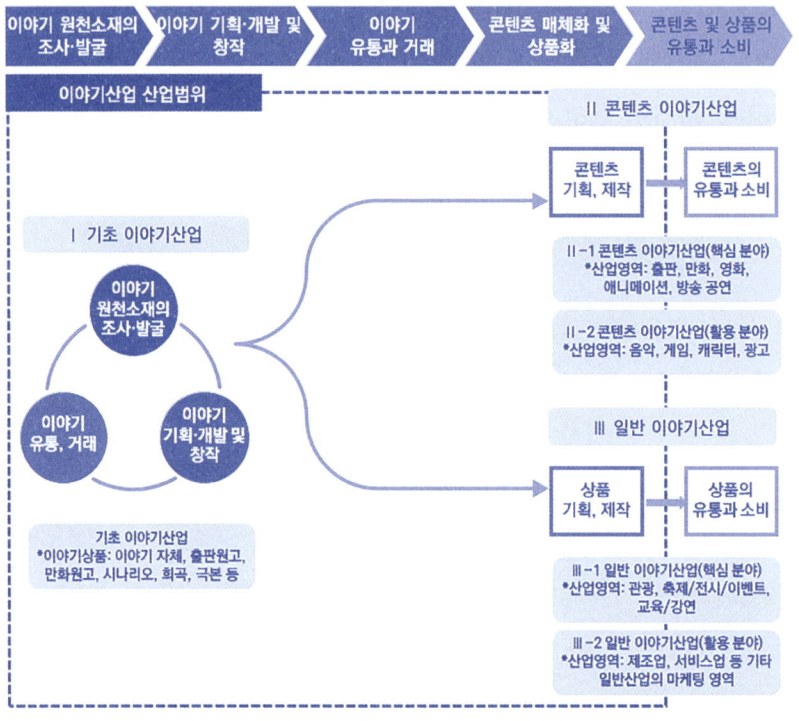

〈그림 6〉 이야기 산업의 구조

 이야기 산업은 국내뿐만 아니라 해외에서도 강력하게 진흥책을 추진 중인 산업 분야이다. 그러므로 문화콘텐츠 강국인 미국, 일본, 영국, 중국에서도 각종 지원 정책 및 산업정책을 마련하고 진흥을 추진하고 있다.
 미국은 글로벌 콘텐츠 시장을 선도하는 대표적인 국가로, 트랜스 미디어 전략과 프랜차이즈 시스템을 통해 스토리 산업을 확장하고 있다. 특히 디즈니의 마블 시네마틱 유니버스(MCU) 사례는 하나의 콘텐츠 IP를 영화, 드라마, 게임, 캐릭터 상품 등 다양한 플랫폼에 걸쳐 통합적으로 운영하면서 막대한 수익을 창출하는 방식의 전형적인 예라 할 수 있다. 미국은 독자적인 IP를 중심으로 독점적 운영을 전개하는 한편, 해외 콘텐츠의 포맷을 수입해 자국 스타일로 재창작하는 경우도 늘어나고 있다. 이러한 구조는 트랜스 미디어 스토리텔링 전략에 기반하며, 이야기와 캐릭터를 서로 다른 매체로 확장하되 전체적으로 일관된 세계관을 유지하는 방식을 뜻한다. 이러한 수직적 통합은 시너지 효과를 극대화하는 데 기여하고 있다.

일본의 경우에는 강력한 이야기 중심 IP를 기반으로 미디어믹스 전략을 전개하는 국가이다. 일본 정부는 '쿨 재팬' 정책을 통해 이야기 산업을 문화 인프라의 핵심으로 인식하고 산업 육성에 힘쓰고 있다. 대표 사례로 포켓몬 IP는 게임, 애니메이션, 만화, 영화, 캐릭터 상품 등으로 다층적인 콘텐츠를 형성하고 있으며, 제작위원회 단계부터 IP 활용 파트너십을 구축하여 산업적 효율성을 높이고 있다. 디지털화에 대한 적극적인 대응과 함께, 불법 복제나 해적판 유통을 방지하기 위한 IP 보호 캠페인도 활발하게 이루어지고 있다.

영국은 전통적으로 이야기 IP 강국으로 평가받으며, 문학 중심의 스토리텔링 문화를 다양한 미디어로 확장하는 데 강점을 보인다. 소설을 원작으로 한 영화, 드라마, 게임 등 OSMU(One Source Multi Use) 전략이 활발하며, 고전에서 현대까지 폭넓은 IP 기반을 갖추고 있다. 또한, 실험적이고 도전적인 콘텐츠 개발이 꾸준히 이루어지고 있으며, 스토리텔링 리터러시 함양을 위한 교육 활동의 하나로 스토리텔링 클럽 활성화와 같은 문화 프로그램이 진행 중이다. 출판 생태계 역시 정부와 민간의 지속적 지원을 통해 안정적으로 유지되고 있다.

중국의 경우 스토리 산업에서 산업 효율성을 강조하는 스몰 IP 전략을 중심으로 성장을 도모하고 있다. 웹 소설과 웹툰을 중심으로 한 디지털 콘텐츠 IP 비즈니스가 급성장 중이며, 2021년 기준으로 원작 콘텐츠의 44%가 웹 소설, 20%가 웹툰에서 비롯된 것으로 나타난다. 방대한 디지털 플랫폼 사용자층과 모바일 콘텐츠 소비 환경이 이러한 구조를 뒷받침하고 있다. 과거에는 저작권 보호에 대한 인식이 부족했으나, 최근에는 정부 주도로 IP 거래 환경을 개선하려는 노력을 본격화하고 있다.

이처럼 주요국들은 각자의 문화적 특성과 산업정책에 따라 스토리 산업을 다르게 전개하고 있으며, 공통적으로는 IP의 가치 제고와 매체 간 확장을 통한 콘텐츠산업의 고도화를 지향하고 있다.

위의 내용을 간략하게 정리하면 아래 〈표 2〉와 같다.

〈표 2〉 세계 주요 각국의 이야기 산업 진흥 현황

국가	특징	현황
미국	글로벌, 트랜스미디어, 프랜차이즈	·디즈니의 마블 시네마틱 유니버스의 사례와 같이 콘텐츠 IP를 자산화하고 이를 독점적으로 활용하여 수익 창출 ·해외 IP의 포맷 수입을 새로운 콘텐츠로 창작하는 사례도 증가 ·트랜스미디어 스토리텔링 등 수직적 통합을 통한 시너지 효과
일본	강력한 이야기 IP중심 미디어믹스	·'쿨 재팬' 정책을 중심으로 이야기 산업을 인프라 산업으로 간주 ·〈포켓몬〉 사례와 같은 미디어믹스 중심의 산업구조: IP 활용에서 콘텐츠의 다층화를 지향하며 제작위원회 단계에서부터 IP 활용 파트너십 구축 ·디지털화 대응, 해외 해적판 근절 등 IP 보호 캠페인 활성화
영국	전통 강국, 스토리텔링 리터러시 함양	·전통적 이야기 IP 강국으로 소설을 중심으로 다양한 미디어로 확장, OSMU 중심 ·새롭고 도전적 콘텐츠 개발에 대한 시도가 높음 ·스토리텔링 리터러시 함양을 위해 스토리텔링 클럽 활성화, 꾸준한 출판 생태계 지원
중국	산업 효율성 중심의 스몰 IP 강화	·웹소설, 웹툰을 중심으로 한 스몰 콘텐츠 IP 비즈니스에 주목 ·웹툰(20%), 웹소설(44%)이 원작 콘텐츠 IP의 대부분을 차지 (2021년 기준) ·IP 보호에 대한 인식이 낮았으나 정부 차원에서 IP 거래 환경 개선 시도

END NOTE

1 한혜원, 「이야기하는 인간, 호모 나랜스」, 살림, 2010, 70쪽.
2 최혜실, 「스토리텔링, 그 매혹의 과학」, 한울아카데미, 2011, 56쪽.
3 크리스티앙 살몽, 「스토리텔링」, 류은영 옮김, 현실문화, 20쪽.
4 박기수·안숭범·이동근·한혜원, 「문화콘텐츠 스토리텔링의 현황과 전망」, 「인문콘텐츠」, 2012, 12쪽.
5 한국콘텐츠진흥원, 「이야기 IP 확장사례 분석 및 활성화 방안 연구」, 2023, 15쪽.

Chapter 3
콘텐츠 산업과 미래사회

12장_ 유튜브와 MCN 산업

1. 유튜브의 탄생

〈그림 1〉 유튜브

유튜브는 2005년 2월, 채드 헐리(Chad Hurley), 스티브 첸(Steve Chen), 자웨드 카림(Jawed Karim) 세 명의 페이팔(PayPal) 초기 직원에 의해 설립되었다. 그들은 인터넷에서 영상을 손쉽게 업로드하고 공유할 수 있는 플랫폼을 만들기 위해 유튜브를 창립했다. 첫 번째 동영상인 〈Me at the zoo〉가 2005년 4월에 업로드되었으며, 이 동영상은 현재까지도 유튜브의 역사적인 첫 영상으로 남아 있다. 이후 2006년 11월, 유튜브는 구글에 인수되면서 급격히 성장할 수 있는 기반을 마련하게 된다.

구글의 인수 후 유튜브는 단순한 영상 공유 플랫폼을 넘어, 전 세계에서 가장 큰 동영상 사이트로 자리 잡기 시작했다. 초기에는 개인들이 만든 영상이 대부분이었지만, 점차 대형 기업들도 공식적으로 유튜브를 활용하기 시작하면서 주요 미디어 콘텐츠, 광고, 영화 등의 분야까지 확장되었다. 특히 2007년, 유튜브는 파트너 프로그램을 도입해, 콘텐츠 제작자들에게 광고 수익을 분배하기 시작했으며, 이는 유튜브의 성장에 중요한 전환점을 제공했다.

2010년대 초반, 스마트폰과 태블릿의 급성장과 함께 유튜브는 모바일 기기에서의 접근성을 대폭 강화했다. 2012년 유튜브는 모바일 웹사이트를 최적화하고, 앱을 통해 사용자들에게 더 나은 경험을 제공하기 시작했다. 이에 따라 유튜브의 이용자는 급격히 증가하였고, 모바일 기기에서의 동영상 시청 비중이 많이 늘어났다. 특히 4G 네트워크의 보급과 더불어 영상의 품질도 HD(고화질)로 개선되었고, 이는 더욱 많은 사람들이 유튜브를 통해 다양한 콘텐츠를 소비하는 기반을 마련하게 되었다. 또한, 2015년 유튜브는 4K 영상과 360도 비디오 같은 새로운 기술을 도입하여 사용자들에게 다양한 선택지를 제공했다. 이러한 기술적 진보는 유튜브가 단순히 '동영상을 보는 곳'을 넘어서 새로운 미디어 플랫폼으로 발전하는 데 중요한 역할을 했다.

2010년대 후반부터는 '1인 미디어' 시대가 도래하면서 유튜브에서 활동하는 창작자들이 새로운 직업군으로 자리 잡았다. 많은 유튜버가 자신의 개인적인 콘텐츠를 제작하여 글로벌 인기를 끌었고, 그들은 유튜브 스타로 성장했다. 이러한 유튜버들은 단순히 콘텐츠를 제공하는 것에서 벗어나, 브랜드와 협업하고, 상업적 활동을 통해 수익을 창출하는 새로운 경제 모델을 만들어갔다.

특히 2013년에는 유튜브 레드(현재의 유튜브 프리미엄) 서비스가 도입되면서, 광고 없이 콘텐츠를 시청할 수 있는 옵션이 제공되었고, 이는 유튜브의 수익 모델 다변화에 중요한 기여를 했다. 이 시기에 미국을 중심으로 한 많은 인기 유튜버가 탄생했고, 이들은 전 세계적으로 큰 영향력을 미치게 되었다. 예를 들어, 푸드 체험과 게임 방송을 통해 성장한 유튜버들이 전 세계적으로 큰 인기를 끌었고, 이를 통해 유튜브는 단순한 영상 플랫폼을 넘어서 글로벌 콘텐츠산업의 중심지로 자리 잡게 되었다.

유튜브의 문제점으로 대두된 이슈는 크게 3가지다. 첫째는 저작권 문제, 둘째는 알고리즘과 필터버블, 셋째는 혐오 발언과 악성 콘텐츠다.

저작권 문제

유튜브의 큰 이슈 중 하나는 저작권 문제다. 2005년 설립 당시부터 저작권 관련 문제는 유튜브의 주요 과제였다. 많은 사용자가 영화, TV 프로그램, 음악 등의 콘텐츠를 무단으로 업로드하고 이를 공유했기 때문이다. 이러한 문제를 해결하기 위해 유튜브는 콘텐츠 ID 시스템을 도입하여 저작권 보호를 강화하고, 저작권 침해 영상을 자동으로 차단하거나 수익을 원작자에게 분배하는 방법을 제시했다.

하지만 저작권 문제는 여전히 논란의 여지가 많다. 일부 콘텐츠 제작자들은 저작권 보호를 강화하는 과정에서 자기 검열이나 창작의 자유 제한을 주장하기도 했다. 또한, 콘텐츠 ID가 자동으로 저작권을 차단하면서 잘못된 저작권 삭제가 발생하는 문제도 종종 발생했으며, 이는 유튜브 사용자들 사이에서 논란을 일으키기도 했다.

유튜브 알고리즘과 필터버블 문제

유튜브의 추천 알고리즘은 사용자 맞춤형 콘텐츠를 제공하는 시스템으로, 이는 유튜브 사용자의 경험을 크게 개선했다. 그러나 시간이 지나면서 필터버블(filter bubble) 문제와 관련된 비판이 제기되었다. 추천 알고리즘이 특정 콘텐츠만을 추천하면서 사용자들이 자신이 관심 있는 정보만 접하게 된다는 우려가 있었다. 또한, 유튜브가 혐오 발언, 극단주의적 콘텐츠를 추천한다는 비판도 존재했다.

이 문제를 해결하기 위해 유튜브는 알고리즘을 개선하고, 부적절한 콘텐츠를 식별하는 시스템을 강화하는 등 여러 가지 방법을 모색해 왔다. 그런데도 유튜브 알고리즘의 공정성 문제는 여전히 중요한 이슈로 남아 있다.

혐오 발언 및 악성 콘텐츠

유튜브는 글로벌 플랫폼으로서 혐오 발언, 인종 차별적 발언, 폭력적인 콘텐츠 등에 대해 지속적으로 논란을 겪고 있다. 특히 2017년, 일부 유튜버들이 논란이 되는 콘텐츠를 제작하면서 광고주의 브랜드가 위험에 처하는 사건이 발생했으며, 이는 유튜브의 광고주 관계에 큰 영향을 미쳤다. 유튜버들이 논란이 되는 콘텐츠를 제작하면서 광고주의 브랜드가 위험에 처한 사건 중 대표적인 사건은 "퓨디파이(PewDiePie)의 인종 차별적 발언"이다. 퓨디파이는 라이브 스트리밍 중 인종 차별적인 발언을 하여 큰 논란을 일으켜 비판을 받았고, 그의 채널이 광고주에게 부정적인 영향을 미칠 수 있다는 우려를 낳았다. 결국, 여러 브랜드가 퓨디파이와의 파트너십을 중단하거나 광고를 철회했다. 이 사건은 유튜브 플랫폼의 광고 생태계에 큰 영향을 미쳤으며, 콘텐츠 제작자들이 브랜드의 관계에서 신중해야 한다는 교훈을 남겼다.

이런 일을 겪으면서 유튜브는 2017년부터 광고주 친화적인 콘텐츠를 위한 정책을 강화하고, 혐오 발언 및 폭력적인 콘텐츠에 대해 보다

엄격한 규제를 시행하고 있다. 그러나 악성 콘텐츠의 확산을 막는 것은 여전히 큰 도전 과제다.

〈그림 2〉 국내 유튜브의 문제점

현재 유튜브는 여전히 세계 최대의 동영상 공유 플랫폼으로 자리 잡고 있으며, 라이브 스트리밍, 가상현실, 쇼핑 기능 등 다양한 형태로 발전을 거듭하고 있다. 유튜브의 단기 영상 포맷인 쇼츠(Shorts)는 틱톡(TikTok)의 급성장에 대응하기 위해 도입되었으며, 이는 유튜브 사용자들 사이에서 빠르게 인기를 끌고 있다.

미래의 유튜브는 더욱 AI 기술과 가상현실(VR), 증강 현실(AR) 기술을 활용해 새로운 형태의 콘텐츠 경험을 제공할 것으로 예상된다. 또한, 글로벌 플랫폼으로서의 유튜브는 각국의 법과 규제에 대응하는 방식에서 변화를 겪을 것이며, 콘텐츠의 다양화와 공정성을 유지하기 위한 노력이 계속될 것이다.

〈표 1〉 구독자 1억명 이상의 글로벌 유튜브 채널 목록

순위	채널명	구독자 수	주요 콘텐츠	특징
1	Mrbeast	3억 이상	도전영상, 자선활동, 실험영상	창적인 콘텐츠와 대규모 기부 및 이벤트로 유명
2	T-Series	2.5억 이상	뮤직 비디오, 인도 영화 음악	인도에서 가장 큰 음악 레이블, 다양한 언어의 음악 제공
3	Cocomelon	1.5억 이상	어린이 애니메이션, 음악	유아 교육 콘텐츠, 인기 캐릭터와 노래로 유명
4	SET India	1.5억 이상	드라마, 예능 프로그램	인도 TV 채널의 공식 유튜브 채널, 다양한 콘텐츠 제공
5	PewDiePie	1.1억 이상	게임, 브이로그, 리뷰	세계에서 가장 유명한 개인 유튜버, 유머와 게임 콘텐츠로 유명
6	Kids Diana Show	1.1억 이상	어린이 브이로그, 놀이	어린이 대상의 일상 브이로그, 다양한 놀이와 교육적 요소 포함
7	Like Nastya	1.0억 이상	어린이 브이로그, 놀이	러시아 출신 어린이 유튜버, 교육적 요소와 재미를 결합
8	Vlad and Niki	1.0억 이상	어린이 브이로그, 놀이	형제의 일상과 모험을 담은 콘텐츠, 유머와 상상력이 풍부
9	Black Pink	1.0억 이상	뮤직비디오, 브이로그	세계적으로 인기있는 한국의 여성 아이돌 그룹 공식 채널
10	Sony SAB	1.0억 이상	인도의 드라마, 코미디	인도 내 다양한 코미디 콘텐츠

2. 한국의 유튜브 발달사

한국 유튜브의 탄생과 발전 과정

한국에 유튜브가 본격적으로 소개된 것은 2007년경으로, 당시에는 대부분 사용자가 콘텐츠 소비의 중심으로 텔레비전을 여전히 사용하고 있었다. 그러나 스마트폰의 보급과 3G, 4G 네트워크의 확산은 유튜브의 급속한 성장을 이끄는 주요 요인이었다.

초기 한국 유튜브 시장은 대기업들이 주도한 방송 콘텐츠가 중심이었고, 유저들은 주로 해외 유명 콘텐츠를 시청했다. 2008년경에는 일반인들이 만들어 올린 개인 콘텐츠가 유튜브에서 인기를 끌기 시작했으며, 이때부터 한국 유튜브 생태계는 본격적으로 발전하기 시작했다.

유튜브가 점차 대중화되면서 개인 방송을 진행하는 유튜버들이 등장하게 되었다. 초기에는 주로 게임 방송과 먹방(먹는 방송)이 주요 콘텐츠로 자리 잡았는데, 이들은 대중의 관심을 끌며 빠르게 성장했다.

게임 방송의 선구자로는 양띵, 도티 등이 있다. 특히, 양띵은 2011년부터 〈마인크래프트〉 관련 콘텐츠를 제작하며 큰 인기를 끌었고, 이후 다양한 게임콘텐츠로 유튜브에서 큰 성공을 거두었다. 또한, 도티는 어린이들 사이에서 큰 인기를 얻었으며 다양한 게임과의 협업을 통해 채널을 성장시켰다.

먹방은 2010년대 초반부터 전 세계적으로 큰 인기를 끌었고, 한국은 그 중심지였다. 먹방이라는 단어는 이제 국제어가 될 정도다. 문복희, 이상호, 초코송이 등의 유튜버들이 유명해지며 '먹는 방송'이 하나의 장르로 자리 잡았다. 먹방의 특성상 시청자들이 음식을 먹는 모습을 실시간으로 지켜보며 대리만족을 얻는 형태로 큰 인기를 끌었고, 이는 유튜브 채널의 급성장을 이끌었다.

2015년경부터 '1인 미디어'라는 개념이 본격적으로 떠오르며, 유튜브는 기존 방송사의 콘텐츠와는 차별화된 새로운 미디어로 자리 잡았다. 다양한 주제의 유튜브 채널들이 등장하면서 방송사와 기업들의 경쟁이 치열해졌고, 유튜버들은 기존 방송에 대항하는 새로운 콘텐츠 생산자로서 주목을 받았다. 다음 해인 2016년부터 유튜브는 콘텐츠 제작자들이 광고를 통해 수익을 창출할 수 있는 정책을 도입하며, 이를 통해 많은 유튜버가 본격적인 수익 활동을 시작했다. 이 정책은 1인 방송 시대의 기반을 더욱 공고히 했으며, 유튜버들이 창작 활동을 지속할 수 있는 경제적 자립을 가능하게 했다. 이후, 한국의 유튜버들은 글로벌 광고주와 협업을 통해 수익 모델을 다변화할 수 있었다.

COVID-19 팬데믹은 유튜브 채널의 급성장을 촉진했다. 사회적 거리두기와 봉쇄 조치가 강화되면서 사람들이 집에 있는 시간이 늘어나고, 이에 따라 유튜브 시청 시간이 급증했다. 특히 브이로그, 여행, 홈트레이닝과 같은 콘텐츠가 큰 인기를 끌었으며, 다양한 분야의 콘텐츠가 급성장하는 계기가 되었다.

현재 한국 유튜브는 대기업뿐만 아니라, 인디 크리에이터들이 활발히 활동하는 장으로 자리 잡았다. 다양한 분야에서 전문적인 지식을 제공하는 채널들이 인기를 끌며, 교육 콘텐츠와 전문가의 의견을 반영한 채널들이 주목받고 있다.

앞으로 유튜브는 더욱 AI 기술, VR/AR, 라이브 스트리밍 등과 결합하여 새로운 형태의 미디어로 발전할 것이다. 또한, 플랫폼의 개인화와 콘텐츠 큐레이션 기능이 더 강화될 것으로 예상한다.

〈표 2〉 유튜브 도약기에 활동한 유튜브 채널들

순위	유튜버 이름	채널명	주요 콘텐츠	활동 시기
1	박막례	박막례 할머니	일상 브이로그, 요리	2016년 ~ 현재
2	대도서관	대도서관	게임, 리뷰	2013년 ~ 현재
3	유재석	유재석의 YTN	예능, 인터뷰	2015년 ~ 현재
4	철구	철구TV	게임 방송, 먹방	2015년 ~ 현재
5	이사배	이사배	뷰티, 메이크업	2015년 ~ 현재
6	꾹이	꾹이의 바다	애니메이션, 키즈 콘텐츠	2017년 ~ 현재
7	킹받조	킹받조	개그, 일상	2018년 ~ 현재
8	나도캐리	나도캐리	게임, 브이로그	2016년 ~ 현재
9	소련여자	소련여자	사회 이슈, 문화	2018년 ~ 현재
10	씬님	씬님	게임, 리뷰	2014년 ~ 현재

2020년 이후의 한국 유튜브의 특징

2020년 이후 한국 유튜브 콘텐츠의 특징과 주요 이슈를 살펴보면 다음과 같다. 2020년 이후 한국의 유튜브 콘텐츠는 코로나19 팬데믹을 기점으로 급격한 변화와 성장을 경험했다. 사회적 거리 두기로 인해 온라인 소비가 증가하면서 유튜브는 가장 중요한 미디어 플랫폼 중 하나로 자리 잡았으며, 콘텐츠의 다양성과 영향력이 더 확대되었다.

먼저, 기존에 대부분의 영상 형식이었던 롱폼(Long-form)과 함께 쇼트폼(Short-form) 콘텐츠의 양극화가 두드러졌다. 10분 이상의 깊이 있는 콘텐츠와 1분 내외의 짧고 강렬한 쇼츠(Shorts) 콘텐츠가 공존하면서 소비자의 취향이 극명하게 나뉘었다. 롱폼 콘텐츠의 경우, 심층적인 정보 전달이 가능한 다큐멘터리, 인터뷰, 강연 콘텐츠가 증가하였으며, 대표적으로 '슈카월드'나 '경제 유튜버'들이 인기를 끌었다. 반면, 쇼츠는 틱톡(TikTok)의 영향을 받아 빠른 소비가 가능한 짧은 영상 위주로 성장했으며, 유머, 챌린지, 댄스 콘텐츠 등이 주류를 이루었다. 둘째, 1인 크리에이터 중심에서 기업·방송사의 본격적인 참여로 시장의 구조적 변화가 나타났다. 전통적인 방송사와 대기업이 유튜브에 본격적으로 진출하면서 전문적인 제작 역량을 바탕으로 한 콘텐츠가 증가했다. 예를 들어, MBC의 'M드로메다 스튜디오', SBS의 '스브스뉴스' 등이 대표적인 사례다. 이는 기존 방송콘텐츠의 유튜브 화뿐만 아니라, 유튜브 전용 콘텐츠 제작으로 이어졌다. 셋째, 라이브 스트리밍과 팬덤 기반 콘텐츠의 강화가 이루어졌다. 2020년대 이후 비대면 문화가 자리 잡으면서 실시간 방송을 활용한 콘텐츠가 증가하였고, 특히 게임 방송, 뮤직 라이브, 실시간 Q&A 등이 인기를 끌었다. 또한, 아이돌 그룹이나 크리에이터 팬덤을 기반으로 한 '리액션 영상', '밈 콘텐츠' 등이 확산하며 유튜브가 팬덤 문화의 중심지로 떠올랐다. 넷째, 정치·사회적 이슈와 관련된 콘텐츠의 증가가 눈에 띄었다. 유튜브가 대중의 주요 정보 소비 채널이 되면서 정치적 성향이 강한 콘텐츠가 다수 등장했고, 일부 채널들은 가짜뉴스 논란과 함께 사회적 파장을 일으키기도 했다. 이에 따라 유튜브의 알고리즘과 필터 버블 현상에 대한 논의가 활발해졌으며, 유튜브의 콘텐츠 규제 정책 강화가 주요 이슈로 떠올랐다. 마지막으로, 수익 창출 방식의 변화와 광고 시장의 성장도 주목할 만하다. 유튜브의 광고 정책이 강화되면서 크리에이터들은 단순 광고 수익 외에도 멤버십, 후원, 브랜드 협업 등의 수익 모델을 다각화했다. 동시에 기업들은 유튜브를 마케팅 플랫폼으로, 적극적으로 활용하면서 PPL(Product Placement)과 브랜드 협업 콘텐츠가 늘어나는 추세다.

결론적으로 말하면, 2020년 이후 한국의 유튜브 콘텐츠는 다양성과 전문성이 강화되었으며, 방송사 및 기업의 진입과 팬덤 문화의 활성화, 그리고 정치·사회적 논쟁의 심화 등으로 인해 미디어 지형이 급격히 변화하고 있다. 앞으로도 유튜브는 콘텐츠의 주요 소비 채널로 자리 잡으며, 기술적 발전과 함께 지속적인 변화를 맞이할 것으로 보인다.

유튜브를 둘러싼 주요 논란

현재 한국 유튜브 채널과 관련한 주요 논란은 크게 뒷광고 논란, 유튜브사의 번들링 전략, MCN 업계의 위기 그리고 AI 기술 발달에 따른 저작권 무단 학습 논란을 들 수 있다.

먼저 한국 유튜브 산업에서 현재 가장 두드러지게 논의되는 이슈는 '뒷광고 논란'이다. 2020년에 유튜버들을 중심으로 제품 협찬 사실을 제대로 밝히지 않은 채 진행된 '내돈내산' 콘텐츠가 문제가 되었고, 공정거래위원회가 직접 나서 규제와 처벌 방침을 발표하면서 인터넷 플랫폼에도 광고 투명성 책임이 확대되었다. 이 사건은 단순한 유튜브 내부 문제를 넘어서 법적 기준과 사회적 신뢰까지 요구하는 전환점이 되었고, 유튜브 생태계 전반에 광고 윤리와 소비자 보호에 대한 경각심을 흐름으로 남겼다.

유튜브의 '번들링 전략'과 이에 따른 공정거래 이슈도 한국에서 중요한 사안이다. YouTube Premium 가입 시 자동으로 유튜브 뮤직이 포함되는 패키지 운영이 국내 음원 스트리밍 시장 경쟁을 저해한다는 이유로 공정위가 조사에 나섰고, 이에 대한 구글 코리아의 대응은 번들 구성 해제와 '프리미엄 라이트(Premium Lite)' 요금제 도입이었다. 이 조치는 국내 멜론 등 기존 사업자 보호와 글로벌 플랫폼의 영향력 사이에서 균형을 모색하는 모습이었다.

MCN(Multi-Channel Network) 업계에서의 위기와 구조조정 흐름도 눈에 띈다. 샌드박스 네트워크처럼 국내 대표 MCN 업체들이 크리에이터 대량 해고와 조직 재정비에 돌입하며 수익 배분, 경영 투명성, 지속가능성 등에 대해 다시 고민해야 하는 상황이 되었다. MCN은 아티스트 발굴과 콘텐츠 유통의 핵심 인프라지만, 수익 구조와 협업 방식의 약점이 드러나면서 업계 전체의 신뢰 회복과 제도 정비 요구가 강화됐다.

마지막으로 AI 기술의 부상과 저작권 문제도 빼놓을 수 없다. 유튜브가 오픈 AI 등과 협업하며 AI 기반 영상·음악 생성 기능을 테스트하는 가운데, 저작물 무단 학습과 생성물의 저작권 침해 우려가 커지고 있다. AI 기술은 유튜브 콘텐츠 창작자에겐 도움이 되는 유용한 도구이지만 AI 자체의 신뢰성과 윤리, 기존 창작자 보호의 조화가 향후 유튜브 플랫폼 발전 방향을 가늠할 핵심 과제가 되고 있다.

이 네 가지 이슈는 서로 다른 관점에서 유튜브 산업의 현재와 미래를 정의한다. 과거에는 어느 정도 자유로운 규제와 혁신의 공간이었지만, 최근엔 광고 윤리, 공정경쟁, 수익 구조 혁신, AI 저작권 이슈 등이 모두 공존하면서 산업 전반의 재정비와 성숙이 필요한 시기를 맞고 있다.

3. MCN 산업

　MCN(Multi-Channel Network, 다채널 네트워크)은 유튜브와 같은 플랫폼에서 다수의 개인 또는 팀을 대신하여 콘텐츠를 기획, 제작, 관리하는 중개자 역할을 하는 사업 모델이다. MCN은 기본적으로 콘텐츠 제작자(크리에이터)에게 전문적인 지원을 제공하고, 동시에 광고 및 수익화 등 다양한 서비스를 통해 콘텐츠의 시장성을 높이는 역할을 한다.

　한국에서 MCN 사업이 본격적으로 주목받기 시작한 것은 2010년대 초반, 유튜브와 같은 글로벌 영상 플랫폼이 급성장하면서부터다. 유튜브는 누구나 쉽게 콘텐츠를 제작하고 업로드할 수 있는 플랫폼으로, 다양한 개인 창작자들이 등장했으나, 그들은 광고 수익화나 콘텐츠의 마케팅, 관리 등에서 어려움을 겪고 있었다. 이러한 창작자들의 니즈를 충족시키기 위해 MCN이 등장했으며, 크리에이터들에게 수익화 및 콘텐츠 관리 지원을 제공하는 형태로 발전해 오고 있다.

　한국에서 MCN 사업의 초기 발전은 정확히 2011년경에 시작되었다. 당시 주요 MCN 기업으로는 CJ E&M의 'CJ ENM'과 'SM C&C'의 MCN 부문, 'JYP'와 같은 대형 연예기획사가 중심이 되어 MCN을 운영하기 시작했다. 이들 기업은 기존의 방송 사업을 기반으로, 유튜브와 같은 디지털 플랫폼에서 빠르게 성장할 수 있는 콘텐츠를 생산하려고 했다.

2012년, 'Korea Digital Media Industry'는 국내에서 최초로 〈스타크래프트〉와 같은 게임콘텐츠, 예능, 음악 등을 다루는 '다채널 네트워크' 사업을 시작하며 본격적으로 MCN 산업에 뛰어들었다. 이러한 초기 MCN은 대부분 기존 방송사의 콘텐츠를 디지털 환경에 맞춰 재가공하거나 새로운 콘텐츠 포맷을 실험하는 방식으로 진행되었다.

2013년 이후, MCN 사업은 본격적으로 확장되었다. 특히 'K-콘텐츠'의 인기가 높아지면서, MCN은 단순한 유튜브 채널 네트워크를 넘어서 다양한 플랫폼에서 활동을 지원하는 중요한 역할을 맡게 되었다. 이 시기에 등장한 주요 MCN 기업들은 'Kakao M', 'FNC 엔터테인먼트', 'CJ ENM', '매니지먼트 드림', '대유잼' 등이 있다. 이들은 유튜브뿐만 아니라 네이버 TV, 아프리카 TV, 틱톡, 인스타그램 등 다양한 플랫폼에서 활동하는 크리에이터들을 관리하고, 수익을 창출하는 데 집중했다. 이들 MCN은 크리에이터의 콘텐츠 수익화 지원, 광고 파트너십 구축, 브랜드 협업, 오프라인 활동 등을 통해 수익을 극대화하고, 크리에이터와 광고주 사이의 가교 구실을 하였다. 특히 CJ E&M과 카카오 M은 수십 개의 유튜브 채널을 운영하며 유명 크리에이터들을 다수 보유하게 되었고, 이는 시장에서 큰 영향력을 발휘했다.

2014년 이후, MCN의 사업 모델은 더 다양화되었다. 단순히 유튜브 채널을 운영하는 것에서 벗어나, 크리에이터의 브랜딩과 마케팅까지 지원하는 형태로 변화했다. 예를 들어, 유명한 〈피식피식〉 채널과 같은 인플루언서들이 기존 방송과 유사한 콘텐츠를 제공하는 것 외에도, 브랜드 마케팅과 팬 커뮤니티 관리를 결합하여 '팬 기반 경제'를 만들어갔다.

2015년에는 'YouTube Partner Program'을 통해 크리에이터들이 광고 수익을 창출하는 모델이 확립되었고, MCN은 이를 효과적으로 관리할 수 있는 플랫폼으로 자리 잡게 되었다. 이 시기에는 게임 콘텐츠, 브이로그, 뷰티/패션 콘텐츠가 큰 인기를 끌었고, 이러한 콘텐츠들이 MCN의 중요한 수익원이 되었다.

2018년 이후, MCN 사업은 여러 가지 성숙의 과정을 거쳤다. 유튜브가 광고 수익 모델을 안정화하고, 광고주들이 MCN을 통해 타겟 마케팅을 강화하면서, MCN은 광고업계에서 중요한 역할을 하게 되었다. 많은 MCN이 글로벌 콘텐츠 시장으로 눈을 돌렸고, 특히 K-POP 콘텐츠, 먹방 콘텐츠, ASMR 등 다양한 형식의 콘텐츠가 전 세계에서 큰 인기를 끌었다. 이 시기에 유튜브의 광고 수익 분배 모델의 변동성과 유튜브 자체의 정책 변화는 MCN 사업에 큰 영향을 미쳤다.

하지만 MCN 사업은 현재 그 자체로도 여러 도전 과제에 직면하게 되었다. 가장 큰 문제는 수익화 모델의 한계다. 유튜브 광고 수익이 전체 수익의 중요한 비중을 차지하고 있었지만, 광고 단가와 광고주의 선호가 변동하면서 MCN이 안정적인 수익을 보장받기 어려운 상황에 놓이게 되었다. 또한, 유튜브를 비롯한 다양한 플랫폼들이 자체적으로 크리에이터들에게 직접 수익화 기회를 제공하면서, MCN 사업에 대한 의존도가 줄어들었다.

또한, MCN의 경쟁은 점점 더 치열해졌다. CJ ENM, 카카오 M, 네이버 등 대기업들이 MCN 사업을 확장하면서, 중소형 MCN이 어려움을 겪게 되었다. 대기업들은 자체 플랫폼과 콘텐츠 유통을 통해 크리에이터들을 직접 관리하고 수익을 창출할 수 있었기 때문에, 중소형 MCN의 경쟁력은 점차 약화했다.

최근 MCN은 글로벌 시장 진출을 위해 다양한 전략을 모색하고 있다. 특히 K-POP 콘텐츠를 중심으로 한 글로벌 팬층을 활용한 MCN의 성장은 여전히 유망한 분야로 평가되고 있다. 또한, NFT(대체불가능토큰)와 메타버스와 같은 새로운 디지털 경제가 MCN 사업에 새로운 기회를 제공할 가능성이 제기되고 있다.

또한, MCN 사업자들은, 다양한 디지털 플랫폼에서 커머스와 브랜드 마케팅을 결합한 형태로 변화를 꾀하고 있다. 예를 들어, 유튜브 외에도 틱톡, 인스타그램, 네이버 등 다양한 플랫폼에서 크리에이터들과 협업하여 더 많은 광고 수익을 창출하는 전략을 채택하고 있다.

〈표 3〉 한국의 대표 MCN 사업자들

번호	MCN 사업자	설립 연도	주요 콘텐츠	특징	소속 유튜버
1	아프리카TV	2006	게임, 브이로그, 예능	다양한 플랫폼에서의 방송과 콘텐츠 제작	김재원, 대도서관, 철구
2	샌드박스 네트워크	2015	게임, 브이로그, 교육	콘텐츠 제작과 광고, 브랜드 협업 지원	장삐, 김재원, 김의중
3	다이아TV	2015	뷰티, 패션, 게임, 브이로그	CJ ENM의 자회사로서, 다양한 방송사 및 브랜드와의 협업을통해광고및마케팅기회를창출	이사배, 대도서관, 신사임당
4	트래저헌터	2016	게임, 브이로그, 먹방, 뷰티, 패션	광고주와의 협업을 통해 콘텐츠를 제작하고, 효과적인 마케팅 전략을 수립	양띵, 피식대학
5	프렌즈TV	2016	브이로그, 먹방, 리뷰	크리에이터와의 긴밀한 소통, 맞춤형 지원	보겸, 우왁굳
6	롱타임 컴퍼니	2018	브이로그, 게임, 생활 정보	크리에이터의 성장에 초점을 맞춘 지원	소련여자, 씬님
7	큐브 엔터테인먼트	2016	음악, 댄스, K-POP	음악 콘텐츠와 아티스트 관리에 강점을 가짐	(여자)아이들, CLC

유튜브 MCN(Multi-Channel Network) 사업은 디지털 콘텐츠 산업의 성장과 함께 진화해 왔으며, 최근에는 새로운 환경 변화에 대응하면서 방향성과 전략의 재정립이 요구되고 있다. 초기 MCN은 유튜버(크리

에이터)와 광고주를 연결하고, 콘텐츠 제작 및 유통을 지원하는 플랫폼 기반의 사업 모델로 출발했지만, 크리에이터 중심 생태계의 확대, 플랫폼의 정책 변화, 광고 수익 구조의 불안정성 등 다양한 변수들이 등장하면서 더욱 유연하고 통합적인 전략이 필요해지고 있다.

먼저, MCN의 발전 방향에서 핵심은 '크리에이터와의 장기 파트너십 강화'에 있다. 단순한 계약 기반이 아닌 브랜딩, 콘텐츠 기획, 커머스 연계, IP 개발 등에서의 공동 기획자(co-creator) 역할이 강조되고 있다. 크리에이터 개인이 브랜드화되어 가는 흐름에서 MCN은 창작자의 가치와 정체성을 유지하면서도, 동시에 수익성과 지속가능성을 높일 수 있는 맞춤형 성장 전략을 제시해야 한다. 이를 위해 개별 크리에이터의 콘텐츠 분석, 팬덤 관리, 콘텐츠 운영 전략 등에 AI 분석 도구나 데이터 기반 솔루션을 적용하는 등 기술 기반의 맞춤 지원 시스템이 중요해지고 있다.

두 번째로는 수익 다변화 모델 확보가 MCN의 지속가능성을 좌우한다. 기존에는 유튜브 광고 수익에 대한 일정 비율 배분이 주요 수익원이었지만, 지금은 이를 넘어서 디지털 커머스, 콘텐츠 라이선싱, 브랜드 협업, 자체 상품화(IP 비즈니스) 등의 다채로운 수익 구조를 개발해야 한다. 특히 커머스와 연결된 콘텐츠는 단순 광고를 넘어서 콘텐츠 자체가 제품의 스토리와 브랜딩을 담당하는 형식으로 진화하고 있으며, MCN은 이 과정에서 마케팅 기획사, 브랜드 매니지먼트 조직으로서의 역량을 함께 확보해야 한다.

세 번째로는 해외 시장 진출과 현지화 전략이 더 강조되고 있다. 한국의 콘텐츠가 K-콘텐츠로서 글로벌 인기를 끌고 있는 상황에서, MCN도 단순한 국내 중심의 네트워크에서 벗어나 크리에이터의 콘텐츠를 글로벌 시장으로 유통하고, 다국적 브랜드와 협업하는 체계로 전환해야 한다. 이를 위해 다국어 자막 및 더빙 시스템, 지역별 플랫폼 전략, 해외 팬덤 구축과 커뮤니티 매니지먼트 등 다양한 기능을 MCN이 함께 수행할 필요가 있다.

또 하나 중요한 방향은 정책적·제도적 대응 능력이다. 유튜브의 알고리즘 변경, 광고 정책 변화, 플랫폼 이용 규정 강화 등은 크리에이터 수익에 직접적인 영향을 준다. MCN은 개별 크리에이터들이 대응하기 어려운 플랫폼 정책의 변화에 대해 정보 전달자, 대리 협상자, 위험 완충지로서 임무를 수행하며, 동시에 정부와 협력하여 콘텐츠산업 전반의 규제 및 지원 정책 논의에 주체적으로 참여해야 한다.

마지막으로 MCN의 정체성과 신뢰 회복이 전략적으로 요구된다. 최근 일부 MCN 기업에서 크리에이터 대량 계약 해지나 수익 분배 불공정 문제가 발생하며 업계 신뢰가 흔들리는 사례가 있었는데, 이러한 문제는 장기적으로 콘텐츠 생태계에 부정적 영향을 미친다. 따라서 투명한 계약 시스템, 윤리적 사업 운영, 크리에이터와의 수평적 관계 구축이 MCN의 브랜드 가치를 높이는 핵심 전략이 될 수 있다.

유튜브 MCN 사업은 단순한 콘텐츠 유통 플랫폼을 넘어 크리에이터와 공동 성장을 이끄는 통합 콘텐츠 매니지먼트 기업으로의 전환이 필요하다. 이를 위해선 기술, 기획, 마케팅, 정책 대응 등 다방면의 역량을 갖추고, 크리에이터와의 신뢰를 바탕으로 지속 가능한 디지털 생태계를 구축하는 전략이 중요하다.

Chapter 3
콘텐츠 산업과 미래사회

13장_ 인공지능과 콘텐츠 제작

1. 콘텐츠 제작과 관련한 주요 인공지능(AI) 프로그램

ChatGPT

인공지능에 관한 연구는 아주 오래전부터 계속됐지만 제4차 산업혁명의 시기로 일컬어지는 현재의 인공지능과 관련한 연구와 논의의 시작은 Open AI사(社)의 ChatGPT라 해도 과언이 아니다. ChatGPT는 Open AI가 개발한 GPT(Generative Pre-trained Transformer) 시리즈의 연장선상에서 등장했다. GPT-3.5 기반으로 처음 공개된 ChatGPT는 자연어 처리(NLP) 기술의 대중화에 기여하며, 인공지능 대화 모델의 새로운 가능성을 열었다. 초기 GPT 모델은 단순히 텍스트 생성을 넘어, 문맥 이해와 자연스러운 대화 구현에 중점을 두었다. 이를 통해 사람들은 ChatGPT를 다양한 용도로 활용할 수 있게 되었다.

초기 ChatGPT의 주요 특징은 문맥 유지 능력, 텍스트 생성, 다양성으로 요약할 수 있다. 먼저 문맥 유지 능력은 이전 입력 내용을 기억하고 연속적인 대화를 이어가는 능력을 말한다. 텍스트 생성 능력은 기사, 이메일, 시나리오 등 다양한 콘텐츠를 작성하는 능력을 말하고 다양성은 질의응답, 창작, 코딩 지원 등 다양한 분야에 활용할 수 있음을 의미한다. 하지만 초기 모델은 긴 대화에서 문맥을 잃거나, 사용자의 의도를 완벽히 이해하지 못하는 한계를 보이기도 했다.

2023년 ChatGPT는 GPT-4 기반으로 업그레이드되며 성능이 크게 향상되었다. 이 모델은 문맥 이해 능력 강화, 다국어 지원, 타 도구와의 통합과 같은 개선점을 제공했다. 특히 GPT-4 기반 ChatGPT는 다양한 플러그인과 통합되며, 문서 분석, 데이터 시각화, 코드 디버깅 등 실질적인 생산성 향상 도구로 자리 잡았다. 특히 연구와 학습 도구로서의 활용성이 높아졌다.

제미나이(Gemini)

'제미나이(Gemini)'는 구글 딥마인드(Google DeepMind)가 개발한 차세대 인공지능 모델로, 2023년 말 공개 이후 구글의 핵심 AI 전략으로 자리 잡았다. 기존의 ChatGPT(Open AI)나 Claude(Anthropic)와 같은 생성형 인공지능 모델에 대응하기 위한 기술적 진화로 시작된 제미나이는 텍스트뿐만 아니라 이미지, 오디오, 코드, 비디오 등 다양한 형태의 데이터를 함께 이해하고 생성할 수 있는 멀티모달(Multimodal) 인공지능으로 설계되었다. 특히 인간처럼 복합적인 추론과 직관적 이해가 가능한 지능형 모델을 목표로 하고 있으며, 구글이 기존에 개발했던 언어 모델 PaLM(Pathed Language Model) 시리즈의 한계를 극복하고자 하는 방향에서 출발했다.

제미나이는 트랜스포머(Transformer) 기반의 대형 언어 모델 구조를 바탕으로 하며, 2023년 말 공개된 'Gemini 1' 시리즈를 시작으로 2024년에는 'Gemini 1.5 Pro'와 'Gemini Nano' 등 다양한 크기의 모델을 출시했다. 이 중 'Gemini 1.5 Pro'는 클라우드 환경에서 작동하는 초대형 모델로, 수백 페이지 분량의 문서를 한 번에 처리할 수 있는 백만 토

큰 급의 긴 컨텍스트 창을 지원한다. 학술 연구, 대규모 문서 분석, 코드 리뷰 등 고도화된 작업에 적합하도록 설계되었다. 반면 'Gemini Nano'는 스마트폰 등 모바일 환경에서도 작동할 수 있도록 경량화된 모델로, 구글 픽셀 8시리즈에 기본 탑재되어 문자 요약, 자동 응답, 실시간 번역 등의 기능을 제공하고 있다.

이러한 기술적 진보는 구글의 다양한 서비스에 빠르게 통합되고 있다. Gmail, Google Docs, Sheets 등 Google Workspace 제품군에는 Gemini 기반의 생성형 기능이 도입되어 사용자의 이메일 작성, 문서 요약, 데이터 분석 등을 돕는다. 또한, 구글 검색 서비스에는 AI Overviews라는 형태로 요약된 검색 결과와 상호 작용형 질문 응답 시스템이 추가되어 사용자 경험을 혁신하고 있으며, Gemini 웹 애플리케이션을 통해 누구나 자연어 입력만으로 텍스트 생성, 이미지 분석, 언어 번역 등의 기능을 사용할 수 있다. 구글은 이를 통해 제미나이를 단순한 챗봇이 아니라 업무 생산성과 일상 효율을 높이는 디지털 조수로 발전시키고자 한다.

제미나이가 다른 경쟁 모델들과 구별되는 가장 큰 특징은 처음부터 멀티모달 처리를 핵심으로 설계되었다는 점이다. 이는 이미지에서 정보를 추출하거나, 비디오의 맥락을 이해하고 설명하며, 코드 오류를 찾아내는 등의 작업에서 매우 유용하다. 또한, 긴 문맥 유지 능력과 높은 처리 용량은 교육, 연구, 기업 업무 등에서 강점을 발휘할 수 있게 한다. 여기에 구글의 안드로이드 운영체제와의 통합, 클라우드 기반의 API 서비스 확장성까지 더해져, 제미나이는 단순한 언어 생성 AI를 넘어 생태계 전체에 영향을 주는 통합형 AI 플랫폼으로 성장하고 있다.

2025년 현재 제미나이는 다양한 산업 분야에 걸쳐 활용 가능성을 넓히고 있으며, 구글은 이를 통해 미래의 AI 에이전트 개발, 자동화된 의사결정 시스템, 사용자 맞춤형 생산성 도구 등으로의 진화를 꾀하고 있다. 생성형 인공지능의 경쟁이 심화하는 가운데, 제미나이는 구글이 구축한 방대한 데이터 인프라와 서비스생태계를 바탕으로 고도화된 AI 환경을 주도하고 있다.

딥시크(Deep Seek)

'딥시크(DeepSeek)'는 중국의 인공지능(AI) 기업으로, 저비용으로도 우수한 성능을 발휘하는 AI 모델을 개발하여 주목받고 있다. 특히, 2024년 12월 발표된 'DeepSeek-V3' 모델은 서구권에서 개발된 대규모 언어 모델(LLM)과 경쟁할 수 있을 정도의 성능을 보여 많은 관심을 받았다.

딥시크는 AI 모델 훈련에 약 560만 달러를 투자하여, 기존 서구권 AI 모델과 견줄 만한 성능을 달성했다. 이는 오픈 AI의 GPT-4 훈련 비용이 1억 달러 이상인 것과 비교하여 매우 경제적인 접근으로 평가받고 있다. 딥시크의 AI 모델은 금융, 기술 등 다양한 분야에서 뛰어난 성능을 발휘하며, 특히 중국 시장에서 큰 성공을 거두고 있다.

하지만 비판적인 시각도 많은데 딥시크는 자체 개발한 AI 모델을 오픈소스로 공개했으나, 학습 데이터와 훈련 과정을 비공개로 유지하여 '오픈워싱(Openwashing)' 논란이 제기되었다. 이는 오픈소스의 핵심인 개방성과 투명성을 훼손한다는 비판을 받고 있다. 그리고 딥시크의 부상은 국제적인 기술 경쟁을 촉발하고 있으며, 각국의 데이터 보호 규제와 보안 문제에 대한 논의를 활성화하고 있다. 특히, 미국을 비롯한 세계 각국에서는 개인정보 보호 문제로 딥시크에 대한 조사를 시작하는 등, AI 기술의 발전과 함께 법적·윤리적 기준의 중요성이 부각되고 있다.

딥시크는 저비용으로도 고성능의 AI 모델을 개발하여 글로벌 AI 시장에서 주목받고 있다. 그러나 오픈소스 공개 방식에 대한 논란과 보안 취약성 등의 이슈가 제기되고 있어, 이러한 문제를 해결하고 기술의 투명성과 안전성을 확보하는 것이 향후 과제가 될 것이다.

미드저니(MidJourney)

'미드저니'는 2021년에 처음 공개된 인공지능 기반 이미지 생성 플랫폼으로, 사용자들이 간단한 텍스트 입력만으로 독창적인 이미지를 생성할 수 있도록 개발되었다. Open AI의 DALL·E와 같은 생성형 AI 모델의 발전에 영향을 받아 탄생한 미드저니는 독자적인 AI 알고리즘을 통해 시각 예술 작품 생성에 특화된 기능을 제공하며 주목받았다.

미드저니는 특히 예술적인 표현과 창의적인 시각화를 강조하며, 디지털 아트 커뮤니티와 다양한 창작 분야에서 빠르게 인기를 끌었다. 초기에는 기술적 테스트와 연구 목적으로 시작되었지만, 이후 일반 사용자도 쉽게 접근할 수 있는 도구로 발전하였다.

미드저니의 특징적 기술은 텍스트에서 이미지로의 변환, 변환 스타일 선택, 사용자 친화적 인터페이스, 커스터마이징 기능으로 요약할 수 있다.

미드저니는 출시 이후 꾸준한 업데이트와 개선을 통해 사용자 경험을 강화하며, 현재도 지속적인 발전을 이루고 있다. 미드저니는 주기적으로 알고리즘을 개선하며, 현재는 더 높은 해상도와 세부적인 표현이 가능한 최신 버전을 운영하고 있다. 그리고 디지털 아티스트, 디자이너, 게임 개발자 등이 프로젝트 기획과 시각적 자료 제작에 미드저니를 적극적으로 활용하고 있는 것으로 미루어 보아 미드저니의 이미지 생성 능력은 의심할 바 없어 보인다. 그리고 미드저니는 단순히 도구를 넘어, 사용자가 작품을 공유하고 피드백을 주고받는 커뮤니티 중심 플랫폼으로 자리 잡아가고 있다. 이런 이유로 광고, 브랜드 디자인, 출판 등 다양한 상업적 영역에서도 미드저니의 창의적 이미지 생성 기능이 주목받고 있다.

하지만 저작권과 윤리적 문제, 아직은 완벽하지 못한 표현력, 높은 이용료 등이 문제점으로 제기되고 있다.

소라(Sora)

Chat GPT의 개발사인 Open AI사(社)가 개발한 '소라'는 인공지능 기반 동영상 제작 프로그램으로, 사용자가 텍스트 입력만으로 짧은 동영상을 제작할 수 있도록 설계되었다. 영상 콘텐츠의 수요가 급증하는 디지털 시대에, 빠르고 간단한 방법으로 창의적인 영상을 제작하려는 요구를 충족시키기 위해 개발되었다.

소라는 초보자도 전문적인 품질의 영상을 만들 수 있도록 설계되었으며, 2020년대 초반부터 주목받기 시작했다. 특히 소라는 기업, 크리에이터, 교육 분야 등 다양한 사용자층에게 사랑받으며 빠르게 성장하였다.

소라는 텍스트 기반 영상 제작 및 편집을 혁신적으로 간소화하며, 텍스트 기반 영상 생성, AI 기반 추천, 사용자 친화적 인터페이스, 협업 기능, 다양한 출력 옵션과 같은 특징을 제공하고 있다. 이러한 특징은 동영상 제작에 있어 매우 편리함을 줄 수 있다. 하지만 아직은 고급 사용 기능의 한계, 제한된 창의성, 고비용 등의 문제도 제기하고 있어 향후 이와 관련한 변화도 주목할 만하다.

소라는 기술적 진보와 함께 콘텐츠 제작 패러다임을 변화시키며, 개인과 기업 모두에게 영상 제작의 새로운 가능성을 열어주고 있다. 하지만 악의적 동영상 제작 또한 쉬워질 수 있기 때문에 현재 소라는 일반에게 모두 개방되고 있진 못하고 있는 게 현실이다. 앞에서 제시한 여러 문제점을 극복하면서 발전을 추구한다면 앞으로 소라는 기술 혁신과 사용자 중심의 접근을 통해 동영상 제작의 핵심 도구로 자리 잡을 것이다.

비오 2(Veo 2)

'Veo 2'는 구글 딥마인드(Google DeepMind)가 2024년 Google I/O에서 공개한 고성능 비디오 생성 인공지능 모델로, 텍스트 명령어만으로 고해상도 동영상을 생성해 내는 멀티모달 생성형 AI 기술의 결정체이다. Veo는 초기에는 실험적 모델로 등장했지만, 2024년 이후 Veo 2로 진화하며 상용화와 영상 산업 활용 가능성을 한층 강화했다. 이 모델은 단순한 GIF나 애니메이션 수준을 넘어서, 영화 수준의 시네마틱 장면, 자연스러운 카메라 워크, 정교한 조명과 질감 표현이 가능한 고품질 비디오를 만들어낼 수 있는 것이 가장 큰 특징이다.

Veo 2는 사용자가 입력한 자연어 텍스트 프롬프트에 따라 몇 초에서 수십 초에 이르는 고해상도 동영상을 생성하며, 영상의 장면 구도, 동작, 색감, 스타일 등을 사실적으로 재현할 수 있다. 특히 1080p 이상의 해상도와 1분 이상의 길이를 지원하고, 다양한 장르(예: 다큐멘터리, 애니메이션, 공상과학, 도시 풍경 등)의 스타일을 선택할 수 있어 사용자의 의도를 반영한 다양한 연출이 가능한 비디오 AI로 주목받고 있다. 딥마인드는 이를 위해 대규모로 수집된 비디오 데이터셋과 멀티모달 학습 방식, 시공간적 이해 모델링 기술을 결합하여 Veo를 훈련했다.

기술적으로 Veo 2는 영상 프레임 간의 시계열적 연속성, 카메라 앵글의 변화, 빛의 반사와 입체감 표현 등 기존의 비디오 생성 AI가 어려워하던 영역을 정교하게 처리할 수 있도록 고도화되었다. 이는 Transformer

기반 구조에 더해, 공간-시간적 주의(attention) 메커니즘을 활용하고, 물리적 현실감을 높이는 시뮬레이션 학습 기법 등을 도입한 결과이다. 이를 통해 Veo는 단순한 장면 나열이 아닌, 감정, 리듬, 서사적 흐름을 갖춘 장면 구성이 가능해졌다.

구글은 Veo 2를 자체 동영상 플랫폼인 YouTube와의 연계 가능성도 고려하고 있으며, 크리에이터가 단 몇 줄의 텍스트만으로 시각적 콘텐츠를 제작할 수 있는 환경을 준비 중이다. 현재 일부 파트너 크리에이터들을 대상으로 베타 버전이 제공되고 있으며, 향후에는 Gemini와의 통합을 통해 대화형 영상 생성 도구로 확장될 가능성도 크다. 즉, 사용자가 Gemini에게 대화하듯 요청하면, Gemini가 그것을 이해해 Veo에게 전달하고, Veo가 완성된 영상을 생성하는 방식이다.

이러한 Veo의 등장은 영상 제작의 방식 자체를 바꾸고 있다. 기존에는 스크립트 작성, 촬영, 편집 등 수많은 과정과 인력이 필요했지만, Veo는 이러한 프로세스를 AI가 자동화함으로써 시간과 비용을 획기적으로 절감하고, 일반 사용자도 전문가 수준의 콘텐츠를 제작할 수 있도록 돕는다. 특히 광고, 영화, 교육 콘텐츠, 소셜 미디어 등에서 높은 파급력을 보일 것으로 예상되며, 개인 창작자뿐만 아니라 영상 산업 전반에 AI 기반의 제작 혁신을 불러올 수 있는 플랫폼으로 주목받고 있다.

2024년 현재 Veo 2는 아직 정식 상용화 단계에 이르지는 않았지만, 구글의 전략적 투자와 YouTube 생태계와의 통합을 고려할 때, 향후 몇 년 내에 대중적 서비스로 자리매김할 가능성이 높다. 이는 단순한 기술 진보를 넘어서, 영상 표현의 민주화, 즉 누구나 상상만으로 영상을 만들 수 있는 시대를 여는 신호탄으로 받아들여지고 있다. Veo는 텍스트에서 이미지로, 이미지에서 영상으로 이어지는 생성형 AI의 진화 흐름 속에서 핵심적인 연결고리를 담당하고 있으며, Gemini와 함께 구글의 미래형 창작 생태계를 이끄는 양대 축으로 자리 잡고 있다.

퍼플렉시티(Perplexity AI)

'퍼플렉시티 AI'는 인공지능(AI) 기반의 검색 및 정보 탐색 플랫폼으로, 사용자가 질문을 입력하면 AI가 즉각적으로 신뢰할 수 있는 답변을 제공하는 서비스이다. 기존의 검색 엔진과 달리 단순한 웹페이지 링크 제공이 아니라, 신뢰할 수 있는 출처를 기반으로 한 종합적인 답변을 생성한다. 이 플랫폼은 자연어 처리(NLP)와 대형 언어 모델(LLM, Large Language Model)을 활용하여 보다 직관적이고 효율적인 검색 경험을 제공하는 것이 특징이다.

주요 기능으로는 AI 기반의 답변 제공, 출처 제공 및 신뢰도 향상, 대화형 검색 인터페이스, 멀티미디어 검색 지원, 브라우저 확장 및 모바일 최적화 등이 있다.

퍼플렉시티 AI는 기존 검색 엔진의 한계를 극복하고 보다 직관적이고 신뢰할 수 있는 정보 검색을 가능하게 하는 혁신적인 AI 기반 검색 도구이다. 연구자, 개발자, 마케터뿐만 아니라 일반 사용자까지 폭넓게 활용할 수 있으며, 향후 AI 기술 발전과 함께 더욱 강력한 기능을 제공할 것으로 기대된다.

감마(Gamma)

'Gamma AI'는 인공지능(AI)을 활용하여 문서 작성, 프레젠테이션 제작, 데이터 시각화 등을 자동화하는 혁신적인 콘텐츠 생성 도구이다. 전통적인 문서 작성 및 발표 도구(예: Microsoft PowerPoint, Google

Slides)와 달리, AI가 직접 슬라이드를 생성하고, 내용을 구성하며, 디자인까지 자동으로 최적화하는 기능을 제공한다. 이를 통해 사용자는 복잡한 디자인 작업 없이 빠르게 완성도 높은 문서를 만들 수 있다.

주요 기능으로는 AI 기반 문서 및 프레젠테이션 자동 생성, 디자인 및 레이아웃 자동 최적화, 인터랙티브(Imteracive) 기능 지원, 협업 기능 지원 등이 있다. 이를 통해 교육 및 학술 자료 제작, 마케팅 및 콘텐츠 제작, 보고서 작성 등에 도움을 받을 수 있다.

Gamma AI는 기존의 문서 작성 및 프레젠테이션 제작 방식을 혁신적으로 개선하는 AI 기반 도구이다. 빠르고 직관적인 문서 생성, 자동 디자인 최적화, 인터랙티브 콘텐츠 제공 등의 기능을 통해 비즈니스, 교육, 마케팅 등 다양한 분야에서 활용할 수 있다. 특히 디자인 경험이 없는 사용자도 손쉽게 고품질의 프레젠테이션을 제작할 수 있어, 앞으로 더 많은 기업과 개인이 이를 활용할 것으로 기대된다.

그래머리(Grammarly)

'Grammarly AI'는 인공지능(AI) 기반의 문법 및 작문 보조 도구로, 사용자의 글쓰기 품질을 향상하기 위해 개발된 플랫폼이다. 단순한 맞춤법 및 문법 오류 교정뿐만 아니라, 문장의 명확성, 간결성, 어조(Tone) 및 일관성(Coherence)을 분석하고 개선하는 기능을 제공한다.

이 서비스는 AI 및 자연어 처리(NLP, Natural Language Processing) 기술을 활용하여 사용자가 더 정확하고 자연스러운 문장을 작성하도록 돕는다. 특히 영어 글쓰기에 특화되어 있으며, 이메일, 에세이, 비즈니스 문서, 블로그 글쓰기 등 다양한 유형의 글을 교정하고 최적화하는 데 유용하다.

Grammarly AI는 AI 기반 문법 및 작문 보조 도구로, 사용자의 글쓰기 품질을 향상하는데 효과적인 솔루션이다. 현재는 특히 영어 글쓰기에 특화되어 있어, 비즈니스 문서, 학술 논문, 마케팅 콘텐츠 등 다양한 유형의 글을 보다 전문적이고 자연스럽게 다듬을 수 있도록 돕는다. AI 기반 문장 생성 및 스타일 개선 기능을 통해 기존의 단순한 문법 검사 도구를 뛰어넘는 강력한 글쓰기 보조 임무를 수행한다. 향후 AI 기술이 발전함에 따라 더욱 정교한 문장 분석 및 추천 기능이 추가될 것으로 기대되며, 영어 작문을 자주 하는 사용자들에게 필수적인 도구로 자리 잡을 것으로 보인다.

클로버 더빙(Clover dubbing)

'클로버 더빙 AI'는 네이버(Naver)에서 개발한 인공지능(AI) 기반 음성 더빙(dubbing) 서비스로, 텍스트를 자연스러운 음성으로 변환하거나, 기존 음성을 다양한 언어로 더빙할 수 있는 기능을 제공한다. 이 기술은 딥러닝을 기반으로 한 음성 합성(TTS, Text-to-Speech) 및 음성변환(Voice Conversion) 기술을 활용하여 고품질의 음성 더빙을 자동으로 생성한다.

클로버 더빙 AI는 특히 영상 콘텐츠 제작, 교육, 게임, 오디오북, 광고 등 다양한 분야에서 활용될 수 있으며, 사람이 직접 녹음하는 방식보다 더 빠르고 경제적인 대안을 제공한다.

주요 기능으로는 음성 합성, 자동 음성변환, 다국어 지원, 감정 표현 및 스타일 조정, 영상과 연동 등이 있다. 이를 이용해 유튜브 콘텐츠와 같은 영상을 제작할 수 있고 교육용 콘텐츠 및 게임, 광고 등을 제작할 수 있다.

클로버 더빙 AI는 혁신적인 AI 음성 더빙 솔루션으로, 사용자는 간단한 텍스트 입력만으로도 자연스러운 음성을 생성할 수 있으며, 다국어 지원과 감정 표현 기능을 통해 더욱 몰입감 있는 콘텐츠 제작이 가능하다. 특히, 콘텐츠 제작자, 기업, 교육 기관 등 다양한 사용자들이 효율적으로 고품질 음성을 생성할 수 있는 도구로 자리 잡고 있으며, 향후 AI 기술이 발전함에 따라 더 자연스럽고 정교한 음성 더빙이 가능해질 것으로 예상한다.

수노(Suno)

'수노'는 인공지능 기반 음악 작곡 플랫폼으로, 사용자가 간단한 입력만으로 고유한 음악을 작곡할 수 있도록 설계된 혁신적인 도구다. 수노는 AI와 음악 기술을 접목하여 개인과 기업이 손쉽게 음악을 창작할 수 있도록 돕고 있으며, 음악 산업의 자동화를 선도하는 솔루션 중 하나로 자리 잡아가고 있다.

수노는 2020년대 초반, 음악 제작 과정을 단순화하고 누구나 쉽게 창작에 참여할 수 있게 한다는 목적으로 개발되었는데 특히, 음악 기술에 익숙하지 않은 사용자도 쉽게 접근할 수 있는 직관적인 인터페이스를 통해, 음악의 대중화를 목표로 삼았다.

수노는 텍스트에서 음악을 생성하거나, 사용자의 입력을 기반으로 창의적인 음악을 작곡하는 독특한 기능을 제공하는데 주요 특징으로는 텍스트 기반 음악 생성(Text-to-Music), 클래식, 팝, 재즈, 전자음악 등 다양한 장르 지원, 리얼타임 피드백, 협업 기능, 고품질 출력을 통한 상업적 사용 등이 있다.

수노는 최신 머신러닝 기술을 활용해 보다 정교하고 인간적인 음악을 생성할 수 있도록 발전하고 있다. 멜로디, 화성, 리듬 등 음악의 세부 요소를 더 세밀하게 처리하므로 향후 광고, 게임, 영화, 유튜브 콘텐츠 제작 등 다양한 산업에서 배경음악(BGM) 제작에 수노가 널리 활용될 수 있을 것이다.

2. 인공지능을 활용한 콘텐츠 제작

〈그림 1〉 영화 〈수로부인〉

　세계 공식 첫 번째 AI(Artificial Intelligence:인공지능) 단편 영화(약 25분)로 인정받은 〈수로부인〉(2022)은 수로부인 전을 모티브로 영화의 구성과 대본, 출연진을 AI 기반으로 제작한 실험적인 영화다.[1] 영화는 고대 신화와 현대의 AI 기술이 결합한 이야기로, 수로부인이라는 전설적인 인물의 이야기를 중심으로 전개된다. 주인공은 수로부인의 전설을 통해 자신의 정체성을 찾아가는 과정을 그리고 있는데 영화는 사랑과 희망, 그리고 인간의 본질에 관한 질문을 던지며, AI 기술이 인간의 삶에 미치는 영향을 탐구하는 내용으로 구성되어 있다.

영화 제작에 AI 기술을 적극 활용하여, 시각 효과는 물론 스토리 전개에도 AI 알고리즘을 적용했는데 이는 영화에 있어서 새로운 형태의 스토리텔링 방식을 제시해 준 것으로 평가받고 있다. 또한, 〈수로부인〉은 고유한 스토리와 시각적 매력으로 관객들에게 긍정적인 반응을 얻었으며, AI 기술을 영화 제작에 접목한 사례로 주목받고 있다. 이 영화는 현대사회에서 AI가 인간의 삶에 미치는 영향과 그로 인해 발생하는 다양한 질문들을 제기하며, 많은 이들에게 깊은 인상을 남겼다. 이와 같은 요소들로 인해 〈수로부인〉은 한국 영화계에서 독특한 위치를 차지하고 있으며, AI 기술의 발전과 영화 산업의 미래에 대한 새로운 가능성을 보여주고 있다.

영화 수로부인 이후로 AI를 이용한 영화 제작은 활발히 진행되고 있는데 일반 상업영화 및 TV 드라마에도 AI의 사용은 활발해지는 추세다.

디즈니플러스에서 방영된 〈카지노〉(2023)에서 주인공의 젊은 시절의 모습을 구현하는데 AI 기술이 사용된 사례는 콘텐츠 제작 분야에서 큰 이슈를 제공했었다. 기존의 방식보다 시간과 비용 면에서 탁월한 장점을 보여주었다.

콘텐츠 제작은 대개 프리프로덕션-프로덕션-포스터프로덕션의 단계로 진행되는데 아래 그림은 단계별로 활용할 수 있는 AI 프로그램 내용을 보여주고 있다.

〈그림 2〉 콘텐츠 제작 단계별 활용 가능한 AI 프로그램

    이러한 추세에 발맞춰서 AI 영화제는 한국과 세계적으로 AI 기술의 발전과 그 활용 가능성을 탐구하는 중요한 플랫폼으로 자리 잡고 있다. 이러한 영화제는 창의적인 콘텐츠 제작을 장려하며, AI의 사회적, 윤리적 문제에 대한 논의를 촉진하는 데 기여하고 있다. 앞으로도 AI와 관련된 영화제는 더욱 다양해지고, 그 영향력은 계속해서 확대될 것으로 예상된다.

〈그림 3〉 제 1회 부산 국제 AI 영화제 포스터

3. 콘텐츠 제작과 인공지능 활용

주요 이슈

콘텐츠 제작 분야에서 인공지능(AI)의 활용이 급속히 확산하면서, 창작 방식의 혁신과 동시에 윤리적·법적·산업적 측면에서 여러 가지 복합적인 이슈가 제기되고 있다. AI는 글쓰기, 이미지 생성, 음악 작곡, 영상 편집 등 다양한 창작 과정에 활용되며, 생산성과 창의성의 새로운 지평을 열고 있지만, 그와 동시에 인간 창작자의 역할과 권리, 콘텐츠의 진정성, 저작권 체계, 신뢰성 문제 등이 중요한 사회적 논의의 대상이 되고 있다.

가장 대표적인 이슈는 저작권과 관련된 법적 논쟁이다. AI는 대규모의 학습 데이터를 기반으로 동작하며, 이 데이터에는 기존 창작자의 저작물이 다수 포함되어 있다. 그러나 이 학습 과정 자체는 현행 저작권법의 적용 대상이 되지 않거나 불명확한 경우가 많아, 원저작자들의 권리가 침해될 수 있다는 우려가 제기되고 있다. 특히 AI가 만든 이미지나 글이 기존 창작물과 유사하거나 실제 작가의 스타일을 모방했을 때, 그것이 독창적인 창작물인지, 아니면 저작권 침해에 해당하는지 판단하기 어려운 경우가 많다. 이에 따라 각국은 AI 생성물의 저작권 귀속 문제와 원저작물에 대한 보호 장치를 강화하기 위한 법적 기준 마련을 논의 중이다.[2]

또 다른 주요 이슈는 창작자의 정체성과 직업적 위협이다. AI는 뉴스 기사 작성, 소설 창작, 영상 대본 쓰기, 캐릭터 디자인 등에서 빠르게 인간 작업을 대체하고 있으며, 특히 기업과 플랫폼은 비용 절감과 속도 측면에서 AI를 선호하는 경향이 커지고 있다. 이에 따라 전문 작가, 일러스트레이터, 영상 편집자 등 일부 창작 직군은 위축되고 있으며, AI 콘텐츠와 인간 콘텐츠의 경쟁 구도가 현실화하고 있다. 이는 창작자의 창의성과 인간 고유의 감성 표현이 여전히 가치 있다는 사회적 인식과 AI 기술의 상업적 활용 사이에서 균형점을 찾아야 하는 숙제를 안긴다.

AI 콘텐츠의 신뢰성과 투명성 문제도 주목할 만하다. AI가 생성한 콘텐츠는 실제 경험이나 사실에 기반하지 않기 때문에, 허위 정보나 조작된 표현이 포함될 수 있으며, 윤리적 기준 없이 생성된 콘텐츠가 대중에게 제공될 때 사회적 혼란을 초래할 수 있다. 특히 AI 목소리나 얼굴 합성 기술이 가짜뉴스나 딥페이크 등 악용 가능성으로 이어질 수 있어, 생성물의 출처와 생성 여부를 명확히 표시하고, 소비자가 이를 구분할 수 있는 정보 전달 체계를 마련하는 것이 요구된다.

산업 측면에서는 AI 기술의 독점과 비대칭 구조가 또 하나의 과제로 부각된다. 현재 대부분의 고성능 생성형 AI 모델은 글로벌 대형 IT 기업들이 개발하고 보유하고 있으며, 소규모 창작자나 중소 콘텐츠 기업은 이를 자체적으로 개발하거나 제어하기 어렵다. 이에 따라 기술 접근성 격차가 발생하고 있으며, 일부 기업이 AI 기술을 이용해 콘텐츠 시장의 지배력을 강화하는 독점 구조로 발전할 수 있다는 우려도 있다. 이는 콘텐츠 제작 생태계 전반의 다양성과 공정성을 저해할 가능성이 있다.[3]

이러한 이슈들을 종합하면, AI는 콘텐츠 제작의 패러다임을 전환하는 강력한 도구인 동시에, 기존 창작 질서에 도전장을 던지는 복합적 존재다. 따라서 향후 콘텐츠산업의 발전을 위해서는 AI 기술의 활용을 장려하면서도, 저작권 보호, 윤리 규범 마련, 신뢰성 확보, 기술 독점 방지 등 다각적인 정책적·사회적 대응이 병행되어야 한다. 결국, AI는 창작자의 대체자가 아니라 협력자로 작동할 수 있도록 제도와 인식의 전환이 필요하다.

향후 발전 방안

AI 기술은 콘텐츠 제작의 전 과정을 혁신할 수 있는 잠재력을 가지고 있으며, 이를 적절히 활용하면 창의성과 생산성의 균형을 이루는 지속 가능한 콘텐츠 생태계를 구축할 수 있다. 특히 글쓰기, 영상 편집, 그래픽 디자인, 음성 합성, 애니메이션 자동화 등 다양한 분야에서 AI는 이미 실질적인 도구로 기능하고 있으며, 향후에는 창작 환경의 전반적인 패러다임 전환이 가속화될 것으로 보인다. 이에 따라 콘텐츠 제작 분야에서 AI를 활용한 구체적인 발전 방안을 다음과 같이 살펴볼 수 있다.

첫 번째로, 콘텐츠 기획 및 제작 초기 단계에서의 AI 활용이 가능하다. 예를 들어, 스토리 구조 분석이나 트렌드 예측 기능을 통해 창작자가 더 효과적인 기획을 수립할 수 있도록 지원할 수 있다. GPT 계열 언어 모델이나 이미지 생성 AI는 기본 아이디어나 콘셉트를 시각화하고 서사 구조를 빠르게 프로토타이핑할 수 있게 해준다. 이를 통해 초안 작성이나 기획 회의에서의 생산성이 획기적으로 향상될 수 있으며, 창작자의 상상력을 보완하는 보조 수단으로 AI가 자리매김할 수 있다.

두 번째로는 영상 및 음향 콘텐츠의 제작 과정에서 AI의 자동화 기술을 적극적으로 도입하는 방안이다. 영상 편집에서는 AI 기반 컷 편집, 색 보정, 자막 생성, 음성 분석 등을 통해 기존 수작업의 반복 작업을 크게 줄일 수 있으며, 음악 제작이나 효과음 삽입에도 생성형 AI가 일정 임무를 수행할 수 있다. 특히 인디 창작자나 중소 규모 스튜디오는 AI를 통해 전문가 수준의 결과물을 보다 낮은 비용과 시간으로 제작할 수 있는 기반을 마련할 수 있다.

세 번째는 콘텐츠의 개인화 및 맞춤형 서비스 제공에 AI를 활용하는 방안이다. AI는 사용자 데이터를 분석하여 콘텐츠 소비 패턴을 예측하고, 이에 맞는 추천 시스템을 구성하거나 콘텐츠 자체를 사용자 특성에 맞게 자동 조정하는 기능을 수행할 수 있다. 예를 들어 웹툰이나 게임에서 AI가 독자의 반응을 분석해 이야기의 전개 방향을 동적으로 수정하거나, 영상 콘텐츠에서 자막·속도·언어 등을 실시간으로 조정해 주는 시스템이 가능하다. 이러한 기능은 콘텐츠 소비 경험을 한층 향상하게 시키고, 이용자의 몰입도와 만족도를 높일 수 있다.

네 번째로는 AI를 기반으로 한 IP 확장과 2차 콘텐츠 개발의 자동화가 중요한 발전 전략으로 떠오르고 있다. 기존 콘텐츠의 음성이나 영상 데이터를 학습한 AI를 활용하면 새로운 에피소드나 파생 콘텐츠를 자동으로 생성하거나, 특정 캐릭터의 음성을 학습해 음성 합성 콘텐츠를 제작하는 등 다양한 응용이 가능하다. 이는 IP의 수명 연장과 콘텐츠 재활용을 가능하게 하여 제작 비용은 절감하면서도 콘텐츠의 경제적 가치를 높이는 방식이다.

이와 함께, 콘텐츠 제작 조직 내에서는 AI를 중심으로 한 협업 시스템의 재정비도 필요하다. 창작자와 AI가 공동으로 콘텐츠를 생산하는 협업 모델, 즉 '인간 중심의 생성형 AI 파이프라인'을 구축함으로써 창작자는 창의적 판단과 감성적 요소에 집중하고, AI는 데이터 기반 작업과 반복적인 부분을 담당하는 역할 분담이 가능하다. 이는 단순히 인건비 절감의 차원을 넘어, 창작 환경 자체를 더욱 유연하고 실험적으로 만드는 계기를 마련할 수 있다.

결국, 콘텐츠 제작에서의 AI 활용은 단순한 기술 도입을 넘어 창작 방식과 산업 구조 전반에 영향을 미치는 전략적 도구가 되고 있다. 앞으로는 AI를 단순히 대체 기술로 보는 것이 아니라, 창작자의 상상력과 감성을 확장하는 파트너로 바라보는 인식 전환이 필요하며, 기술적 활용뿐만 아니라 윤리적 기준, 저작권 문제, 신뢰성 확보 등의 문제를 병행해 해결하는 것이 장기적인 발전을 위한 핵심 과제가 될 것이다.

END NOTE

1 한국교육문화뉴스(http://www.kecn.co.kr)
2 US Copyright Office, "Copyright and Artificial Intelligence, Part 3: Generative AI Training", 2025.
3 Catherine E.A. Mulligan, Phil Godsiff, "Datalism and Data Monopolies in the Era of A.I.: A Research Agenda", arXiv:2307.08049, 2023.

Chapter 3
콘텐츠 산업과 미래사회

14장_ 콘텐츠 뉴 패러다임

1. 데이터로 살펴 본 K-컬처

   K-컬처는 한국의 문화 콘텐츠가 세계적으로 주목받으면서 등장한 현상으로, 음악, 영화, 드라마, 패션, 미용, 음식 등 다양한 분야에서 그 영향력을 확장하고 있다. BTS, 블랙핑크 등의 K-POP 아티스트와 한국 드라마, 영화가 국제적으로 큰 인기를 얻으면서 K-컬처는 한국을 넘어 글로벌 문화로 자리 잡았다. 〈표 1〉과 〈표 2〉는 유럽 국가에서 한국의 문화 콘텐츠 경험률과 인기도를 보여주고 있다.

〈표 1〉 유럽 국가별 한국 문화콘텐츠 경험률(단위 %)

권역	국가	음식	영화	음악	드라마	뷰티	패션	예능	웹툰
유럽	영국	66.4	47.8	65.3	37.0	37.0	36.8	36.6	21.1
	프랑스	57.9	51.4	55.0	43.1	31.0	30.6	24.8	24.3
	이탈리아	57.0	55.6	48.6	60.4	35.3	38.8	25.8	20.6
	스페인	62.0	61.2	53.3	33.4	42.4	40.8	28.0	32.2
	독일	74.2	45.8	55.2	34.8	37.6	33.2	25.0	21.0
글로벌 평균		72.3	67.7	63.2	61.2	54.4	52.5	46.3	34.2

출처: 김새미, 유럽에서 신한류(New Korean Wave) 확장성 연구, 한독사회과학논총, 2023년

〈표 2〉 유럽 국가별 한국 문화콘텐츠 인기도(단위 %)

권역	국가	음식	영화	음악	드라마	뷰티	패션	예능	웹툰
유럽	영국	46.8	31.2	42.2	28.6	34.9	33.1	24.1	25.4
	프랑스	29.3	27.6	35.6	21.6	27.1	27.2	18.6	26.4
	이탈리아	36.8	33.0	33.6	31.8	32.9	30.6	20.9	21.9
	스페인	41.6	35.2	38.8	25.4	37.7	34.6	21.8	26.9
	독일	46.2	30.1	37.2	21.9	33.7	30.6	24.6	25.6
글로벌 평균		49.1	39.4	45.9	36.1	46.5	42.6	31.5	29.9

출처: 김새미, 유럽에서 신한류(New Korean Wave) 확장성 연구, 한독사회과학논총, 2023년

이런 환경에서 개인, 기업, 정부 모두 K-컬처의 붐을 이어 나가려는 노력을 기울이고 있다. 분야별 특징을 살펴보면 아래와 같다.

K-POP

K-POP은 K-컬처의 가장 두드러진 분야로, 전 세계적으로 팬층을 형성하고 있다. BTS와 블랙핑크는 아시아를 넘어 북미, 유럽 등지에서도 엄청난 인기를 끌며, 각종 차트에서 1위를 기록하고 있다. 이는 K-POP의 음악적 다양성, 독창적인 퍼포먼스, 그리고 소셜 미디어를 통한 적극적인 팬 소통이 큰 역할을 하고 있다.

〈표 3〉 지난 5년간 K-POP 수출 현황

연도	수출액 (억 달러)	주요 수출 품목	주요 수출 국가
2018	5.12	음반, 굿즈, 콘서트 티켓	미국, 일본, 중국, 동남아시아
2019	5.58	음반, 굿즈, 팬미팅, 콘서트	미국, 일본, 중국, 유럽
2020	6.29	음반, 굿즈, 온라인 콘서트	미국, 유럽, 일본, 중국

2021	8.7	음반, 굿즈, 공연, 스트리밍 서비스	미국, 일본, 유럽, 동남아시아
2022	10.7	음반, 굿즈, 공연, 스트리밍 서비스	미국, 일본, 유럽, 중남미

TV 드라마와 영화

한국 드라마와 영화도 세계적으로 큰 인기를 끌고 있다. 넷플릭스와 같은 스트리밍 플랫폼에서 〈오징어 게임〉, 〈지금, 우리 학교는〉 등의 콘텐츠가 글로벌 히트를 기록하면서, 한국 콘텐츠의 품질과 창의성을 인정받고 있다. 이러한 성장은 한국의 스토리텔링 기법과 독특한 문화적 요소들이 결합해 이루어진 결과다.

〈표 4〉 지난 5년간 TV 드라마 수출 현황

연도	수출액 (억 달러)	주요 수출 작품	주요 수출 국가
2018	3.12	미스터 션샤인, 김비서가 왜 그럴까	중국, 일본, 미국
2019	3.76	사이코지만 괜찮아, 호텔 델루나	중국, 일본, 동남아시아
2020	4.22	사랑의 불시착, 오징어 게임	미국, 일본, 넷플릭스
2021	5.3	지금, 우리 학교는, 마이 네임	미국, 일본, 유럽
2022	6.5	지금, 우리 학교는, 더 글로리	미국, 일본, 중남미

〈표 5〉 지난 5년간 영화 수출 현황

연도	수출액 (억 달러)	주요 작품	주요 수출 국가
2018	1.25	신과함께-인과 연	중국, 일본, 동남아시아
2019	1.58	엑시트, 봉오동 전투	중국, 미국, 일본
2020	1.75	남산의 부장들, 신세계	미국, 일본, 유럽
2021	2.1	모가디슈, 자산어보	미국, 일본, 중동
2022	2.5	한산: 용의 출현, 외계+인	미국, 일본, 유럽

게임

한국의 디지털 게임 수출은 최근 몇 년간 지속해서 성장하고 있으며, 2023년에는 약 10조 원 이상의 수출을 기록할 것으로 예상된다. 주요 게임으로는 〈리그 오브 레전드〉, 〈배틀그라운드〉, 〈로스트 아크〉, 〈오버워치〉 등이 있다. 한국의 게임은 미국, 중국, 일본 등으로 활발히 수출되며, 모바일 게임과 새로운 기술이 적용된 게임들이 주목받고 있고, 정부의 지원도 강화되고 있다.

〈표 6〉 지난 5년간 한국 게임 수출 현황

연도	주요 게임명	수출액 (억 원)
2019	리그 오브 레전드	1,200
2019	배틀그라운드	800
2020	로스트 아크	600
2021	오버워치	700
2021	메이플스토리	500
2022	블레이드 & 소울	400
2022	제2의 나라	300
2023	디아블로 IV	900
2023	바람의 나라	650

K-푸드

최근 5년간 K-푸드의 수출은 지속적으로 증가하고 있으며, 특히 김치와 라면이 주요 품목으로 자리 잡고 있다. 미국과 중국을 포함하여 다양한 국가로의 수출이 증가함에 따라 K-푸드는 세계적으로 더욱 인지도를 높이고 있다. 이러한 추세는 앞으로도 계속될 것으로 예상되며, K-푸드의 글로벌 경쟁력이 더 강화될 것이다.

⟨표 7⟩ 지난 5년간 한국 음식 수출 현황

연도	수출액(억 달러)	주요 수출 품목	주요 수출 국가
2018	7.14	김치, 라면, 간장, 고추장, 떡볶이	미국, 중국, 일본, 베트남
2019	7.94	김치, 라면, 간장, 고추장, 식혜	미국, 중국, 일본, 베트남
2020	8.63	김치, 라면, 간장, 고추장, 즉석식품	미국, 중국, 일본, 태국
2021	10.24	김치, 라면, 간장, 고추장, 즉석식품	미국, 중국, 일본, 유럽
2022	11.39	김치, 라면, 간장, 고추장, 즉석식품	미국, 중국, 일본, 유럽

패션과 뷰티

한국의 뷰티 브랜드는 K-뷰티 트렌드를 통해 전 세계적으로 인기를 끌고 있으며, K-패션 역시 독특한 스타일과 디자인으로 주목받고 있다. 이러한 분야는 한국의 문화적 요소를 반영하면서도 글로벌 시장을 겨냥한 전략을 통해 성장하고 있다.

⟨표 8⟩ 지난 5년간 한국 화장품 수출 현황

연도	수출액 (억 달러)	주요 수출 품목	주요 수출 국가
2018	5.88	스킨케어, 메이크업, 헤어케어	중국, 미국, 일본
2019	7.09	스킨케어, 메이크업, 클렌저	중국, 미국, 일본, 유럽
2020	8.29	스킨케어, 마스크팩, 클렌저	중국, 미국, 일본, 동남아시아
2021	9.43	스킨케어, 메이크업, 선크림	중국, 미국, 일본, 유럽
2022	10.4	스킨케어, 메이크업, 클렌저, 선크림	중국, 미국, 일본, 중남미

K-컬처는 디지털 플랫폼을 통해 더 많은 글로벌 관객과 소통할 기회를 얻고 있다. 소셜 미디어와 스트리밍 서비스의 발전은 K-컬처 콘텐츠의 접근성을 높이며, 팬들과의 직접적인 소통을 가능하게 한다. 이러한

경향은 K-컬처의 지속적인 글로벌 확산을 촉진할 것이다.

K-컬처는 앞으로 더욱 다양한 콘텐츠로 확장될 것이다. 음악, 드라마, 영화 외에도 게임, 웹툰, 애니메이션 등 다양한 분야에서 K-컬처의 영향력이 확대될 것으로 예상한다. 특히, 한국의 전통문화와 현대적 요소가 결합한 콘텐츠는 글로벌 시장에서 독특한 매력을 발휘할 것이다.

K-컬처는 글로벌 아티스트 및 제작자와의 협업을 통해 새로운 시너지를 창출할 것이다. 이미 많은 K-POP 아티스트들이 해외 아티스트와 협업하고 있으며, 이는 서로 다른 문화의 융합을 통해 새로운 콘텐츠를 만들어낼 가능성을 열어준다. 이러한 협업은 K-컬처의 글로벌 입지를 더 강화할 것이다.

현재 K-컬처의 발전은 한국 정부와 기업의 지원에 크게 의존하고 있다. 정부는 문화콘텐츠산업을 지원하기 위한 다양한 정책과 프로그램을 시행하고 있으며, 기업들은 글로벌 시장 진출을 위한 투자와 협업을 강화하고 있는데 이러한 지원은 K-컬처의 지속 가능한 성장을 위한 기반이 될 것으로 예상한다.

대부분의 분야에서 그러하듯 K-컬처의 미래 또한 인재 양성에 달려 있다. 창의적인 인재들이 다양한 분야에서 활동할 수 있도록 교육과 훈련이 필요하다. K-컬처를 이끌어갈 새로운 세대의 아티스트와 제작자들이 성장할 수 있는 환경을 조성하는 것이 중요하다.

마지막으로 지속 가능한 콘텐츠 제작은 K-컬처의 미래에 중요한 요소다. 환경 문제와 사회적 책임을 고려한 콘텐츠 제작이 요구되며, 이는 K-컬처의 신뢰성을 높이는 데 기여할 것이다. 또한, 다양한 문화적 배경을 이해하고 존중하는 콘텐츠가 필요하다.

2. 콘텐츠와 미래기술

실감형 콘텐츠

실감형 콘텐츠는 인간의 감각과 상호작용을 극대화하여 가상과 현실의 경계를 허무는 기술로, 증강현실(AR), 가상현실(VR), 혼합현실(MR), 홀로그램 등을 일컫는 용어다. 이러한 기술의 기반은 컴퓨팅 기술, 디스플레이 기술, 감각 인터페이스 기술의 발전에서 시작되었다.

〈그림 1〉 실감형 콘텐츠의 종류

증강현실(AR)은 1990년대 초반, 디지털 이미지를 현실 세계에 결합하는 기술로 탄생했다. 초기에는 군사훈련과 의료 시뮬레이션에서 활용되었으며, 이후 스마트폰과 같은 기기에서 대중화되었다. 가상현실

(VR)은 1960년대 센서라마(Sensorama)와 같은 초기 몰입형 시스템에서 발전하고, 1990년대 이후 HMD(Head Mounted Display) 기술과 컴퓨터 그래픽스의 발전으로 본격적인 VR 기술이 등장했다. 혼합현실(MR)은 AR과 VR의 특징을 결합한 기술로, 마이크로소프트의 홀로렌즈(HoloLens)가 대표적 사례다. 홀로그램은 1947년 물리학자 데니스 가보(Dennis Gabor)가 원리를 처음 제시 이후 레이저 기술과 디지털 프로세싱 기술이 발전하며 3D 홀로그래픽 디스플레이가 현실화했다.

이렇게 시작된 실감형 기술은 다양한 분야에서 활용되는데, 활용 분야를 중심으로 살펴보면 다음과 같다. 먼저 증강현실(AR)은 스마트폰과 태블릿을 기반으로 빠르게 확산했으며, 게임, 교육, 마케팅 등에서 폭넓게 사용되고 있다. 게임의 경우 〈포켓몬 GO〉는 AR 기술의 대중화를 대표하는 사례로, GPS와 AR 기술을 결합해 전 세계적으로 인기를 끌었다. 교육 분야에서도 AR를 활용해 학생들에게 실시간 시뮬레이션과 인터랙티브 학습 환경을 제공하는 데 활용하고 있다. 그리고 마케팅 분야에 기업들은 AR를 활용해 소비자가 제품을 미리 경험하거나 시각화할 수 있도록 지원하고 있다.

가상현실(VR)의 경우는 완전한 몰입형 경험을 제공하며, 엔터테인먼트, 의료, 군사훈련 등에서 활용되고 있다. 먼저 엔터테인먼트 분야에서는 VR 게임, VR 영화 등이 소비자들에게 새로운 경험을 제공하고 있으며 의료 및 군사훈련 분야에서도 실질적인 효과를 보여 향후 VR의 활용 범위는 점차 커질 것으로 예상된다.

혼합현실(MR)은 현실과 가상의 상호작용을 강화하며, 산업현장에서 생산성 향상과 협업 도구로 주목받고 있는데 산업현장에서는 홀로렌즈를 이용한 원격 지원과 실시간 문제 해결의 도구로 활용하고 있고 의료 분야에서는 MR 기술을 통해 정교한 수술 계획과 환자 데이터 시각화를 위해 사용되고 있다.

홀로그램은 공연, 박물관, 광고 등에서 시각적 몰입감을 극대화하는 데 활용되고 있다. 특히 공연 분야에서의 활용이 눈에 띄는데, 홀로그램 기술을 이용해 고인이 된 아티스트의 공연을 재현(예: 마이클 잭슨의 홀로그램 공연)한다거나 유명 아이돌 그룹의 상설 공연이 이루어질 수 있는 것은 모두 홀로그램의 영향이라 할 수 있다. 그리고 전시 분야에서도 홀로그램은 활용될 수 있는데, 역사적 유물이나 예술 작품을 홀로그램으로 재현해 접근성을 높이고 생생한 교육자료로 활용할 수 있는 환경을 제공해 준다.

실감형 콘텐츠는 계속해서 기술적, 상업적, 문화적 진화를 이루며 새로운 가능성을 열어가고 있다. 기존의 헤드셋, 스마트 글래스 등 디바이스의 소형화로 점점 가벼워지고, 가격도 낮아져, 대중적인 접근성을 높일 것으로 예상된다. 그리고 클라우드 컴퓨팅과 엣지 컴퓨팅 기술을 통해 더 빠르고 정교한 실시간 콘텐츠 제공이 가능해질 것이고 AI와 융합을 통해 사용자의 동작, 음성, 표정을 분석하여 더 개인화된 경험을 제공할 수 있는 환경을 구축할 수 있는 점에서 점차 대중화의 폭을 넓혀갈 것으로 예상할 수 있다.

〈그림 2〉 실감형 콘텐츠의 미래 가능성

이런 기술적, 사회적 환경은 콘텐츠 분야에서의 활용도를 높이는 기제로 작용할 것이고 K-콘텐츠와 K-컬처의 확산에 기여할 것으로 기대한다.

메타버스

메타버스는 위에서 말한 실감형 콘텐츠와 더불어 블록체인 기술 등을 기반으로 한 새로운 디지털 생태계를 의미한다. 한국은 메타버스 분야에서 빠르게 성장하고 있는 국가 중 하나다. 2021년 기준으로 메타버스 관련 시장 규모는 약 1조 원을 초과하였으며, 2025년까지 4조 원 이상으로 성장할 것으로 예상된다. 이러한 성장은 기업 및 정부의 적극적인 투자와 정책 지원에 힘입은 바가 크다. 이런 환경에서 한국은 메타버스 분야에서 세계 무대 주자로 자리매김하고 있다. 코로나19 팬데믹 이후 비대면 사회가 가속화되면서 XR(확장현실), AI, 블록체인 등의 디지털 융합 기술 수요가 급증했고, 정부와 민간 모두 다양한 실험과 투자를 통해 산업 생태계 확대를 꾀하고 있는데 과학기술정보통신부와 산업통상자원부는 메이커·스타트업·대기업을 연결하는 R&D 프로그램과 과제, 펀드 지원 정책을 적극 추진하며 메타버스 생태계 조성을 위한 기반을 닦고 있다.[1]

기술 측면에서는 우선 XR 기반 솔루션이 산업 전반에 활용되고 있다. 초실감 VR 콘텐츠와 AR 디바이스는 엔터테인먼트뿐 아니라 교육, 헬스케어, 제조, 건설, 국방 등 다양한 분야에서 시뮬레이션, 원격 훈련, 실시간 협업 플랫폼으로 채택되고 있다. 특히 '산업 메타버스'는 물리 세계와 디지털을 융합한 시험장치로써 생산성과 효율을 높이는 도구로 활용되며, 그 중요성이 지속 상승 중이다.

시장 규모도 눈에 띄게 커지고 있다. 한국 메타버스 시장은 2024년 기준 약 45억 달러(약 6조 원) 수준이며, 연평균 50% 안팎의 고성장을 보이며 2030년에는 500억 달러(약 67조 원)에 이를 것으로 전망된다. 특히 게임과 엔터 플랫폼 중심으로 디바이스, 소프트웨어, 서비스로 구성된 생태계가 형성되고 있으며, 전용 VR/AR 기기 시장은 2024년에 8억 달러 규모로 평가되고 2033년까지 급성장할 것으로 기대된다. 플랫폼과 콘텐츠 제작 측면에서는 글로벌 기업과의 경쟁 속에 국내 기업들도 발 빠르게 움직이고 있는데 SM엔터테인먼트는 '스튜디오 리얼라이브'를 설립해 VR·VFX·버추얼 휴먼·메타콘텐츠 제작을 본격화하고 있다. 특히 '아바타'와 '실시간 공연'을 결합한 메타버스 아티스트 그룹, 'Mave:' 같은 버추얼 K-팝 아이돌이 등장하며 문화콘텐츠 측면에서도 글로벌 실험이 진행 중이다. 또한, VR 콘서트 분야에서는 AMAZE사가 SM과 손잡고 TXT, Cha Eun-woo 등 글로벌 아티스트의 VR 공연을 제작해 해외 유통까지 연결하고 있다.

산업 기반 구축을 위해서는 연구 인프라와 인력 양성도 활발하게 이루어지고 있다. 주요 대학들은 메타버스 전문 학과나 연구센터를 설립하고, 기업-학계 협업을 통한 PoC 실험에 나서고 있으며, K-Humanoid Alliance 같은 프로젝트에서는 휴머노이드 로봇과 AI 융합을 통해 실감형 인터페이스 연구에 박차를 가하고 있다. 정책적으로도 규제와 지원이 균형을 이루고 있다. 저작권위원회는 메타버스 콘텐츠 내 저작권과 디지털 트윈·AI 결합 이슈를 검토하며, 정부는 산업 메타버스 플랫폼 표준과 이용자 보호 정책, 개인정보 보호 체계를 마련하려 하고 있다. 또한, 산학연 컨소시엄을 통해 디바이스 표준과 상호운용성을 확보하려는 시도가 진행 중이다.

마지막으로, 글로벌화 전략이 본격화하고 있다. 한국의 메타버스 콘텐츠 및 플랫폼 기술력은 동남아·북미·유럽으로 수출되고 있으며, 특히 K-콘텐츠 특성을 담은 메타버스 경험이 국제 시장에서 주목받고 있다. XR 기기 제조업체와 클라우드/5G 통신 인프라 기업들 역시 글로벌 협력체를 강화하며 수출 기반을 넓히고 있다.

종합하면 한국 메타버스 산업은 정책적·기술적·산업적 연계를 통해 급격히 성장 중이며, XR·AI·디바이스·콘텐츠·연구 인프라가 유기적으로 연결되어 있다. 다만 과제도 여전하다. 표준화, 저작권·개인정보 보호, 중소기업과의 격차, 글로벌 경쟁력 확보 등이 여전히 해결 과제로 남아 있으며, 이를 해결하기 위한 규제 유예제도, 공공-민간 협력 플랫폼, 대중 인식 제고 등이 향후 전략적으로 필요하다. 한국은 이미 메타버스 선도국 반열에 올라섰으며, 향후엔 '산업 메타버스'와 '문화 메타버스' 융합을 통해 지속 가능하고 선순환적인 디지털 생태계로 나아갈 수 있는 기반을 확보하고 있다.

이런 분위기에서 최근 몇 년간 한국에서는 메타버스 관련 기술과 서비스가 빠르게 발전하고 있으며, 다양한 산업에서 응용되고 있다. 구체적으로는 게임, 소셜 미디어, 교육, 비즈니스 등을 말할 수 있는데 이들 산업 환경에서 메타버스가 가진 주요 특징으로는 상호작용성, 몰입감, 지속성 등을 들 수 있다.

상호작용성(Interactivity)은 메타버스에서 사용자가 단순히 '보는 것'에 그치지 않고, 직접 '참여'하고 '조작'할 수 있는 능동적인 작용을 말한다. 메타버스 공간은 일반적인 2D 웹 플랫폼과 달리, 아바타 기반의 실시간 상호작용이 가능하고, 사용자 간의 관계 맺기, 공동 작업, 실시간 피드백 등이 원활하게 이루어지는 것을 말한다. 예를 들어 〈로블록스(Roblox)〉나 〈제페토(Zepeto)〉 같은 플랫폼에서는 사용자가 직접 공간을 만들고, 콘텐츠를 설계하며, 다른 사용자와 협업하거나 소통할 수 있다. 비즈니스 영역에선 가상 회의 플랫폼이 단순 영상 회의를 넘어서, 문서 협업, 프레젠테이션, 워크숍 등을 실시간으로 구현하는 방향으로 진화하고 있고, 교육 분야에선 교사와 학생 간의 상호작용, 질의응답, 실험 체험 등이 메타버스 교실에서 가능해지고 있다. 이처럼 상호작용성은 단순한 정보 전달이 아니라 사용자 참여를 중심으로 한 '쌍방향 경험'을 만드는 데 핵심적인 기능이다.

몰입감(Immersion)은 사용자가 현실과 구분되지 않을 정도로 가상공간에 깊게 빠져들 수 있게 만드는 감각적·정서적 경험의 밀도를 의미한다. 몰입감은 주로 시각, 청각, 공간지각 등을 자극하는 기술적 요소들로 구성돼 있다. 예를 들어 3D 그래픽, 실시간 렌더링, 입체음향, 햅틱 피드백, 그리고 아이트래킹(시선 추적), 동작 인식 같은 인터페이스 기술이 몰입감을 구성하는 기술적 인프라다. 이 기술들은 가상공간을 더 '현실처럼' 느끼게 해주고, 사용자가 자신이 진짜로 그 세계 안에 있다고 믿게 만들어 준다. 메타버스 게임에서는 이런 몰입이 플레이어의 감정과 반응을 자연스럽게 끌어내는 요소가 되고, 공연 산업에서는 VR 콘서트를 통해 실제 무대에 있는 듯한 경험을 제공함으로써 팬들의 체류 시간을 증가시키는 전략으로 활용되고 있다. 교육 콘텐츠에선 몰입을 통해 학습 집중도와 이해도를 높이고, 제조나 훈련 시뮬레이션에선 실제 상황과 유사한 환경을 제공해 실수 비용을 줄이는 효과가 있다.

지속성(Persistence)은 메타버스 공간이 일회성 이벤트가 아니라, 시간과 관계없이 언제든지 유지되고 접근할 수 있으며, 변화가 누적되는 구조라는 점에서 중요한 특징이다. 이건 단순히 '언제든 접속할 수 있다'라는 의미를 넘어서, 사용자 활동과 자산, 환경 변화, 콘텐츠 업데이트

등이 실시간으로 반영되고 축적되어 '계속 살아있는 세계'처럼 운영된다는 걸 의미한다. 예를 들어 사용자가 특정 가상공간에 건축물을 세우거나, 디지털 아이템을 사고팔거나, 누군가와 협업한 결과물이 공간 안에 기록되면, 그것은 이후에도 계속 남아 있고 다른 사용자에게도 영향을 끼친다. 이 구조는 게임 산업의 '오픈 월드' 구조나 MMORPG의 세계관 유지 방식과 유사하지만, 메타버스는 더 포괄적으로 비즈니스, 교육, 소셜 활동에도 이 원칙을 적용하고 있다. 특히 기업의 가상 쇼룸, 박람회 공간, 메타버스 교실 등이 이벤트가 끝나도 계속 운영되고, 사용자의 정보와 히스토리가 누적됨으로써 플랫폼의 가치가 시간이 갈수록 더 커지는 구조를 갖게 된다.

요약하면, 상호작용성은 사용자 간 참여와 피드백을 실시간으로 가능하게 해주는 기능이고, 몰입감은 감각적 기술을 통해 사용자가 가상공간을 '현실처럼' 느끼게 만드는 힘이며, 지속성은 메타버스가 일회성 경험이 아니라 변화와 축적을 할 수 있는 '지속 가능한 공간'이라는 구조적 특징이다. 이 세 가지가 함께 작동할 때, 메타버스는 단순한 가상현실이 아니라 '현실과 연결된 또 하나의 세계'로 자리 잡게 된다고 할 수 있다.

콘텐츠 산업과 AI

AI 전문가의 관점에서 바라볼 때, 인공지능(AI)은 한국 콘텐츠 산업의 패러다임을 근본적으로 바꾸고, 성장의 동력으로 작용할 수 있는 핵심 기술이다. 한국은 K-콘텐츠를 중심으로 세계적인 주목을 받고 있으며, 이 흐름을 지속하고 확장하기 위해서는 콘텐츠 생산, 유통, 소비 전 과정에서 AI의 적극적인 활용이 요구된다. 특히 창작 자동화, 수요 예측, 맞춤형 콘텐츠 제공, 글로벌 진출 가속화, 그리고 산업 내 협업 구조 개선 등 다양한 측면에서 AI는 실질적인 기여를 할 수 있다.

첫째, 콘텐츠 제작 단계에서의 AI 활용은 기존의 제작 프로세스를 효율화하고 새로운 형태를 창작할 수 있게 한다. 예를 들어 자연어처리(NLP) 기반 생성형 AI는 웹 소설, 드라마 대본, 영화 시놉시스 등을 자동으로 생성하거나 초안을 만드는 데 활용될 수 있다. 이는 작가의 창작 부담을 줄이고, 다수의 아이디어를 빠르게 테스트할 수 있게 해주는 도구가 된다. 실제로 카카오엔터테인먼트는 AI를 이용해 특정 장르에 최적화된 스토리 라인을 추천하는 시스템을 개발 중이며, 이는 작가와 AI의 협업 구조를 구체화하는 모델로 주목받고 있다.

또한, 이미지 생성 AI는 캐릭터 디자인, 배경 설정, 프로토타입 영상 제작 등 시각적 콘텐츠 제작에 큰 도움을 줄 수 있다. 예를 들어, 웹툰 제작에 있어 인물의 표정이나 포즈, 특정 배경 요소를 AI가 자동 생성하면 작가의 반복 노동이 줄고, 더 창의적인 구성에 집중할 수 있다. 영상 분야에서는 AI 기반 영상 편집 도구가 이미 보편화되어 있으며, 프레임 인식 기술이나 장면 추천 알고리즘을 통해 효율적인 클립 편집이 가능하다. 이런 방식은 소규모 제작사나 인디 창작자에게 특히 유용하며, 콘텐츠 접근성과 다양성 확보에 긍정적으로 작용할 수 있다.

둘째, AI는 콘텐츠 수요 예측과 트렌드 분석을 통해 산업의 기획력을 고도화하는 역할을 할 수 있다. 한국 콘텐츠 시장은 빠르게 변화하는 소비자의 취향을 반영해야 성공할 수 있기 때문에, 방대한 데이터를 기반으로 한 AI 분석은 핵심적인 전략 자원이 된다. AI는 소셜미디어 반응, 검색 트렌드, 시청 패턴 등의 데이터를 수집·분석하여 어떤 장르, 인물, 주제가 다음 시즌에 인기를 끌지 예측할 수 있다. 넷플릭스와 유사하게, 콘텐츠 제작사가 이러한 예측 데이터를 기반으로 작품을 기획하면 흥행

가능성을 사전에 높일 수 있고, 투자 판단 역시 더 정교해진다.[2]

예를 들어, AI는 특정 배우의 출연작 반응과 SNS 언급량, 시청 연령대별 반응 등을 종합 분석하여 차기 캐스팅 전략에 반영할 수 있으며, 이는 콘텐츠산업 전반의 마케팅과 유통 전략에도 유기적으로 연결된다. 또한, 방송 포맷의 반복이나 소재 중복을 줄이고, 새로운 소재에 대한 실험적 접근을 가능케 해준다.

셋째, 맞춤형 콘텐츠 제작 및 소비 경험의 고도화는 AI가 제공할 수 있는 강력한 기능 중 하나다. 콘텐츠 플랫폼은 AI 추천 알고리즘을 통해 사용자 개개인의 취향에 맞는 콘텐츠를 자동 추천할 수 있다. 이는 OTT, 유튜브, 웹툰 플랫폼 등 대부분의 디지털 콘텐츠 유통 채널에서 이미 적용되고 있으며, 알고리즘의 고도화가 플랫폼 경쟁력의 핵심으로 작용하고 있다.

하지만 앞으로의 방향은 단순 추천을 넘어서 개인화된 콘텐츠 생성으로 발전할 것이다. 예를 들어, 유저의 감정 상태나 시간대, 위치 정보 등을 반영한 실시간 스토리텔링이 가능하며, 웹 소설의 엔딩을 사용자의 선택에 따라 변화시키거나, 특정 캐릭터와의 인터랙션을 기반으로 서사가 분기되는 '사용자 주도형 콘텐츠'의 구현도 가능해진다. 이는 몰입도를 극대화하고, 팬덤 중심 소비문화를 더 강화할 수 있다.

넷째, AI는 글로벌 콘텐츠 수출을 위한 현지화와 번역 자동화의 핵심 수단이 된다. K-콘텐츠는 지금도 아시아, 북미, 유럽 등 세계 각국에서 인기를 끌고 있지만, 언어와 문화 장벽은 여전히 존재한다. AI 기반 자동 번역, 더빙, 자막 생성 기술은 이런 장벽을 크게 낮춰준다. 특히 최근의 AI 번역은 단순 문자 대응을 넘어 문맥과 감정을 분석하는 정밀 번역이 가능해지고 있으며, 이는 한국 콘텐츠가 더 자연스럽고 현지화된 형태로 해외에 전달될 수 있도록 한다.

그뿐만 아니라 AI는 다국어 음성 합성 기술을 통해 배우의 목소리 뉘앙스를 유지하면서 현지 언어로 더빙하는 것이 가능해지고 있으며, 이는 현지 이용자의 몰입감을 극대화하는 데 기여할 수 있다. 앞으로는 AI가 국가별 규제나 문화적 코드까지 학습하여 각 시장에 최적화된 콘텐츠 버전을 자동으로 생성·추천하는 형태도 기대해 볼 수 있다.

마지막으로, AI는 콘텐츠 제작 생태계 전반의 협업 구조 개선과 비용 효율화에 기여할 수 있다. 제작 단계에서 AI는 스케줄링, 예산 추정, 촬영 계획 시뮬레이션 등 다양한 기능을 자동화하여 프로덕션의 전반적인 효율을 높일 수 있다. 예를 들어, AI는 특정 장면의 제작 비용을 자동 계산하거나, 로케이션에 따른 촬영 난이도를 분석하여 최적의 제작 계획을 제안할 수 있다. 이는 특히 중소 제작사에 있어 리스크 관리와 자원 최적화를 가능하게 하며, 전체 콘텐츠산업의 지속가능성을 높이는 데 핵심 역할을 할 수 있다.

위의 내용을 종합하면, 한국 콘텐츠산업에서 AI는 단순한 보조 기술을 넘어, 기획-제작-유통-소비-글로벌 확장 전 과정에 걸친 전략적 파트너로 자리매김할 수 있다. 다만, 이를 실현하기 위해서는 AI 기술의 공정한 접근성 보장, 창작자와의 협력 구조 정착, 저작권 및 윤리 문제에 대한 사회적 합의가 병행되어야 한다. 이러한 기반 위에서 AI는 한국 콘텐츠산업이 다음 단계로 도약하는 데 있어 결정적인 임무를 수행하게 될 것이다.

END NOTE

1 남현숙·한상열·곽나연, 「2023 메타버스 시장 및 동향 분석」, SPRI소프트웨어정책연구소, 2024.
2 NIA 한국지능정보원, 「키워드 분석으로 살펴본 2024년 Ai 주요 트렌드」, 2024.

참고문헌

참고문헌

강미선, 「웹툰을 원작으로 한 영화와 원작의 비교 연구 : 웹툰 『신과 함께』와 영화 『신과 함께』를 중심으로」, 『인문학연구』, 30, 2021.
강식·심효섭·홍순영 「지역성이 살아있는 재미있는 도시(Fun City) 연구」, 『경기연구원 기본연구』, 경기연구원, 2011.
강주영, 「온택트를 통한 뮤지컬 관람 연구: 뮤지컬 〈모차르트!〉 온라인 관객을 중심으로」, 『미디어, 젠더 & 문화』, 36, 한국여성커뮤니케이션학회, 2021.
권영섭·정석희·강호제·박경현, 「지역특성화 발전을 위한 혁신클러스터 육성방안 연구」, 국토연구원, 2005.
권오혁, 「산업클러스터의 개념과 범위」, 『대한지리학회지』, 52(1), 2017.
김강석·이상은·유재용, 『2020 해외 콘텐츠시장 분석』, 한국콘텐츠진흥원, 2020.
김규진·나윤빈, 「Sac on Screen 사업 분석을 통한 온라인 공연 활성화 방안 연구」, 『한국콘텐츠학회논문지』, 20(8), 한국콘텐츠학회, 2020.
김기설, 「강릉단오제 제의의 현황과 진단」, 『아시아강원민속』, 23, 2009.
김도현, 「한류가 각 산업별 수출에 미치는 영향에 관한 연구」, 『무역통상학회지』, 23(5), 2023.
김상남·이영숙, 「VR콘텐츠 개발을 위한 가상공간의 시뮬 라크르 연구: 자산어보의 해양공간을 중심으로」, 『멀티미디어 학회 논문지』, 23(4), 2020.
김새미, 「유럽에서 신한류(New Korean Wave) 확장성 연구」, 『한독사회과학논총』, 33(1), 2023.
김석순·김효남, 「웹툰IP를 이용한 모바일게임의 성공요인에 관한 연구」, 『한국컴퓨터정보학회지』, 28(2), 2020.
김연정, 「콘텐츠 비즈니스 산업의 산업경쟁격 분석:게임산업과 캐릭터 산업의 열강 로드맵 분석」, 『한국창업학회지』, 18(4), 2023.
김은숙 외, 「2020 온라인 강릉단오제 만족도 조사 결과」, 『수리날 강릉』, 15, 2020.
김재호, 「지역축제 특성에 따른 방문객 만족도와 소비지출의 차이 연구 - 문화관광축제를 중심으로」, 『관광경영연구』, 24(7), 관광경영학회, 2020.

김정수, 「대학로 연극환경에 대한 클러스터 분석 논의」, 『한국엔터테인먼트산업 학회 논문지』, 10(6), 한국엔터테인먼트산업학회, 2016.

김정현·송희영, 「문화적 기억과 도시정체성 재현으로서의 문화콘텐츠 연구」, 『글로벌문화콘텐츠』, (32), 글로벌문화콘텐츠학회, 2018.

김지선, 「한국 콘텐츠 투어리즘의 확장가능성 탐색 - '일본의 콘텐츠 투어리즘'의 수업실천을 통해 -」, 『비교일본학』, 55, 2022.

김창숙·홍원식·김은정, 「국내 방송 포맷 수출 현황 및 활성화 방안 연구 : 포맷 수출 성공사례를 중심으로」, 『정치커뮤니케이션 연구』, 36, 2015.

김효정, 「문화콘텐츠를 활용한 도시재생 전략」, 『국토』, 국토연구원, 2014.

남지수·양찬미, 「코로나 시대 연극의 새로운 생존방식과 연극성」, 『한국어와 문화』, 29, 한국어와문화학회, 2021.

모청·김혜경, 「로컬 문화를 활용한 애니메이션의 글로벌 요인에 관한 연구 - 뮬란(Mulan)을 중심으로」, 『CONTENTS PLUS』, 18(6), 2020.

박성식·임학순, 「문화콘텐츠 생태계 연구의 새로운 모색: 진화생물학 이론의 적용 가능성 탐색에 관한 일 고찰」, 『만화애니메이션 연구』, 2021.

박세훈·김은란, 「문화클러스터를 활용한 도시문화전략의 가능성과 한계」, 『국토연구』, 77, 2013.

박소현·이경훈, 「구도심 내 근대산업유산의 재생을 통한 문화클러스터 조성에 관한 연구」, 『한국실내디자인학회 논문집』, 24(6), 2015.

배영임·신혜리, 「코로나19, 언택트 사회를 가속화하다」, 『이슈 & 진단』, 경기연구원, 2020.

변미영 외, 「2011 지역문화산업 클러스터 실태조사」, 한국콘텐츠진흥원, 2011.

보드리야르, 「시뮬라시옹」, 하태환 (역), 민음사, 2011.

이원미, 「한국축제의 속성에 관한 연구」, 『국제문화예술』, 1(2), 2020.

정영훈, 「구독경제에서의 소비자문제 개선방안 연구」, 『정책연구보고서』, 2019.

서영호, 「볼류메트릭 실사 4D 영상기술특집: 3D 포인트 클라우드 압축 및 전송 기술」, 『방송과 미디어』, 26(2), 방송과미디어학회, 2021.

심오섭 외, 「2018 강릉문화재야행 백서」, 강릉문화원, 2019.

안지훈·정세훈, 「OTT와 극장 영화의 시기별 영상제작기법에 대한 내용 분석」, 『한국소통학보』, 23(2), 2024.

알라이다 아스만, 「기억의 공간」, 변학수·채연숙 (역), 그린비, 2011.

엄현희, 「코로나 시대 공연영상화 비대면 예술로서의 가치」, 『연극평론』, 101, 한국연극평론가협회, 2021.

오하영, 「K콘텐츠 유통전략의 변화와 지속」, 『한국소통학회 학술대회』, 2023

유 미·손태웅·김상일, 「Multi-face Convergence 공연을 위한 제작 기술」, 『방송공학회논문지』, 254, 한국방송·미디어공학회, 2020.

윤지영, 「비대면 클래식 음악 공연 사례와 코로나19 시대의 공연예술 개선 방안 연구」, 『인문사회21』, 12, 사단법인 아시아문화학술원, 2021.

이동진·김영준, 「지역별 관광업 경쟁력 현황 및 결정요인 분석」, 『국토지리학회지』, 55(1), 한국지리학회, 2021.

이복수, 「'포스트 코로나'시대를 대비하는 지역축제의 방향」, 『월간 공공정책』, 179, 한국자치학회, 2020, 63-67쪽.

이성민·이현경, 「콘텐츠 지식재산활용산업 활성화 방안 연구」, 『한국문화관광연구원』, 20, 한국문화관광연구원, 2016.

이웅규, 「지역사회의 지역문화콘텐츠 개발 및 활용사례분석」, 『글로벌문화콘텐츠』, 37, 글로벌문화콘텐츠학회, 2018.

이호선, 「지역특성화를 위한 문화관광상품 브랜드개발에 관한 연구」, 『국제문화예술』, 1(2), 2011.

일라이다 아스만, 「기억의 공간: 문화 적 기억의 형식과 변천」, 변학수·채연숙 (역), 그린비, 2011.

임수정, 「뉴노멀 시대 디지털 공연의 출구 전략에 대한 고찰: 무용단 놈스의 VD '처용' 사례를 바탕으로」, 『2021년 종합학술대회 논문집』, 한국콘텐츠학회, 2021.

임학순, 「지역문화산업 클러스터조성사업의 사전평가 모델 개발에 관한 연구」, 『한국사회와 행정연구』, 15(2), 2004.

장자동 외, 「한류드라마의 특성이 MICE 목적지 이미지 속성과 방문의도에 미치는 영향」, 『무역전시연구』, 18(1), 2023.

장정룡, 「강릉단오제 관노가면극 연구사적 검토」, 『아시아 강원민속』 23, 2009.

전상현·박규원, 「모바일 게임의 캐릭터 스타일 분석 연구 - 카카오 게임 플랫폼의 RPG 캐릭터를 중심으로」, 『브랜드디자인학연구』, 14(1), 2016.

전지봉, 「애니메이션 산업 현황과 기술 동향 - 인공지능과 실시간 렌더링 중심으로」, 『The Journal of the Convergence on Culture Technology (JCCT)』, 9(5), 2023.

정욱영·지계웅·한진영, 「강릉단오제 방문객의 만족도 및 재방문의사 결정요인 분석」, 『관광연구저널』, 29, 2015.

정진이, 「공연분야 정책자금지원 선정평가도구 SEMPA 개발연구」, 한양대학교 박사학위논문, 2021.

정희경·박춘원·유영식·최효진, 「국내 공공 방송·영상아카이브 구축을 위한 해외사례 분석」, 『미디어, 젠더 & 문화』, 34(3), 한국여성커뮤니케이션학회, 2019.

조한기, 「캐릭터 중심의 매체전환 분석 연구 : 웹툰기반 영화 <아파트>를 중심으로」,

『영상문화』, (43), 2023.

조해진, 「CT를 활용한 강릉단오제 문화콘텐츠화 연구」, 『한국디자인문화학회지』, 23(3), 한국디자인문화학회, 2017.

_____, 「강릉단오제 문화콘텐츠화 연구」, 『스토리앤이미지텔링』, 2014.

_____, 「영상콘텐츠 제작활성화를 위한 지방자치단체 투자결정 모형 연구」, 『인문콘텐츠』, 48, 인문콘텐츠학회, 2018.

_____, 「콘텐츠플랫폼으로서 지역축제 발전방안 연구」, 『스토리앤이미지텔링』 19, 스토리앤이미지텔링연구소, 2020.

주재원, 「방송포맷산업에 대한 연대기적 고찰 : 영국 방송포맷산업의 사회역사적 배경을 중심으로」, 『디지털융복합연구』, 12(6), 2014.

채경진 외, 「문화재 야행사업 평가체계 보고서」, 문화재청, 2019.

한국국제문화교류진흥원, 「한류 파급효과 연구」, 2021.

한국문화체육관광부, 「문화체육관광부 2024년 업무계획」, 2024.

한국방송통신전파진흥원, 「라이브 음악시장의 온라인 공연 시도」, 『미디어 이슈 & 트렌드』, 23, 한국방송통신전파진흥원, 2020.

한국콘텐츠진흥원, 「2016년 4분기 및 연간 콘텐츠산업 동향분석 보고서」, 문화관광체육부, 2017.

_____, 「문화기술 로드맵 2020 수립연구 위탁 용역」, 2017.

_____, 「대한민국 콘텐츠산업 2018년 결산 및 2019년 전망」, 2019.

_____, 「2019년 기준 콘텐츠 산업조사」, 2020.

_____, 「2022년 기준 콘텐츠 산업조사」, 2023.

_____, 「2023 대한민국 게임백서」, 2023.

_____, 「2023 만화산업백서」, 2023.

_____, 「2023 방송영상산업백서」, 2023.

_____, 「2023 애니메이션산업백서」, 2023.

_____, 「2023 음악산업백서」, 2023.

_____, 「2023 캐릭터산업백서」, 2023.

헨레 젠킨스, 「컨버전스 컬처」, 김정희원·김동신 (역), 비즈앤비즈, 2008.

Alyssa E Brown, Keith Donne, Paul Fallon, Richard Sharpley, "From headliners to hangovers: Digital media communication in the British rock music festival experience", Tourist Studies, p.92, 2020.

B. G. Witmer, M. J. Singer, "Measuring presence in virtual environments: A presence questionnaire", Presence 7(3), 1988.

Dawn Bennett, Anna Reid, & Peter Petocz, "Creative Worker's Views on Cultural Heritage and Sustainability", Journal of AESTHETICS &

CULTULE, 6, 2014.

Valery Gordin, & Marina Matetskaya, "Culture and Local Development: The Interaction of Culture Heritage and Creative Industries", SANTALKA, Filosofija, Komunkikacija, 2011.

Montgomery J., "Cultural Quarters As Mechanisms for Urban Regeneration Part 1: Conceptualizing Cultural Quarters", Planning Practice & Research, 18(4), 2003. [12] Porter M., "Cluster and the New Economics of Competition", Harvard Business Review, 1998.

Orlando Troisi, Savino Santovito, Luca Carrubbo, Debora Sarno, "Evaluating festival attributes adopting S-D logic: The mediating role of visitor experience and visitor satisfaction", Marketing Theory, Vol. 19(1), p.97, 2019.

Robert Mckee, Story-sunstance, Structure, Style, and the Prkcdiples of Screenwriting, it books, 1997. [11] Aleida Assmann, "Memory, Individual and Collective" in: Robert E. Goodin, & Charles Tilly (Eds.), The Oxford Handbook of Contextual Political Analysis, Oxford University Press, 2006.

Shinichi Yamaguchi, "The relationship between playing video games on mobile devices and well-being in a sample of Japanese adolescents and adults", SAGE Open Medicine Volume 11:SAGE, 1-12. 2023.

Volker Nestle, Florian A. Taube, Sven Heidenreich, & Marcel Bogers, "Establishing Open Innovation Culture in Cluster Initiatives: The Role of Trust and Information Asymmetry", Technological Forecasting&Social Change, 2019.

Wansborough, M., & Mageean A., "The Role of Urban Design in Cultural Regeneration", Journal of Urban Design, 5(2). 2000.

K컬처를 만든
K콘텐츠의 힘

초판 1쇄 인쇄일 2025년 8월 22일
초판 1쇄 발행일 2025년 8월 29일

지은이	조해진
펴낸이	한선희
편집/디자인	정구형 이보은 박재원 안솔비
마케팅	정찬용 정진이
영업관리	한선희 정구형
책임편집	근지은
펴낸곳	국학자료원 새미(주)
등록일	2005 03 15 제 395-3240000251002005000008호
	경기도 고양시 덕양구 권율대로 656 원흥동 클래시아 더 퍼스트 1519, 1520호
	Tel 02)442-4623 Fax 02)6499-3082
	www.kookhak.co.kr
	kookhak2010@hanmail.net
ISBN	979-11-6797-258-3 *03810
가격	20,000원

* 저자와의 협의하에 인지는 생략합니다.
　국학자료원·새미·북치는마을·LIE는 국학자료원 새미(주)의 브랜드입니다.
* 이 책 내용의 전부 또는 일부를 재사용하려면 반드시 저작권자의 동의를 받아야 합니다.